ACTES

DU

ONZIÈME CONGRÈS INTERNATIONAL

DES ORIENTALISTES

PARIS - 1897

ACTES

DU

ONZIÈME CONGRÈS INTERNATIONAL

DES ORIENTALISTES

PARIS – 1897

CINQUIÈME, SIXIÈME ET SEPTIÈME SECTIONS

ÉGYPTE ET LANGUES AFRICAINES. — ORIENT-GRÈCE, BYZANCE
ETHNOGRAPHIE ET FOLK-LORE DE L'ORIENT

PARIS

IMPRIMERIE NATIONALE

ERNEST LEROUX, ÉDITEUR, RUE BONAPARTE, 28

M DCCC XCIX

ÉTUDE

SUR

LA CHRONOLOGIE ÉGYPTIENNE,

PAR

M. J. LIEBLEIN.

Renvoyant le lecteur au tableau synoptique des dynasties XIXe à XXVIe où j'ai résumé les résultats sommaires de mes études sur la chronologie égyptienne pendant les derniers trente ans, je donnerai les brefs renseignements que je juge nécessaires pour éclaircir quelques points douteux ou contestés.

D'après mon système chronologique, la XIXe dynastie a régné 1231-1022 avant J.-C.; c'est environ deux cents ans plus tard qu'il est généralement accepté. Ce n'est pas ici le lieu de récapituler tous les motifs qui m'ont décidé à penser ainsi; je veux seulement observer qu'il y a des raisons pour croire que Ramsès II ait régné au temps de la guerre de Troie. Car les peuples qu'Homère nous nomme comme coalisés contre les Grecs étaient, sans aucun doute, identiques avec les peuples que le poème de Pentaur nous donne comme coalisés avec les Héthites contre Ramsès II.

Les peuples et les pays d'Homère sont :

Ilion, Héthites [1], Dardaniens, Pedasos, Lyciens, Mysiens, Ciliciens.

Les peuples et les pays de Pentaur sont :

---

[1] Avec Gladstone je pense que les *Keteioi* chez Homère étaient identiques avec les Héthites.

Hethites, Ilion[1], Dardaniens, Pedasa, Lyciens, Mysiens, Ciliciens.

La même relation entre les mêmes peuples d'un aussi grand nombre qu'ici me semble bien clairement indiquer la même époque; car il n'est pas probable que tant de peuples relativement insignifiants ont gard élongtemps leur puissance politique et situation réciproque sans changement. Aussi, à mon opinion, la guerre de Troie, dont l'authenticité ne peut être douteuse, a eu lieu peu de temps, quelques ans seulement après la guerre de Ramsès II avec les Hethites. En l'an v de son règne, c'est-à-dire 1176 avant J.-C., d'après moi, il battait la bataille de Kadesh, et la guerre de Troie peut très bien être placée environ l'an 1170 avant J.-C.

Ménephthès, fils et successeur de Ramsès II, régnait vingt ans, 1114-1094 avant J.-C. Un grand texte, trouvé l'année passée par Flinders Petrie à Thèbes, nous raconte que Ménephthès a vaincu les Israélites dans leur pays en Syrie. Les difficultés historiques que Petrie voit dans cette inscription ne sont qu'imaginaires et les efforts qu'il fait pour les lever sont inutiles. Il a été égaré par une fausse chronologie et par la fausse supposition que l'exode des Hébreux eut lieu pendant le règne de Ménephthès. Si l'on restitue la chronologie à ma manière, les difficultés disparaissent. Car l'exode avait lieu deux cents ans au moins avant Ménephthès, alors que, d'après les lettres cunéiformes, de Tell-el-Amarna, le peuple de *Khabiri*[2] sous le règne d'Aménophis IV immigrait dans la Syrie ou y faisait des conquêtes, et le règne de Ménephthès était contemporain avec les Juges hébreux. Il n'y a rien d'étonnant dans ce

---

[1] je lis *Ilion*; Brugsch lisait *Meuna* qu'il identifiait avec un autre peuple grec, les *Méoniens*.

[2] Tiele, *Geschiedenis van den godsdienst*, 1, 285 : «In Habiri meent men nie zonder Waarschijnlijkheïd de Hebrëen te herkennen.»

que la Bible n'ait pas fait mention de cette razzia de Ménephthès dans la Palestine. C'est, du reste, une objection qu'on
peut faire contre toutes les explications historiques de notre
texte, aussi contre celle de Petrie.

Manéthon nomme comme successeur de Ménephthès le roi
Ramessès, qui n'est pas encore retrouvé sur les monuments égyptiens. Cependant il est possible que son nom, qui sans doute
ressemblait beaucoup au nom de Ramsès II, se cache parfois où
l'on n'a pas soupçonné de le rencontrer.

D'accord avec Erman et Maspero, je pense que le pharaon
de la stèle de Bentresht ne doit pas être intercalé comme
Ramsès XII entre Ramsès XI et le véritable Ramsès XII (Ramsès Khamus). Si l'événement que raconte la stèle de Bentresht
n'est pas un conte fabuleux, mais un fait véritablement historique, je serai tenté de croire que le pharaon y mentionné
pourrait être identique avec le Ramessès, quatrième roi de la
xix⁰ dynastie de Manéthon dans la rédaction d'Africain, qui
donne la xix⁰ dynastie ainsi :

Sethos (Séti Iᵉʳ)	51 ans, 1231-1180 avant J.-C.	
Rapsakes (Ramsès II)	66 ans, 1180-1114	—
Ammenephthes (Ménephthès)	20 ans, 1114-1094	—
Ramesses (Ramsès de la stèle de Bentresht?)	60 ans, 1094-1034	—
Ammenemes	5 ans, 1034-1029	—
Thuoris	7 ans, 1029-1022	—

Pour les trois premiers rois, Manéthon tombe d'accord avec
les monuments; ce n'est que la seule différence qu'il a compris
le règne de Ramsès Iᵉʳ dans les 51 ans de Sethos. Pour les trois
derniers, le désaccord est flagrant.

1.

Car tandis que Manéthon donne :

Ramessès....................	60 ans.
Ammenémès.................	5 ans.
Thuoris....................	7 ans.

les monuments donnent, d'après Wiedemann :

Séti II....................	60 ans.
Amenmésès.................	5 ans.
Sa-Ptah...................	7 ans.

d'après Brugsch :

Séti II (Amen-messu)...........	33 ans.
Set-nacht (Siptah).............	33 ans.

et d'après Maspero :

Séti II,
Amenmésès,
Siphtah.

Mais en tant que les monuments égyptiens nous l'apprennent, ces trois pharaons, Séti II, Amenmésès et Siptah, avaient tous des règnes d'une courte durée, à peine plus de vingt ans ensemble pour tous les trois; toutefois il est certain que ces règnes n'étaient pas assez longs pour combler le temps écoulé depuis Ménephthès jusqu'à Ramsès III de la xx⁰ dynastie. Car nous connaissons cinq grands-prêtres qui ont fonctionné dans ce laps de temps :

⸻, sous Ménephthès.

⸻[1], sous Séti II.

____

[1] Fils du grand-prêtre Roi, cf. Lieblein, *Dict. de noms,* n⁰⁸ 908 à 930.

Si nous supposons que les cinq grands-prêtres ici nommés, Roi et les autres quatre, ont fonctionné environ cent ans, ou chacun pendant vingt ans, la série des grands-prêtres sera complète pour le temps de 1110 à 1010 avant J.-C.; car le premier, Roi, a vécu sous Ménephthès (1114-1094 avant J.-C.) et le dernier, Amenuah-su, probablement sous Ramsès III, c'est-à-dire 1022-990 avant J.-C. Voici la série :

Roi...............	1110-1090 avant J.-C.
Roma.............	1090-1070 —
Hora.............	1070-1050 —
Untavat.........	1050-1030 —
Amenuahsu......	1030-1010 —

Les trois grands-prêtres Roma, Hora et Untavat, avec leurs 60 ans (1090-1030 avant J.-C.), correspondent donc pour la plus grande partie aux trois rois Séti II, Amenmésès et Siptah (Setnacht). C'est peut-être pour ce motif que Wiedemann a donné 60 ans à Séti II et que Brugsch donne 33 ans à Séti II et 33 ans à Siptah (Setnacht). Mais les monuments ne connaissent que l'an II de Séti II, et son règne a dû être court; du moins il n'a pas achevé son tombeau[4], une circonstance qui indique un règne de courte durée.

Pour combler le temps que les trois grands-prêtres de-

(1) Lieblein, *Dictionnaire de noms*, nᵒˢ 2115, 2168.

(2) *Ibid.*, nᵒˢ 1002, 2114.

(3) *Ibid.*, nᵒ 1002.

(4) Maspero, *Histoire*, II, 438 : Séti II mourut sans avoir eu le temps d'achever son tombeau.

mandent. nous pouvons très convenablement intercaler entre les trois pharaons un nouveau règne, celui de Ramsès de la stèle de Bentresht. en supposant qu'il est identique avec le Ramessès que Manéthon donne comme successeur de Ménephthès. Dans ces temps de troubles, il n'y a rien de frappant dans ce qu'un pharaon, notre Ramésès, ait pu demeurer paisiblement à Thèbes et régner pour ainsi dire inaperçu entre ou parmi des rois plus actifs et belliqueux. L'inscription de Bentresht donne l'an 33 du roi; il a donc régné longtemps, et il n'y a rien qui empêche de lui attribuer les soixante ans que Manéthon indique pour son roi Ramésès, surtout si nous supposons que le règne de Séti II. qui est passé sous silence dans la liste manéthonienne, est compté dans les 60 ans de Ramésès. Sans y insister, j'incline à penser que le Ramsès de la stèle de Bentresht puisse être le même que le Ramésès de la xix⁰ dynastie manéthonienne. J'ai toujours été de l'opinion qu'il n'est pas permis de rejeter sans façon les données de Manéthon; celui qui agit ainsi néglige une source indispensable et n'a aucun droit de parler de la chronologie égyptienne.

Nous retrouvons peut-être notre Ramésès dans la série des rois qui, dans *Lepsius' Denkmäler* III, 213, représentent les prédécesseurs de Ramsès III: voici l'ordre : Ramsès III, Setnekht, Ramsès (Usermaré Setepenré), Ménephthès Iᵉʳ. D'après l'ordre inverse des noms. Ramsès (Usermaré Setepenré) a régné après Ménephthès Iᵉʳ. et par conséquent il ne peut pas être Ramsès II pour lequel il a été pris. Si l'on ne veut pas constater une faute dans l'inscription ici, ce qui est toujours dangereux. notre inscription tombe d'accord avec Manéthon en plaçant un roi Ramsès après Ménephthès, vers la fin de la xix⁰ dynastie. Aussi les huit apis, nᵒˢ 7-14. que Mariette, dans son ouvrage *Le Sérapéum*, a attribués à Ramsès II, semblent être de trop pour un seul roi; il pourrait se faire que quelques-uns de ces apis aient vécu sous

notre Ramsès, Ramsès II *bis*, si l'on veut. On peut faire ici
encore une autre remarque. Ramsès de la stèle de Bentresht
ne peut pas être Ramsès II; car les deux formes différenciées
du dieu Khonsu qui se trouvent dans l'inscription de la stèle
de Bentresht n'existaient pas encore, autant que je sache, au
temps de Ramsès II.

Avant de quitter la xix⁰ dynastie, je donnerai la série complète des grands-prêtres de toute cette dynastie en mettant à
leur côté les rois contemporains.

GRANDS-PRÊTRES.	ROIS DE LA XIX⁰ DYNASTIE.
1220 av. J.-C. — [hiéroglyphes] [1]	Séti Iᵉʳ, 51 ans, 1231-1180 avant J.-C.
1190 — [hiéroglyphes] [2]	Ramsès II, 66 ans, 1180-1114 avant J.-C.
1160 — [hiéroglyphes] [3].	
1130 — [hiéroglyphes] [4]	
1110 — [hiéroglyphes] [5]	Ménephthès, 20 ans, 1114-1094 avant J.-C.
1090 — [hiéroglyphes] [6]	Ramessès, 60 ans, 1094-1034 avant J.-C.
1070 — [hiéroglyphes] [7]	(Séti II.)

[1] Lieblein, *Dictionnaire de noms*, nᵒˢ 881. 2087 à 2090.

[2] *Ibid.*, nᵒ 2197. Son fils Amonemap vivait sous Ramsès II, car, dans Mariette,
Monuments divers, pl. 72, 49, on lit : [hiéroglyphes] «chef de la cour Amonemap,
fils du savant et du grand-prêtre d'Amon, Amonhotep, de la grande cour de
Ramsès II». Il est donc probable que le père, le grand-prêtre d'Amon, Amonhotep, vivait et fonctionnait sous Séti Iᵉʳ comme sous Ramsès II.

[3] Lieblein, *Dictionnaire de noms*, nᵒˢ 2100, 2562.

[4] *Ibid.*, nᵒ 905.

[5] *Ibid.*, nᵒˢ 908, 909. 930.

[6] *Ibid.*, nᵒˢ 559, 909.

[7] *Ibid.*, nᵒˢ 2115. 2168.

GRANDS-PRÊTRES.	ROIS DE LA XIXe DYNASTIE.
—	—
1050 av. J.-C. [hiéroglyphes] [1]	Ammenemès, 5 ans, 1034-1029 avant J.-C.
1030 — [hiéroglyphes] [2]	Thuoris, 7 ans, 1029-1022 avant J.-C.

Les deux derniers grands-prêtres étaient frères et représentent ainsi une seule génération; pour cette raison, j'ai raccourci le temps attribué aux derniers grands-prêtres.

Pendant les derniers temps de la xxe dynastie, deux puissances politiques s'élevèrent à côté et bientôt au-dessus des pharaons légitimes : l'une, c'étaient les grands-prêtres d'Amon à Thèbes; l'autre, les Bubastites de la xxiie dynastie. Nous parlerons d'abord de la première puissance, c'est-à-dire de celle des grands-prêtres.

La liste généalogique n° 2267 de mon *Dictionnaire de noms* nous donne comme successeurs dans le pontificat thébain : Ramsès nekhtu, Amonhotep et Herhor. Nous ne savons pas au juste si Herhor était fils de Amonhotep; mais Maspero a démontré «qu'on n'a pas besoin d'intercaler entre Amonhotep et Herhor un premier prophète d'Amon encore inconnu [3]». Acceptant le calcul approximatif de Maspero, je dresse le tableau suivant :

Ramsès III,	32 ans, 1022 av. J.-C.	Grand-prêtre
Ramsès IV,	6	990	Ramsès nekhtu, 1010-985 av. J.-C.
Ramsès V,	4 + x	984	Grand-prêtre.

[1] Lieblein, *Dictionnaire des noms*, n°° 1002, 2114.

[2] *Ibid.*, n° 1002.

[3] Maspero, *Les momies royales de Deir el-Bahari*, p. 665.

Ramsès VI-IX,	15 ans,	979 av. J.-C.	Amon hotep, 985-960 av. J.-C.
Ramsès X Nofer- karé,	19	964	Le grand-prêtre Herhor, 960- 930 av. J.-C.
Ramsès XI,	5	945	
Ramsès XII Kha- mus,	27	940	
Les successeurs,	26	913-887	

Le grand-prêtre Ramsès nekhtu était dans l'exercice de ses fonctions l'an iii de Ramsès IV[1]. et le grand-prêtre Amonhotep qui était son fils vivait sous Ramsès X Noferkaré[2]. Les deux rois Ramsès IV et Ramsès X n'étaient donc éloignés l'un de l'autre que par une génération. Le grand-prêtre Herhor fonctionnait sous Ramsès XII Khamus, et comme ce pharaon était séparé de Ramsès X Noferkaré seulement par le règne éphémère de Ramsès XI, il s'ensuit avec nécessité que Herhor a suivi ou immédiatement, ou de très près, le grand-prêtre Amonhotep. Il a exercé sa fonction de grand-prêtre sous Ramsès XII Khamus. Le temple de Khonsu nous le montre d'abord comme grand-prêtre à côté du roi, — il est sujet, « mais un sujet aussi puissant, sinon plus puissant que le maître[3] », — puis comme roi. Dans les inscriptions postérieures, Herhor est seul roi, et il n'y est plus question de Ramsès XII, soit que le dernier fût mort ou qu'il fût dépossédé par Herhor. Peut-être nous sommes plus près de la vérité en supposant que Herhor ait privé Ramsès XII de la couronne pour la mettre sur sa tête. Cet événement doit avoir eu lieu environ l'an 930 av. J.-C.

Mais maintenant, l'autre puissance dont j'ai parlé plus haut se présente à nos yeux. Sheshanq Ier, le fondateur de la xxiie dy-

[1] Lepsius, *Denkmäler*, III. 219 e.
[2] Id., *ibid.*, III. 237 e.
[3] Maspero, *Momies*, etc., dans *Mémoires de la miss. franç.*, I. p. 652.

nastie, monta alors sur le trône, c'est-à-dire pendant la lutte
entre les Ramessides et la maison de Herhor. La famille de
la dynastie Bubastite, dont j'ai donné la généalogie dans mon
Dictionnaire de noms, sous le n° 1008, avait, par degrés, monté
d'une position humble à une influence et puissance toujours
croissantes, jusqu'à ce qu'elle, sous Sheshanq Ier, s'arrogeât la
royauté.

Déjà son père Nimrod et probablement aussi son grand-père
Sheshanq avaient obtenu le rang élevé de [hiéroglyphes] :
[hiéroglyphes] : «le grand chef des Ma(shavasha), le grand des grands».
Nimrod prenait part, je pense, dans la lutte de Ramsès XII
contre Herhor; car une statue du Musée de Miramar [1] porte
cette légende : [hiéroglyphes]
[hiéroglyphes], que je traduis : «*Panreshnès*, fils royal de Ramsès,
commandant de l'infanterie qui appartient à Nimrod [2]; sa mère
(la mère de Panreshnès) était fille du grand chef du peuple
étranger». D'après la traduction que je propose ici, le nom du
défunt était *Panreshnès;* son père était un roi Ramsès, peut-être
notre Ramsès XII Khamus [3], et sa mère était fille d'un chef
étranger, peut-être Nimrod lui-même dont il commandait l'infanterie.

<hr>

[1] Reinisch, *Die ägyptischen Denkmäler in Miramar*, Taf. 31 et 32. Cf. Bergmann,
Hieroglyfische Inschriften, pl. 3 et 4.

[2] [hiéroglyphes] pour [hiéroglyphes] ou [hiéroglyphes]. cf. P. Le Page Renouf, *An Elem. Grammar of
anc. Egypt. language*, p. 24 et suiv.; mais peut-être faut-il lire [hiéroglyphes] «toute
l'infanterie» de Nimrod.

[3] Le nom royal de Ramsès ne porte pas le cartouche: la cause en est probablement que l'inscription est faite après l'avènement de Sheshanq Ier.

Voici la généalogie hypothétique :

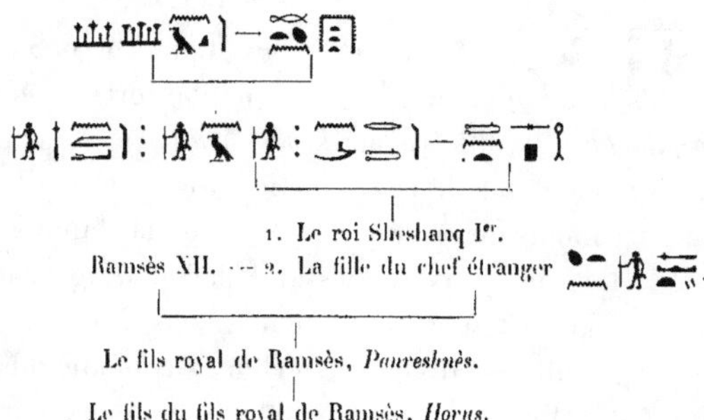

1. Le roi Sheshanq Ier.

Ramsès XII. — 2. La fille du chef étranger

Le fils royal de Ramsès, *Panreshnès*.

Le fils du fils royal de Ramsès, *Horus*.

La dernière génération nous est donnée par un fragment de vase du Musée de Gizeh, qui, en même temps, nous fournit la preuve que ma traduction de la légende de Panreshnès pourrait être correcte. Le fragment de vase porte, d'après Maspero[1], cette inscription :

« chef d'infanterie, le chef commandant d'ouvriers, *Horus*, fils du fils royal de Ramsès et commandant de toute l'infanterie d'Auvapuvat ». Il ne peut raisonnablement être aucun doute sur le sens de cette inscription : Horus, le petit-fils du roi Ramsès, est la personne dédicatoire, et comme son père Panreshnès était commandant des troupes de Nimrod, le fils Horus était celui des troupes d'Auvaput qui, certainement, était fils de Sheshanq Ier.

Encore une inscription nous donne la preuve de la connexion étroite qui a eu lieu entre les Ramessides et les Bubastites. Maspero l'a reproduite, d'après un monument appartenant jadis à M. Posno[2], ainsi :

<hr>

[1] Maspero, *les momies*, etc., dans *Mém. de la miss. fr.*, I, p. 719.
[2] Id., *ibid.*, I, p. 719.

「 fait pour le roi Sheshanq Ier par le fils royal de Ramsès, chef d'infanterie, commandant l'edhoraufankh et la fille royale l'edannubasankh ».

Quoi qu'il en soit de la traduction que j'en ai donnée, ces inscriptions montrent avec évidence que la famille de Sheshanq Ier était unie aux Ramessides par mariage comme par politique et amitié. Ayant commencé sous Nimrod par combattre pour Ramsès XII contre Herhor sans bonne fortune, elle triompha à la fin sous Sheshanq Ier sur les deux parties combattantes et monta sur le trône de l'Égypte. Ce n'était probablement qu'après la conquête de Jérusalem que Sheshanq Ier fut assez puissant pour s'arroger la royauté et qu'il compta tout le temps qu'il avait mené les affaires comme années de son règne. D'après l'opinion la plus accréditée, l'expédition de Sheshanq Ier a eu lieu l'an 928 av. J.-C.[1]. Deux ou trois ans plus tard, son fils Auvaput a fait sculpter une inscription qui est datée de l'an 21, d'où s'ensuit que Sheshanq Ier a compté son avènement de l'an 945 ou 946 av. J.-C.; mais je suis néanmoins porté à croire qu'il n'est entré à Thèbes comme roi qu'après son retour de la campagne en Judée, c'est-à-dire environ l'an 928 av. J.-C. Avant son entrée triomphale dans Thèbes, il avait peut-être demeuré à Abydos; au moins son père Nimrod y était enseveli, d'après ce que nous apprend une stèle trouvée à cet endroit. La date et le protocole du roi Sheshanq Ier sont perdus dans une lacune au commencement; mais dans le corps du texte, ce roi est indiqué par le titre ❘﹁ «Sa Majesté», et suffisamment identifié par les mots «son père Nimrod». La partie conservée commence ainsi : «le grand chef des chefs Sheshanq mort, son fils», et plus

____

[1] W. Schmidt. *Assyriens og Egyptens Gamle Historie*, p. 33.

bas, dans l'inscription, il est maintes fois répété : ⟨hieroglyphs⟩ « le grand chef des Mashavasha, le chef des chefs *Nimrod* mort, fils du grand chef des Mashavasha *Sheshanq* mort; sa mère était *Mehtenusekh* »[1].

Les personnages ici nommés sont : Sheshanq, père de Nimrod et grand-père du roi Sheshanq Ier, Nimrod lui-même et sa mère Mehtenusekh. Sheshanq Ier est qualifié « Sa Majesté », de sorte que cette inscription nous donne, d'accord avec le n° 1008 de mon *Dictionnaire de noms*, la même généalogie que plus haut :

Le roi Sheshanq Ier.

Le titre : ⟨hieroglyphs⟩ : « le grand chef des Mashavasha », prouve que le pouvoir de la dynastie Bubastite était basé sur les mercenaires libyens nommés Mashavasha. Ce pouvoir donna à Nimrod son influence à la cour des Ramessides légitimes, à sa fille le motif du mariage avec un roi Ramsès, probablement le XIIe, et à son fils Sheshanq Ier d'abord la victoire sur les Hébreux, et à la fin la double couronne de l'Égypte. L'assistance des Bubastites ne pouvait pas à la longue maintenir le faible Ramsès XII dans la royauté; il succomba dans la lutte contre le grand-prêtre et ensuite le roi Herhor. Mais, ci-après, Herhor succomba à son tour dans la lutte contre Sheshanq Ier, qui, par cette victoire, devint le fondateur de la XXIIe dynastie.

[1] Mariette, *Abydos*, II, pl. 36 et 37; cf. Maspero, *Histoire ancienne de l'Orient*, II, 769.

Quand il se fut installé dans la royauté à Thèbes, Sheshanq Ier a élu son fils Auvaput grand-prêtre d'Amon au lieu de Herhor ou Piankh, le fils de celui-ci. De même que les rois bubastites ont alterné dans la royauté avec les dynasties contemporaines, à savoir, la dernière partie de la xxe, la xxie, la xxiiie et la première partie de la xxve, c'est-à-dire de 950 à 684 avant J.-C., les fils mineurs de la famille bubastite ont alterné dans le pontificat d'Amon avec les grands-prêtres de la famille de Herhor, depuis Herhor ou son fils Piankh jusqu'à Pinet'em II.

Auvaput était, comme son père Sheshanq Ier et son grand-père Nimrod, né officier; il était ⎯\ ⸙ ⸗ « chef d'infanterie, commandant ». Ce n'était que par occasion qu'il fut prêtre, et probablement il n'a pas vaqué longtemps à sa fonction de grand-prêtre. Piankh, le fils de Herhor, a donc pu bientôt reprendre sa place, et son fils Pinet'em Ier et son grand-fils Menkheperré l'ont suivi tranquillement dans l'office; car, après Auvaput, il s'est passé trois générations sans que la famille bubastite ait donné aucun grand-prêtre, Nimrod, fils du roi Osorkon II[(1)], étant le premier grand-prêtre bubastite après Auvaput, fils de Sheshanq Ier. L'intervalle de trois générations entre les grands-prêtres Auvaput et Nimrod de la famille de Sheshanq Ier fut rempli par les quatre grands-prêtres Piankh, Pinet'em, Masaharth et Menkheperré de la famille de Herhor, et il correspond à l'espace de temps des trois rois bubastites, Osorkon Ier, Takelot Ier et Osorkon II, qui n'étaient pas assez puissants pour installer des grands-prêtres à Thèbes; c'était seulement à la fin de son règne qu'Osorkon II, qui, par Manéthon, fut intercalé dans la xxie dynastie pour y remplir l'espace vide, a pu faire nommer son fils Nimrod grand-prêtre.

On a pensé, il est vrai, qu'un Sheshanq, fils d'un roi Osorkon,

---

[(1)] Lepsius. *Denkmäler*, III. 257; mon *Dictionnaire de noms*, n° 1007.

ait été grand-prêtre immédiatement après Auvaput : mais c'est sans aucun doute une erreur, occasionnée par la supposition, aussi malheureuse qu'elle est généralement acceptée, que ce grand-prêtre Sheshanq fut fils d'Osorkon Ier. L'erreur est manifeste. Car notre Sheshanq porte, outre le titre de grand-prêtre, le cartouche royal, et il était par conséquent aussi roi, ce qui aurait été impossible s'il eût été fils d'Osorkon Ier; comme tel, il aurait été frère de Takelot Ier et, dans ce cas, il n'aurait pu être roi, parce que la corégence n'était pas d'usage au commencement de la xxiie dynastie. On s'est vainement efforcé d'expliquer ce fait [1] : mais il n'y a rien : le grand-prêtre et roi Sheshanq n'était pas fils d'Osorkon Ier [2], mais d'Osorkon III et de la princesse Rekama, fille du dernier roi de la xxie dynastie, Horpesebkha ou Psusennès II, de Manéthon. C'est cet Osorkon III qui, par Manéthon, a été intercalé dans la xxiiie dynastie, sous le nom Osorcho. L'inscription de la statue du Nil nous donne la généalogie suivante [3] :

Horpesebkha. Psusennès II.

Osorkon III. Osorcho de la xxiiie dynastie.   La fille royale Rekama.

Le grand-prêtre et roi Sheshanq III.

Ce dernier était d'abord grand-prêtre et ci-après roi, déjà du vivant de son père Osorkon III, qui sans doute l'avait pris pour assistance pendant les troubles de son temps, occasionnés par le démembrement du pays et l'invasion de Piankhi l'Éthiopien.

[1] Brugsch, *Geschichte Aegyptens*, 667 : Wiedemann, *Egyptische Geschichte*, 554.

[2] Le même nom Osorkon est, par Manéthon, écrit tantôt Osochor (xxie dynastie), tantôt Osorcho (xxiiie dynastie) : c'était sans doute pour différencier les personnes qui portaient les mêmes noms.

[3] Lieblein, *Dictionnaire de noms*, n° 1009.

Maintenant nous sommes arrivés au point où la question se présente. Comment Manéthon a-t-il arrangé ses dynasties? La réponse n'en peut pas être douteuse. Naturellement, il a été guidé par le principe de la légitimité, telle qu'il l'a conçue. Or, en Égyptien, il ne pouvait pas regarder la XXIIe dynastie comme légitime; car, soit qu'elle fût assyrienne ou libyenne, toutefois elle était étrangère. Il y avait aussi une autre raison qui lui défendait de mettre la XXIIe dynastie dans la série chronologique. Les rois bubastites embrassèrent un temps de dix générations, c'est-à-dire environ trois cents ans, ou, pour encore plus préciser mon opinion, deux cent soixante-six ans, de 950 à 684 avant J.-C. Cependant ils n'ont pas régné de suite et pendant tout ce temps; car la XXIIe dynastie étant contemporaine avec la XXIe et la XXIIIe dynastie, elle alternait avec ces dernières dynasties, suivant que l'une ou l'autre d'elles était la plus forte, de sorte que Manéthon peut très bien avoir raison quand il donne seulement cent vingt ans de règne aux rois de la dynastie bubastite[1]. Il ne pouvait donc pas enregistrer cette dynastie dans la série des dynasties successives; car les 120 ans ne couvriraient pas toute l'étendue du temps de la XXIIe dynastie, et les 266 ans de vie seraient cent quarante-six ans de trop comme ans de règne. Par conséquent, il a pris seulement les dynasties légitimes pour représenter la série chronologique de cette époque. Voici l'arrangement que j'ai adopté depuis longtemps :

> XXe   dynastie. 135 ans. 1022-887 avant J.-C.
> XXIe   —   114 —   887-773   —
> XXIIIe   —   89 —   773-684   —
> XXIIe dynastie collatérale, régnait avec plus ou moins d'au-
>   torité, alternant avec les autres dynasties pendant
>   266 ans, 950-684 avant J.-C.

[1] Lieblein. *Recherches sur la chronologie égyptienne*, p. 138 et suiv.

Nous avons déjà vu que Ramsès XII a été dépossédé par le grand-prêtre et roi Herhor, environ l'an 930 avant J.-C., et de fait, la xxᵉ dynastie n'a pas régné plus. Mais, tandis que Herhor et Sheshanq Iᵉʳ et leurs successeurs respectifs se disputaient le pouvoir suprême royal et la prêtrise d'Ammon, et en effet avaient régné alternativement sur l'Égypte, les descendants de Ramsès XII étaient, aux yeux de Manéthon, les vrais et légitimes rois, et ils figurent dans les listes manéthoniennes comme tels jusqu'à l'an 887 avant J.-C., année dans laquelle la xxiᵉ dynastie tanite monta sur le trône. Plus haut, nous avons fait la connaissance de quelques-uns de ces descendants sous le titre de «fils royal de Ramsès» et de «fils du fils royal de Ramsès», qui se sont associés à la famille bubastite contre Herhor et sa famille; aussi Brugsch donne-t-il à ces descendants les noms de Ramsès XIV, XV et XVI [1].

Après la mort ou le détrônement de Ramsès XII Khamus, le grand-prêtre Herhor monta, environ l'an 930 avant J.-C., sur le trône à Thèbes; mais il n'y resta pas longtemps; car aussitôt que Sheshanq Iᵉʳ, en l'an 928, fut retourné victorieusement de sa campagne de Jérusalem, il fut forcé de céder la royauté à Sheshanq et la prêtrise d'Amon à son fils Auvaput.

Mais cet état de choses ne dura pas; car, quelques ans plus tard, Sheshanq Iᵉʳ, ou son fils et successeur Osorkon Iᵉʳ, a quitté Thèbes pour établir sa résidence ailleurs. Wiedemann croit qu'une ville à l'entrée de Fayum a été bâtie par Osorkon Iᵉʳ [2]. et Naville dit [3] : «The centre of political life tends more and more to go over to the Delta; Thebes is abandoned to the high priest of Amon, while the king lives in Lower Egypt. . . . . Judging from what Osorkon I and Osorkon II made at Bu-

---

[1] Brugsch, *Geschichte Aegyptens*, 640. Geschlechtstafel.
[2] Wiedemann, *Aegyptische Geschichte*, 553.
[3] Naville, *Bubastis*, 47.

bastis, which is not seen in any other edifice of Egypt, I am inclined to think that this city was their capital and their customary residence. »

Comme son père Sheshanq Ier et son frère Osorkon Ier, le grand-prêtre Auvaput quitta aussi Thèbes et laissa la prêtrise d'Amon vacante, qui bientôt après fut occupée par Piankh, fils de Herhor. Cependant, si les Bubastites ne pouvaient ou ne voulaient pas garder le pontificat pour leur famille, ils avaient au moins assez de pouvoir pour empêcher le grand-prêtre Piankh de s'arroger le règne. Sous l'impuissance dont ils souffraient pendant les dernières années d'Osorkon Ier, tout le règne de Takelot Ier et les premières années d'Osorkon II, prouvée par le manque frappant de monuments. Pinet'em Ier, fils de Piankh, prit à Thèbes le cartouche royal et s'appropria la royauté, après avoir commencé comme grand-prêtre.

Mais les choses devinrent encore plus compliquées par l'avènement de la xxie dynastie, en l'an 887 avant J.-C. Pesebkhanu ou Pesiukhanu, Psusennès Ier de Manéthon, le deuxième roi de cette dynastie, résidant à Tanis, était à peu près contemporain du roi et grand-prêtre Pinet'em Ier, résidant à Thèbes. Car Makaré, la femme de Pinet'em Ier, était d'après toute probabilité identique à  ou 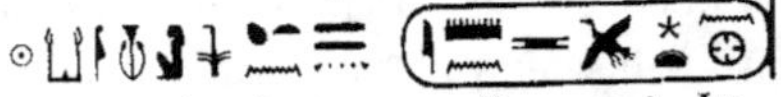 « Makaré, fille royale du seigneur des deux pays, Psusennès Ier ». C'est du moins le résultat des recherches minutieuses que Maspero a faites sur cette question, résultat résumé en ces mots : « Màkerì, fille de Psioukhânou Ier, peut-être petite-fille de Hrihor, serait sur la même ligne généalogique que Pinot'mou Ier, fils de Piònkhi, petit-fils de Hrihor, et rien ne s'opposerait à ce qu'elle fût identique à Màkerì, femme de Pinot'mou. » En ceci, je suis parfaitement d'accord avec Maspero, avec cette seule différence que je ne crois pas que Makaré fût petite-fille de

Herhor. A mon opinion, elle n'était pas née dans la famille de
Herhor, et, en tout cas, elle appartenait à une ligne généalogique qui était une ou deux générations postérieure à celle de
Pinet'em I⁰ʳ, quoiqu'elle fût mariée avec lui. Il est inutile de
répéter ici tous les arguments donnés par Maspero dans son
mémoire : *Les momies royales de Déir el-Bahari* [1]; je renvoie
donc le lecteur à cet excellent ouvrage, qui du reste est indispensable pour tous ceux qui traitent les questions chrono-
logiques de cette époque de l'histoire égyptienne. Je n'ajouterai
qu'une remarque à l'égard de l'inscription qui est publiée par
Mariette dans son ouvrage *Karnak*, pl. 41, et republiée par
Maspero [2], et qui donne des renseignements importants sur
notre Makaré. Dans l'interprétation du texte, je suis arrivé au
même résultat que Maspero, quant au sens général au moins.
Le roi y mentionné n'est nul autre que Psusennès I⁰ʳ, et sa
fille Makaré doit être identique à Makaré qui était femme de
Pinet'em I⁰ʳ. Je ne veux cependant pas dire que je tombe d'accord sur tous les points de sa traduction; je comprends par
exemple, autrement que lui, les trois membres de phrases :
que je
traduirai : «Ce qu'ils ont donné à elle, les gens du pays; ce
qu'elle a pris de l'enfance de leurs biens (c'est-à-dire comme
une sorte d'apanage depuis sa naissance) et ce qu'ils ont affermi
dans sa main (peut-être la dot à l'occasion de son mariage)».
Mais ce sont des détails qui n'entravent pas le sens général.
Dans les inscriptions où Pinet'em I⁰ʳ est mis en rapport avec
Makaré, il ne porte pas le cartouche royal, probablement parce
que, comme gendre du roi Psusennès I⁰ʳ, il devait reconnaître
celui-ci comme roi de toute l'Égypte. Il est à présumer que
Pinet'em I⁰ʳ, pendant ses vieux jours, a épousé la princesse

[1] *Mission archéologique française au Caire*, I, p. 692-698.
[2] *Mission arch. franç.*, I, p. 694 et suiv.

Makaré et que le mariage avait un caractère politique : la
maison thébaine s'est associée à la maison tanite pour unir ses
forces contre l'ennemi commun, la maison bubastite. Par l'al-
liance, Pinot'em Ier a pu conserver le pontificat thébain pour
lui-même et sa famille, et ses fils Masaharth et Menkheperré
et le petit-fils Pinot'em II l'ont suivi comme grands-prêtres
d'Amon, tandis que Psusennès Ier, dans un long règne, et ses
deux successeurs, Nephercherès et Amenophthis, dont les règnes
étaient de peu de durée, se sont maintenus dans la royauté
contre les faibles rois de la xxiie dynastie contemporaine, à savoir : Osorkon Ier, pour ses dernières années; Takelot Ier et
Osorkon II, pour ses premières années.

Mais après ce temps, l'ascendant des Bubastites prévalut.
Osorkon II, qui s'était beaucoup occupé de ses constructions
dans le grand temple de Bubastis, gagna enfin, dans les dernières années de son règne, la prépondérance politique : il
devint roi de toute l'Égypte, fut reconnu légitime par tout le
monde, vint après Aménophthis, sous le nom d'Osochor, dans
la place vacante de la xxie dynastie pour les six ans 802-796
avant J.-C., installa à Thèbes son fils Nimrod comme grand-
prêtre et enterra à Memphis «l'apis» mort l'an 23 de son
règne (797 avant J.-C.). Pendant son séjour à Thèbes, il
épousa ou Isimkheb Ier, fille du grand-prêtre Masaharth,
petite-fille de Pinot'em Ier et veuve du grand-prêtre Menkheperré, son oncle [1], ou Isimkheb II, veuve du grand-prêtre
Pinot'em II [2]. De ce mariage est née — 𓏏𓃀𓏏𓋁 *Thesbastper* [3],
ci-après la femme de Takelot II [4]. Dans le n° 1011 de mon

[1] Maspero, *Mission archéol. franç.*, t. I, p. 704; Leps. *Denkm.*, t. III, p. 255
e, f, g, h : Lieblein, *Dict.*, n°s 1005 et 2266.

[2] Maspero, *Mission scient.*, t. I, p. 705 et 712; Lieblein, *Dict.*, n° 2266.

[3] Lepsius, *Denkm.*, t. III, 255, *e-h*; Lieblein, *Dict.*, n° 1005.

[4] Lieblein, *Dictionnaire de noms*, n°s 1011 et 1012.

Dictionnaire de noms, le nom est écrit [hiéroglyphes], sans doute une faute au lieu de [hiéroglyphes], qui se lit très clairement dans Mariette, *Sérapéum*, III, pl. 24; et dans le n° 1012 du même *Dictionnaire*, le nom défectueux [hiéroglyphes] peut être suppléé d'après Brugsch, *Thesaurus*, V, 968, où il est écrit [hiéroglyphes]. Dans Mariette, *Sérapéum*, III, pl. 26, se trouve l'inscription dont j'ai reproduit la généalogie d'après l'original au Louvre, dans le n° 1012 de mon *Dictionnaire*. Thesbastper y est qualifiée [hiéroglyphes] «fille royale», et elle pouvait donc très bien être fille d'Osorkon II, surtout si elle est née du dernier mariage du père, tandis que Sheshanq, son frère, qui était père de son mari Takelot, était né du premier mariage. Il est vrai cependant que ces stèles dont j'ai reproduit la généalogie dans les n°s 1011 et 1012 de mon *Dictionnaire* ne donnent ni à Takelot ni à Sheshanq le titre royal, mais seulement les titres [hiéroglyphes] et [hiéroglyphes]. Mais les deux listes généalogiques, l'une :

Le roi Osorkon II.
|
Le roi Sheshanq II.
|
Le roi Takelot II.

et l'autre :

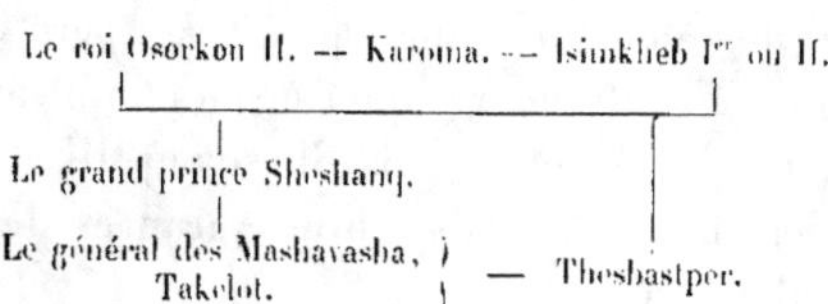

Le roi Osorkon II. — Karoma. — Isimkheb Ier ou II.
Le grand prince Sheshanq.
Le général des Mashavasha, Takelot. — Thesbastper.

sont tellement identiques, qu'il n'est pas possible de douter que les personnages y nommés ne fussent identiques. C'est du reste une chose facilement explicable, que la postérité a quelquefois négligé d'entourer les noms de Sheshanq II et de Takelot II d'un cartouche royal; car, après la mort d'Osorkon II, les Bubastites retombaient pour un temps dans l'oisiveté et l'impuissance. Sheshanq II est presque inconnu, comme Wiedemann le dit[1]. Aussi les dix premières années de Takelot II sont sans monuments connus; mais l'an XI de son règne, le fils Osorkon entre dans Thèbes comme grand-prêtre d'Amon[2] pour y fixer sa demeure, et il y a laissé sur les parois du grand temple de Karnak de longues inscriptions datées des XIe, XIIe et XVe années de Takelot II[3]. Le même Takelot II a enterré à Memphis un «apis» mort l'an XIV de son règne, et c'est probablement dans cette époque de sa vie qu'il a épousé la princesse thébaine Thesbastper.

Pendant ce temps de faiblesse des Bubastites, c'est-à-dire depuis la mort d'Osorkon II jusqu'à l'an XI de Takelot II ou 796-776, avant J.-C., les rois tanites Psinachès et surtout Psusennès II ont eu le dessus.

Mais depuis l'an XI de Takelot II, les Bubastites ont maintenu leur supériorité jusqu'à la fin de la XXIIe dynastie. Cette dernière époque de puissance commença, comme nous avons vu, avec l'apparition du fils de Takelot II, le grand-prêtre Osorkon. Celui-ci, à qui je donne le nom d'Osorkon III, épousa *Makaré II*, fille royale de Psusennès II, le dernier roi de la XXIe dynastie. Sheshanq III, fils de ce mariage, fut investi du pouvoir royal déjà dans un jeune âge par son père Osorkon III qui, sans doute, a continué à vaquer à son pontificat thébain[4], sans cependant empêcher le fils Sheshanq III de s'appeler quelquefois, pendant la maladie ou les vacances de son père, grand-prêtre d'Amon[5].

Pendant que *Petibast*, Petubates de Manéthon, premier roi de la XXIIIe dynastie quarante ans durant, 773-

[1] *Egyptische Geschichte*, p. 555.
[2] Lepsius, *Denkmäler*, t. III, 255 i.
[3] Lepsius, *ibid.*, III, 257 a et 256 a.
[4] Lieblein, *Dictionnaire de noms*, n{os} 1006, 1009, 1010, 1620 et 2289.
[5] Lieblein, *ibid.*, n{os} 1009, 1019, 2287 et 2288.

733 avant J.-C., végétait à Tanis en souverain fainéant. Osorkon III et son fils Sheshanq III alternaient depuis l'an 765 av.
J.-C. (après coup, Sheshanq III a compté ses années de règne
depuis l'an 775) ou comme grands-prêtres à Thèbes, ou comme
rois, par exemple à Memphis, où Sheshanq III enterra l'«apis»
mort l'an XXVIII de son règne. Après la mort de Petubatès, la
branche tanite n'ayant aucun successeur compétent pour le
remplacer, Osorkon III. qui naturellement avait la précédence
auprès de son fils et corégent Sheshanq III, entra, sous le nom
d'Osorcho, dans la place vacante de la XXIII⁰ dynastie pour les
huit ans, de 733-725 av. J.-C., ce qui lui valait probablement
la qualification de ☰ «seigneur des deux pays».

C'était pendant la corégence d'Osorkon III et de Sheshanq III
qu'avait lieu l'invasion du roi éthiopien 〔▭▭•♀〕 *Miamon Piankhi;* car dans la génération qui vivait environ l'an 750
avant J.-C.. avant et après cet an. nous retrouvons. outre les
rois Osorkon III et Sheshanq III. aussi les roitelets Nimrod.
Petiisis et son fils Pefaabast, qui tous sont nommés dans l'inscription de Piankhi comme ennemis vaincus par le conquérant
éthiopien [1]. En passant, je ferai l'observation que le démembrement de l'Égypte, décrit dans l'inscription de Piankhi, s'ac-
corde assez bien avec l'enchevêtrement des dynasties que mon
système de chronologie m'a porté depuis longtemps à statuer
pour cette époque.

Après le décès d'Osorkon III, l'an 725 avant J.-C., la branche
tanite était représentée par les rois nommés par Manéthon
Psammus et Zet, tandis que les rois bubastites continuaient de
régner sans interruption jusqu'à l'an 684 avant J.-C.. ainsi
qu'il est démontré par la série continuelle des enterrements
d'apis à Memphis.

[1] Lieblein, *Recherches sur la chronologie égyptienne,* p. 141.

Osorkon III était d'un côté, par sa belle-mère Thesbastper, allié à la maison de Herhor; de l'autre côté, il est uni par sa fille Shepenapet à la famille de Psametik, de la dynastie saïte, la XXVIe, et aux rois éthiopiens. De sa femme 〈hiéroglyphes〉, il avait une fille 〈hiéroglyphes〉[1], qui devenait femme de Kashto, fils du conquérant éthiopien, Miamon Piankhi. Du mariage de Kashto et Shepenapet sont issus Shabaka, premier roi de la XXVe dynastie, et la princesse Ameniritis dont la fille Shepenapet II devenait la femme de Psametik Ier [2].

Voici le tableau généalogique d'une importance considérable :

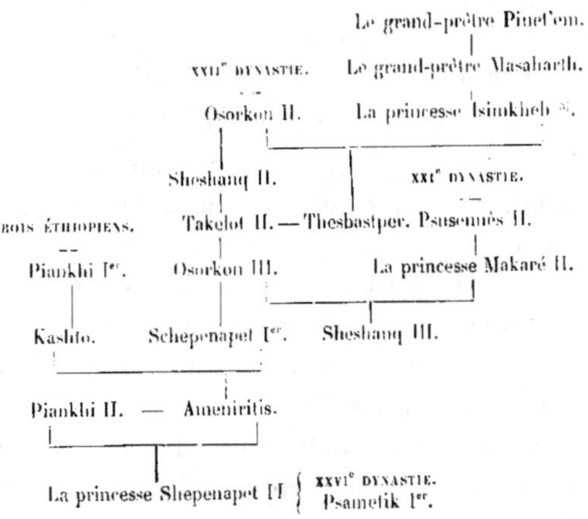

[1] Maspero, Miss. archéol. franç., t. I, 741, et Lieblein, Dict., n° 1020.

[2] Maspero, ibid., t. I, 741, et Lieblein, ibid., n° 2323. Je reconnais la justesse de la critique de M. Maspero (Momies, etc., p. 741), que «la princesse Horsit Pacht-hun-ta-ti doit être rayée».

[3] Ou :

La princesse Isimkheb Ier.

Hunt-toti.

Osorkon II. — Isimkheb II.

Cf. Lieblein, Dictionnaire de noms, n° 2266.

Ce tableau est correct. je crois. Le n° 1005 de mon *Dictionnaire de noms* prouve qu'Osorkon II avait une femme appelée Isimkheb, qui était ou Isimkheb Ier. petite-fille de Pinet'em Ier. ou Isimkheb II, petite-fille d'Isimkheb Ier. Par ce mariage, la troisième génération après Sheshanq Ier. représentée par Osorkon II. était unie avec la quatrième ou la sixième génération après le grand-prêtre Herhor. représentée par Isimkheb Ier ou II.

Le n° 1009 prouve qu'Osorkon III était marié avec Makaré, fille royale de Psusennès II. dernier roi de la xxie dynastie et qu'il avait eu avec elle le fils Sheshanq III.

Le n° 1020 montre qu'Osorkon III avait aussi une autre femme, ⚊ 𐍈. et avec elle la fille Shepenapet Ier. qui. d'après le n° 2323. était la femme de Kashto. fils du conquérant éthiopien Piankhi; le même n° 2323 montre que leurs enfants étaient Shabaka. premier roi de la xxve dynastie. et la princesse Ameniritis. et que la dernière avait la fille Shepenapet II. la femme de Psametik Ier de la xxvie dynastie.

Nous pouvons donc constater la connexion étroite de la famille du grand-prêtre Herhor et des dynasties xxie. xxiie. xxve et xxvie. Plus haut (10–11), nous avons démontré la connexion des dynasties xxe et xxiie et (p. 18–19) que Pinet'em Ier. petit-fils de Herhor. était marié avec la fille de Psusennès Ier de la xxie dynastie.

A la fin de la xxiie et de la xxiiie dynastie. en l'an 684 av. J.-C., Bocchoris. unique roi de la xxive dynastie. monta sur le trône et régna 6 ans. 684–678 avant J.-C.; il enterra l'apis mort l'an vi de son règne. en 678 avant J.-C.; d'après Manéthon. il fut tué par le roi éthiopien Shabaka.

La dynastie éthiopienne. la xxve. a. d'après Manéthon. régné 40 ans. 706–666 avant J.-C.; elle était dans ce temps de troubles. la dodécarchie d'Hérodote. contemporaine au moins partiellement avec les xxiie. xxiiie. xxive et xxve dynasties. Aussi

les trois rois de la xxv⁰ dynastie étaient-ils partiellement contemporains. Shabaka comptait, d'après les listes manéthoniennes, les
années de son règne de l'an 706 avant J.-C.; mais, d'après sa
stèle d'apis officielle, il les comptait de l'an 678 avant J.-C.,
qui était l'an de la mort de Bocchoris, pour ne pas venir en
collision avec la date de la stèle d'apis que Bocchoris avait
érigée en l'an 678. En d'autres endroits qu'à Memphis, surtout
à Thèbes, il compta ses années de règne depuis l'an 706 avant
J.-C. Shabaka (Sabakon de Manéthon) a donc probablement
régné de l'an 706 jusqu'à 676 au moins.

Taharqa, d'après Manéthon, le dernier roi de la xxv⁰ dynastie, doit avoir régné de l'an 694 à 666 av. J.-C., ainsi dix-huit
ans au moins contemporainement avec Shabaka; car, d'après
une stèle du Sérapéum, il enterra un apis mort l'an xxvi de
son règne, à savoir l'an 668 av. J.-C., et une autre stèle nous
apprend que l'apis suivant, né la même année, vivait deux
ans sous Taharqa, qui donc a cessé de régner sur l'Egypte l'an
666 avant J.-C.

Shabataka, Sebichos de Manéthon, deuxième roi de la dynastie éthiopienne, dont nous ne connaissons pas la durée de
règne, a par conséquent régné contemporainement avec Shabaka ou Taharqa, ou avec tous les deux.

Le n° 2323 de mon *Dictionnaire de noms* démontre que
Shabaka, d'un côté, était petit-fils du conquérant éthiopien
Miamoun Piankhi, dont nous avons fait la connaissance plus
haut, et de l'autre fils de la fille d'Osorkon III, ainsi qu'il était
frère de la mère de Shepenapet II, femme de Psametik I⁰ʳ, une
preuve indiscutable de la connexion étroite et de l'enchevêtrement des dynasties de cette époque.

Manéthon, pour lequel les Éthiopiens étaient illégitimes, a
mis la xxvi⁰ dynastie immédiatement après la xxiv⁰, et il a comblé le temps vide entre la fin de la xxiv⁰ dynastie et le commen-

cement du règne de Psametik Ier par les règnes probablement
locaux des prédécesseurs du dernier : ceux de Stéphinatès,
Nechepsos et Nechao Ier.

Du tableau synoptique ajouté à ce mémoire, le lecteur verra
d'un coup d'œil mon classement des règnes et des dynasties.
Une des preuves les plus décisives de ce classement se trouve
dans la liste des apis que Mariette a découverts au Sérapéum.
La série des apis est probablement complète depuis le règne de
Ramsès II, et je la donne, d'après l'ouvrage du découvreur [1],
dans une succession parfaite et ininterrompue depuis Ram-
sès II jusqu'à Psametik Ier, époque qui nous intéresse ici particulièrement. Mais quelques remarques sont nécessaires pour
l'utilisation de cette série importante.

Mariette donne pour la xixe dynastie neuf apis, n°s 6-14.
selon la numération de Mariette ; cette dynastie régnait 209 ans
(1231-1022 av. J.-C.) ; ainsi, si les neuf apis couvraient tout le
temps de la dynastie, ils auraient eu une durée de vie moyenne
de vingt-trois ans, mais un peu moindre si la série n'était
complète qu'avec Ramsès II ; aussi un âge moyen de vingt-trois
ans est probablement trop fort.

Pour la xxe dynastie qui régnait 135 ans, 1022-887 av. J.-C..
nous avons également neuf apis, n°s 15-23, avec une durée de
vie moyenne de quinze ans. Les trois apis, n°s 24-26, vivaient
sous la première partie de la xxie dynastie, environ soixante ans
(887-823 av. J.-C.) ; ausssi la xxie dynastie avait pendant ce
temps le dessus sur les rois contemporains de la xxiie dynastie,
ainsi que nous avons vu plus haut [2]. L'apis suivant, n° 27, est
mort sous Osorkon II, vers l'an 797 avant J.-C.

Nous avons ici l'occasion de voir bien clairement qu'il est
impossible de mettre toute la xxiie dynastie dans l'ordre chro-

[1] Mariette, *Le Sérapéum de Memphis.*
[2] Page 20.

nologique après la xxi°, si toutefois on ne veut pas nier la succession régulière des apis et les arguments que les stèles d'apis
nous fournissent; car si l'apis d'Osorkon II suivait immédiatement le dernier des trois apis sous la première partie de la
xxi° dynastie, il est impossible d'intercaler entre ces deux apis
la dernière partie de la xxi° dynastie et les rois Sheshanq Ier,
Osorkon Ier et Takelot Ier de la xxii°.

La série suivante de onze apis, n°⁸ 27-37, remplit le temps
écoulé depuis Osorkon II jusqu'à Psametik Ier; supposé que
l'apis n° 27 soit né environ l'an 823 av. J.-C., à l'avènement
d'Osorkon II, et que l'apis n° 37 soit mort l'an 646, an xx de
Psametik Ier, supposition qui ne peut pas être éloignée beaucoup
de la vérité, nous aurons la somme de 177 ans pour tous les
onze apis et un âge moyen de seize ans pour chacun d'eux.

Quant à la succession de l'apis n° 34 après l'apis n° 33, nous
avons la même remarque à faire que plus haut, quant à celle
des n°⁸ 26 et 27. L'apis n° 33 est mort l'an 37 de Sheshanq IV,
c'est-à-dire, selon moi, l'an 684 av. J.-C., et l'apis n° 34, son
successeur immédiat, est mort l'an vi de Bocchoris, unique roi
de la xxiv° dynastie. Ici de même, c'est impossible d'intercaler
toute une dynastie, la xxiii°, entre les deux apis n°⁸ 33 et 34.

Je peux donc, selon mon classement des dynasties, tracer le
tableau ci-contre.

Nous avons ici une série complète et ininterrompue de
vingt-trois apis, n°⁸ 15-37 selon la numération de Mariette,
pour un temps de 376 ans, 1022-646 av. J.-C., ce qui fait
une durée de vie moyenne de seize ans et un tiers pour chacun d'eux. C'est de cette manière que les apis découverts par
Mariette au Sérapéum nous donnent des matériaux bien importants pour la chronologie égyptienne. Mais c'est le contraire, si nous prenons le classement généralement accepté.

LES DYNASTIES LÉGITIMES.	LES DYNASTIES ILLÉGITIMES ET COLLATÉRALES.	LES APIS DU SÉRAPÉUM.
XXe DYNASTIE.... 1022-887		Sous la xxe dynastie.......... 1022-887
		9 apis (n°s 15-23), 135 ans.
XXIe DYNASTIE.... 887-773	XXIIe DYNASTIE (950-684 av. J.-C.).	
Smendès...... 887-864	Sheshanq Ier, environ l'an... 928	
Psusennès Ier.... 864-815	Osorkon Ier — ... 890	Sous la première partie de la XXIe dynastie.
Nephercherès... 815-811	Takelot Ier — ... 860	3 apis (n°s 24-26), environ 64 ans. 887-823
Amenophthis.... 811-802		
Osocho (Osorkon II) 802-796.	Osorkon II ... 820	Apis (n° 27) mort l'an 23 d'Osorkon II. cr. 797
Psinachès...... 796-787	Sheshanq II ... 790	Apis (n° 28) mort l'an 14 de Takelot II.
Psusennès II.... 787-773	Takelot II ... 780	cr. l'an...................... 773
XXIIIe DYNASTIE... 773-684		
Petubastès..... 773-733		
Osorcho Osorkon III 733-725	Osorkon III ... 740	
	Sheshanq III ... 740	Apis (n° 29) mort l'an 28 de Sheshanq III. 747
Psammus...... 725-715	Pima — ... 721	Apis (n° 30) mort l'an 2 de Pima..... 721
Zet........... 715-684	Sheshanq IV régnait 37 ans	Apis (n° 31) mort l'an 4 de Sheshanq IV. 717
	jusqu'à l'an.......... 684	Apis (n° 32) mort l'an 11 de Sheshanq IV. 710
		Apis (n° 33) mort l'an 37 de Sheshanq IV. 684
XXIVe DYNASTIE... 684-678	XXVe DYNASTIE, 706-666.	Apis (n° 34) mort l'an 6 de Bocchoris.. 678
XXVIe DYNASTIE... 678-527	Sabakon (706-676).	Apis (n° 35) mort l'an 2 de Sabakon... 676
Stephinatès..... 678-671	Sebichos, environ 680.	
Nechepsos...... 671-665	Taharqa, 694-666.	Apis (n° 36) mort l'an 26 de Taharqa.. 668
Nechao Ier...... 665-657		
Psametik Ier..... 666-603		Apis (n° 37) mort l'an 20 de Psametik Ier. 646

par exemple celui de M. Wiedemann, pour base; dans ce cas, nous aurons ce tableau :

xxᵉ dynastie, 1280-1100, 9 apis (nᵒˢ 15-23), 180 ans. 1280-1100.
xxɪᵉ dynastie, 1100-975, 3 apis (nᵒˢ 24-26). 125 ans. 1100-975.
xxɪɪᵉ dynastie, 975-810, 7 apis (nᵒˢ 27-33), 165 ans, 975-810.
xxɪɪɪᵉ dynastie, 810-720, 90 ans vides d'apis.
xxɪvᵉ dynastie. 720-715. 1 apis (nᵒ 34). 721-715.
xxvᵉ dynastie. 715-664, 2 apis (nᵒˢ 35-36), 51 ans, 715-666.
Psametik Iᵉʳ, 664-610, 1 apis (nᵒ 37), 21 ans, 666-645.

Ici, la série d'apis est incomplète et interrompue. Car, d'abord, les vingt-trois apis embrassent un espace de temps de 635 ans, 1280-645 av. J.-C., ce qui, s'ils se suivaient immédiatement, ferait une vie moyenne de vingt-sept ans et demi; mais c'est une longueur de vie moyenne qui n'est pas seulement improbable, mais presque impossible. Puis, le groupe de trois apis de la xxɪᵉ dynastie avec ses 125 ans, 1100-975 av. J.-C., aurait eu une vie moyenne de quarante-deux ans, ce qui est certainement impossible; la série aurait été ainsi interrompue, et il faudrait statuer un vide d'apis pour soixante ans au moins. La série suivante de sept apis sous la xxɪɪᵉ dynastie commence avec l'apis nᵒ 27, qui mourut l'an 23 d'Osorkon II, de sorte qu'il y aurait eu également un vide d'apis pour quarante ans environ sous Sheshanq Iᵉʳ, Osorkon Iᵉʳ et Takelot Iᵉʳ. Enfin nous aurions le grand vide d'apis de quatre-vingt-dix ans sous toute la xxɪɪɪᵉ dynastie.

Si l'on accepte la succession régulière de toutes ces dynasties, il est ainsi nécessaire de statuer ou une longueur de vie impossible pour les apis, ou un vide d'apis qui aurait été un malheur intolérable pour les Égyptiens d'alors et d'autant plus incroyable que les prêtres savaient bien l'éviter.

Je n'ai jamais pu comprendre l'obstination avec laquelle les

savants ont tenu à la succession régulière des trente dynasties
de Manéthon. Quoique quelques voix d'une autorité incontes-
table aient protesté, l'erreur semble être en vogue de nos
jours. J'ai cependant une exception à enregistrer. Le savant
anglais Cecil Torr a dernièrement, dans son ouvrage sur la
chronologie égyptienne, combattu cette opinion à la mode
d'aujourd'hui. Il dit : [1]

So the question arises whether each Dynasty ended when the next
began, or whether they sometimes overlapped.

That question is settled by a tombstone. The bull Apis that died on
day 21 of month 12 in year 20 of king Psemtek (Psammetichos) at the
age of 21 years, was born in year 26 of king Taharqa (Tarakos). Thus,
if there was any interval at all between the reigns of Psammitichos and
Tarakos, the interval was less than a year. But, by Manetho's recko-
ning, Tarakos was the last king of Dyn. 25, and Psammitichos was the
fourth or fifth king of Dyn. 26; Africanus making him the fourth and
allowing his predecessors 21 years, while Eusebios makes him the fifth
and allows them 33 years. So the earlier part of Dyn. 26 must have
been concurrent with Dyn. 25.

This instance establishes the principle that Manetho's Dynasties may
overlap; and consequently upsets all those systems of chronology which
are based on the assumption that each Dynasty must have ended when
the next began.

Dans tous mes travaux sur la chronologie égyptienne, j'ai
cherché de trouver et d'établir harmonie et concordance entre
les différentes sources : Manéthon et les monuments égyptiens
de toutes sortes. Manéthon est un bon guide si l'on se tient à
la rédaction d'Africain qui est la seule vraie et inaltérée, à cette
exception près que les trente dynasties sont numérotées comme
si elles fussent toutes successives.

[1] Cecil Torr, *Memphis and Mycenæ*, Cambridge. 1896. p. 2 et suiv.

Les chiffres d'Africain donnent la somme de 5.332 ans pour toutes les trente dynasties.

De cette somme totale de............   5,332 ans.
il faut soustraire les années de règnes des
dynasties illégitimes et collatérales :
IXe dynastie...............   409 ans.
X^e   185
XIe   —   43
Ammenemes...............   16
XIIIe dynastie...............   453
XXIe   —   511
XXIIe   —   120
XXVe   —   40   1.777
                                          ———
et nous aurons la somme de....   3.555 ans

qui, selon une notice de Manéthon, indique la durée de l'empire égyptien. Cet accord parfait obtenu sans changer un seul chiffre dans les listes d'Africain doit avoir quelque valeur[1].

De l'autre côté, nous avons les inscriptions historiques des monuments égyptiens et, pour l'époque dont nous nous occupons ici, la liste des grands-prêtres, les tableaux généalogiques et la série des apis du Sérapéum. L'accord de toutes ces sources ne peut pas être fortuit, mais prouve, je crois, que nous sommes sur la voie de la vérité.

Le tableau synchronique qui résume les résultats de mes études sur la chronologie égyptienne depuis le commencement de la XIXe dynastie jusqu'à Psametik Ier a peut-être quelques fautes et incorrections partielles, ce qui donnerait aux savants aveuglés de leurs préjugés une occasion facile de rejeter par un coup de plume tout mon système. Mais, quoi qu'il en soit, l'avenir prononcera son jugement équitable, sans qu'il y ait besoin d'en faire l'appel.

[1] Lieblein, *Egyptische Chronologie*, Christiania, 1863, p. 54 et suiv.

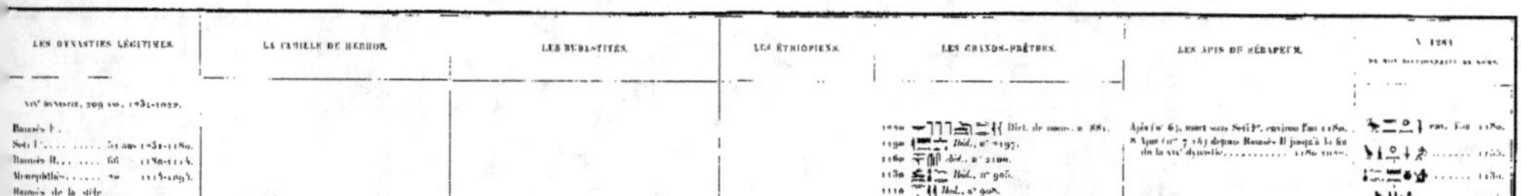

LES DYNASTIES LÉGITIMES.	LA FAMILLE DE HERHOR.	LES BUBASTITES.	LES ÉTHIOPIENS.	LES GRANDS-PRÊTRES.	LES APIS DU SÉRAPEUM.	N° 1281

LES DYNASTIES LÉGITIMES.

XIXᵉ DYNASTIE, 208 ans, 1462-1022.

Ramsès I .
Seti Iᵉʳ . . . . 51 ans 1462-1180.
Ramsès II . . . . . . 66 1180-1114.
Menephthès . . . . . . 20 1114-1093.
Ramsès de la stèle
 de Bakenkhonsu (?) 60 — 1093-1033.
Seti II. Amenmessès
 et Siphtah . . . . . 1ᵉʳ — 1033-1022.

XXᵉ DYNASTIE, 135 ans, 1022-887.

Ramsès III . . . . 31 ans 1022-990.
Ramsès IV . . . . 6 990-984.
Ramsès V . . . . . 4 . . 984-979.
Ramsès VI-IX . . . . . . 15 979-964.
Ramsès X Nefrekarè. 14 964-948.
Ramsès XI . . . . , 5 948-942.
Ramsès XII khaemuas. 27 942-913.
Le fils royal de Ramsès Pnevtahou et le
 fils du fils royal de
 Ramsès Horus . . . . 26 . . 913-887.

XXIᵉ DYNASTIE, 114 ans, 887-773.

[cartouche] [cartouche] Smendès roi ans 887-861.

[cartouche] Psusennès Iᵉʳ 46 861-815.

LA FAMILLE DE HERHOR.

[cartouche] [cartouche] env. l'an 930.

[hiéroglyphes] environ l'an 900.

LES BUBASTITES.

[hiéroglyphes] environ l'an 990.

[hiéroglyphes] 960.

XXIIᵉ DYNASTIE, 960-0?.

[cartouche] Sheshonq Iᵉʳ, environ l'an 908.

[cartouche] Osorkon Iᵉʳ, environ l'an 890.

LES GRANDS-PRÊTRES.

1050 [hiéroglyphes] Dict. de noms, n° 881.
1030 [hiéroglyphes] Ibid., n° 1197.
1160 [hiéroglyphes] Ibid., n° 2100.
1130 [hiéroglyphes] Ibid., n° 905.
1110 [hiéroglyphes] Ibid., n° 902.
1090 [hiéroglyphes] Ibid., n° 909.
1070 [hiéroglyphes] Ibid., n° 1115.
1050 [hiéroglyphes] Ibid., n° 1004.
1030 [hiéroglyphes] Ibid., n° 1004.
1010 [hiéroglyphes] Ibid., n° 2267.

985 [hiéroglyphes] Ibid., n° 1167.

960 .

930 [hiéroglyphes] Ibid., n° 1167.

928 [hiéroglyphes] Ibid., n° 1005.

900 [hiéroglyphes]

LES APIS DU SÉRAPEUM.

Apis (n° 6), mort sous Seti Iᵉʳ, environ l'an 1180.
8 Apis (n° 7-14) depuis Ramsès II jusqu'à la fin
 de la XXᵉ dynastie . . . . 1180-1140.

9 Apis (n° ...) ... sous la XXIᵉ dynastie, 135 ans.
 . . . . 1022-887.

3 Apis (n° 24-26) sous la première partie de la
 XXIᵉ dynastie, environ 65 ans . . . . . 887-823.

N° 1281

de qui dépendaient les noms.

[hiéroglyphes] env. l'an 1180.
[hiéroglyphes] . . . . 1155.
[hiéroglyphes] . . . . . . 1130.
[hiéroglyphes] . . . . 1106.
[hiéroglyphes] . . . . 1080.
[hiéroglyphes] . . . . . . 1050.
[hiéroglyphes] . . . . . . 1020.
[hiéroglyphes] . . . . 990.
[hiéroglyphes] . . . . 960.

[hiéroglyphes] . . . . . . 930.

LES DYNASTIES LÉGITIMES	LA FAMILLE DE HERHOR	LES BUBASTITES	LES ÉTHIOPIENS	LES GRANDS-PRÊTRES	LES APIS DU SÉRAPÉUM	
Psousennès Ier. 16 - 864-815.	[cartouche] environ l'an 850.	[cartouche] Takelot Ier, environ l'an 850.		870 [hiéroglyphes] Ier.		[cartouche] ...... 860.
[cartouche] Makaré -	[hiéroglyphes]			850 [hiéroglyphes]		[cartouche] ...... 850.
Nephercherès ... 5 ans 815-811.				840 [hiéroglyphes]		
Amenophthis ... 9 — 811-801.						[cartouche] ...... 810.
Osorkon (Osorkon II). 6 — 801-795.	[hiéroglyphes] env. l'an 850.	[cartouche] Osorkon II [hiéroglyphes] 850-796.			Apis (n° 27), mort l'an 12 d'Osorkon II ... 795.	
Psinachès ... 9 796-787.	[hiéroglyphes]			810 [hiéroglyphes]		[cartouche] ...... 795.
[cartouche] Psousennès II ... 15 — 787-773.	[hiéroglyphes]	[cartouche] Sheshonq II, env. l'an 790.		790 [hiéroglyphes] II.		[cartouche] ...... 790.
XXIII dynastie. Âg. 773-684.		[cartouche] Takelot II, [cartouche] env. 780.	[cartouche] env. l'an 750.	770 [hiéroglyphes] Dictionnaire de noms, n° 1010.	Apis (n° 28), mort l'an 13 de Takelot II, env. 772.	[cartouche] ...... 770.
Pétubastès ... 40 ans 773-733.		[cartouche] Osorkon III [hiéroglyphes] jusqu'à l'an 725.		760 [hiéroglyphes] Ibid., n° 1009.		[cartouche] ...... 750.
Osorkon (Osorkon III). 8 — 733-725.	[hiéroglyphes]					
Psammus ... 10 - 725-715.		[cartouche] Sheshonq III ... 775-723.	[cartouche]		Apis (n° 29), mort l'an 28 de Sheshonq III. 767.	
Zet ... 31 — 715-684.	XXII dynastie. 50 ans. 746-666.	[cartouche] Pimai ... 723-721.			Apis (n° 30), mort l'an 2 de Pimai ... 721.	[cartouche] ...... 720.
XXIV dynastie.	Sabakon ... 746-676.	[cartouche] Sheshonq IV ... 721-684.			Apis (n° 31), mort l'an 5 de Sheshonq IV. 717.	
Bocchoris ... 6 ans 684-678.	Seuechus ... environ l'an 680.		[cartouche]		Apis (n° 32), mort l'an 11 de Sheshonq IV. 711.	[cartouche] ...... 690.
XXV dynastie. 151 ans. 678-527.	Taharqa ... 26 ans 693-666.		[cartouche]		Apis (n° 33), mort l'an 37 de Sheshonq IV. 684.	
Stéphinatès ... 678-671.					Apis (n° 34), mort l'an 6 de Bocchoris ... 678.	
Nechepsos ... 671-665.					Apis (n° 35), mort l'an 2 de Sabakon ... 676.	
Néchao Ier ... 665-657.					Apis (n° 36), mort l'an 24 de Taharqa ... 670.	
Psammétik Ier ... 666-603.			[cartouche]			[cartouche] ...... 660.
					Apis (n° 37), mort l'an 20 de Psammétik Ier. 646.	
Néchao II ... 612-596.						

A NOTE

ON THE ANALOGIES OF EGYPTIAN

WITH OTHER PRIMITIVE LANGUAGES,

BY

M. SCHREINER[1].

GENTLEMEN,

It is but lately that I came to the conclusion to address to your worthy Assembly this short communication. thereby publicly announcing some of the results of long and tedious labor.

In fact, I have considered it as a duty to give this information of what may be expected shortly, because I know that Prof. Naville has kindly assumed the office of collecting the Egyptian determinatives. to lay his work before this Congress: it was to be feared that a resolution might prevail to publish, with the list of those ideogramms, a *transcription* of their names, which. as it is. could only be fragmentary; while a little delay may enable us to give a correct transcription. thereby saving unnecessary printing expenses. My labor concerns the Egyptian Section especially. but the consequences are of such wide range and of such paramount interest for comparative philology at large, that I may be excused for addressing your Assembly.

The Egyptian language is closely related to the languages of the peoples who dwelt near Egypt in ancient times. It stands in the relation of an older sister to the Semitic languages; we know that it is the mother language of the Koptic: but it is not so generally known that the Egyptian may also be called « the mother language » of the Greek and Latin so far as the latter have not been influenced by Syrian, Pelasgian, Etruscan or Umbrian tongues.

To discover these Egyptian affinities, however, would be impossible, unless we know how to transcribe and read the language of ancient Egypt.

The following few remarks may lead to an insight into the importance of this matter for comparative philologic researches.

1. Initial syllables like *ku*, *χu*, *ti*, *ϑi*, *si*, *mi*, *zi*, *zu* and the letter *z* are entirely or nearly missing in the Egyptian, while we find all these liberally used in Koptic, Semitic, Greek and Latin. The reason for this is a misapprehension of certain syllabic signs or characters for alphabetic letters. So for instance :

◢ or ◣, the hoof, actually must read *qu*.

▱, tomb or truncated pyramid, value *ku*.

➤—, the warclub, value *χu*.

▥, a stool (?), value *χur*, *χu* before *r*.

⊐, the loop of rope, value *ϑi*.

⎰, a drop, value *ti*.

—⊶, —⊶, the parted horizontal is *isi*, *is* or *si*, while ⎮, the staff or twig (ancient *za*) is alph. *s* or *sa*.

⫙, three twisted strings for braiding have the value *mis* or *mi* before *s* only.

⌐, the jumping snake is *z* or *za*.

⌇, the irritated bird is *zi*.

⎮, tongue? is *zu*.

There are indeed other changes to be made in transcription and reading, but the explanation is too complicated to be mentioned in this communication.

A few examples may illustrate how seriously those few changes affect the comparative work.

𓅃, *aqui*, *claw*, *sharp*, radical for latin *aquila*, *acus*, *needle*, *acuo*, *acutus*.

𓅃, *aqura*, *correct*, *straight*, lat. *accuratus*. — Eg. pref. *a* often ⹀ lat. *ad*.

, in *qura* we have the lat. *cura*.

𓅃, in *qua*. *high*. *much*, we find the root for lat. *quantum*, *quales* and it. *omne genus*.

, *kukui*, explains Germ. *Gucken* to look.

, *Kubui*, to bow, bend, explains *cubitus*, *ellbow*, *measure*.

, *χuaku*, to shave, explains the ⲱ in Kopt. ϧⲱⲕⲍ, *scratch off*.

, *χusi*, lat. *fatigare*, Kopt. ϧⲟⲥⲓ.

, *χukara*, lat. *armare*, Kopt. ϧⲱⲕ. *armare*. *cingere*. The dark sound in the Koptic would otherwise be inexplicable.

, *zuata*. Kopt. ⲭⲱⲧⲉ. ⲭⲱⲱⲧⲉ, lat. *pertransire*.

, *zuai-ta*, Kopt. ⲭⲟⲓ. *navis*.

, *zuas*, to speak solemnly, Kopt. ⲭⲟⲥ. ⲭⲟⲟⲥ.

, *zaf*, Kopt. ⲭⲁ҄ «a dew drop».

, *zafa*, Kopt. ⲭⲏⲡⲓ «abundance».

, *Ꙋi*, Kopt. ⲥⲓ (pron. *dshi*) «to lead, carry off».

, *var.* , *ꙊiꙊii* or *ꙊiuꙊiu* «to litter».

, *tib*. dual *tibi*. «foot, shoe, sole, shows», radical of lat. *tibia*, the legbone.

, *misitata* «hatred» gives us the analogy for Gr. μισέω «to hate», μίσος «hatred», and confer also Koptic ⲙⲉⲥⲧⲉ, ⲙⲟⲥⲧⲉ.

, *ziau* «abscond. thief»; Kopt. ⲭⲓⲱⲱ. lat. *concipere*.

, *ziruina* heb. *schirion*, «lorica, cuirasse».

And so forth.

Knowing that ▭ *hispa* means *vineland, district*, it lies strikingly near to suppose that Hispania was an Egyptian colony. — Knowing that Eg. χ*u* means *issue, children* and that the latin weakens χ into *h*, we explain *humanus* as issue of *man, manu*.

If I read ☥ *hait* correctly, = Kopt. ⲍⲟⲩⲣ, Chald. *hai* «live, life», — and know it signifies «heart, mind, life», — then the German suffix *heit*, which was never before explained, may be traced back to this Egyptian radical. We find its compositions invariably connected with ideas of qualities or conditions of mind, heart or life : *Gesund-heit, Krank-heit, Kind-heit, Gut-heit, Schlechtig-keit, Sicher-heit* even *Ewig-keit* for «eternal life».

So the Germanic suffix *schaft*, Engl. «ship», may be traced to Egypt. χ*iapara*, χ*iapa* to come in existence, or be transformed into.

It would be imposing on your time to multiply those samples.

I have written an Egyptian and English Dictionary of more than five thousand words, generally giving the analogies in form and sense of the words in the kindred languages, and also an Egyptian «Primer», speller and first reader. I intend to have these published without unnecessary delay. After the publication will be the time to dissect the work with the knife of Critic, and to put to it the finishing chisel and file. A good deal can be done by correspondence, and then the next meeting would bring agreement and eventually adoption of a uniform transcription. This brings me to another point. In our days, when science is progressing at a swift rate, seven years are a rather lengthy period between meetings. I would therefore respectfully submit the idea, if it might not be opportune to meet again soon, say in two or three years from now, the Egyptian Section at least : 1900 would be a good epoch. And then, if we came together well prepared we may be able to give to humanity

the knowledge of its primitive language. Our venerated master
H. Brugsch has divined something like that, and I am very
sanguine about it, not without reason. I am fully convinced and
confident, that it can be done; and further that the science of
philology, which is the science of applied logic, is destined to
enter into the ranks of the exact sciences inferior to none
but mathematics. In our discipline nothing is vacilating, nothing without good and plainly visible reasons, visible to the
unprejudiced scrutinizing mind. Distinct and unchangeable
general laws govern the evolution of language :   we know
its source, the active, penetrating human mind; — we know
its tools, the brain and the organs of speech; — and we
know its material, the phenomena of the visible and invisible
world as far as we are able to penetrate them. — These factors
given, why should we not succeed in the solution of the pro-
blem?

RAPPORT

SUR

LES ÉTUDES BERBÈRES ET HAOUSSA

(1891-1897).

PAR

M. RENÉ BASSET,

DIRECTEUR DE L'ÉCOLE SUPÉRIEURE DES LETTRES D'ALGER,

CORRESPONDANT DE L'INSTITUT.

Depuis 1891, date du dernier *Rapport sur les Études berbères*[1], elles n'ont cessé de développer et de progresser, et il est permis d'affirmer que l'activité déployée sur ce terrain, principalement en France, depuis une quarantaine d'années environ, hâtera la solution d'une importante question de linguistique : la classification des dialectes berbères et leurs rapports avec les autres familles de langues. A ce moment, le déchiffrement des inscriptions libyques trouvera sa solution. Il y a lieu, toutefois, de signaler la tentative de M. G. Mercier dans ce domaine. En déchiffrant une inscription libyque trouvée à Bordj Menaïel par M. Viré[2] et en y lisant le mot *Gadala* qui se présente dans quatre autres textes, il en a conclu que ce mot désignait non un nom propre, mais le tombeau[3]. Je crois cette déduction exacte. Jusqu'ici on avait pris pour des noms propres presque

[1] Cf. R. Basset, *Rapport sur les études berbères, éthiopiennes et arabes*, Woking, 1892, in-8°.

[2] *Inscription libyque inédite des O. Moussa*, dans la *Revue africaine*, 1896, p. 82-83.

[3] G. Mercier, *Note sur l'inscription libyque de Bordj Menaïel*, Constantine, 1897, in-8°.

tous les vocables, qu'on lisait, ou qu'on croyait lire, sur les inscriptions funéraires. M. Philippe Berger a fort justement attaqué cette manière de voir [1] : « C'est un peu comme si l'on disait que *Hic Situs Est* ou *Vixit Annis Octoginta* sont des noms propres parce qu'ils sont bien connus et reviennent fréquemment dans les inscriptions. Tout cela est à reprendre. » C'est, comme on le voit, une idée semblable qui a servi de point de départ à M. Mercier. Mais je ne puis admettre la suite de son argumentation, car il suppose gratuitement une modification graphique pour arriver à lire *Madat* au lieu de *Gadat*, et il rapproche ensuite ce mot de *thamdalt* ثمدلت « tombeau » en éliminant non seulement la lettre servile initiale, mais aussi l'*l* qui fait partie de la racine et qui s'est conservée dans tous les dialectes où ce mot existe [2]. Mais, malgré cette réserve, le premier mot de

[1] *Histoire de l'écriture*, Paris, 1891, in-8°, p. 331.

[2] Développement de la racine √D'L et de ses variantes :

1° √D'L, Zouaoua *d'el* ذل « couvrir », VII° f. (hab.) *d'al* ذال, *thad'ouli* ثذولي, pl. *thid'ouliin* ثذوليين « couverture »; *thamd'elt* ثمذلت « tombe », pl. *thimd'elin* ثمذلين. — B. Menacer, *amd'al* امذل « enterrer ».

2° √D L, Zouaoua *eddel* ادل « couvrir », VII° f. *dal* دال; Bougie *del* دل « couvrir », *thadoula* ثدولا et *thadouli* ثدولي « couvercle ». — B. Menacer, *amdal* امدل « enterrer; A. Khalfoun et B. Menacer, *thamdalt* ثمدلت « enterrement »; Taroudant, *moudel* مودل « ensevelir ».

3° √D'R, Guélâïa *d'er* ذر « couvrir ».

4° √D N, Dj. Nefousa *aden* ادن, aor. *iouden* يودن « couvrir ».

5° √D DJ, Zénaga *endadj* اندادج « enterrer ».

6° √D TCH, Zénaga *andetch* اندج « enterrement ».

7° √DH L, Zouaoua *medhel* مضل « enterrer », VI° f. *met't'el* مطل. — Kçour *emdhal* امضل « enterrer ». — Taïtoq *endhel* ||Ǝ| « enterrer ». — Zouaoua *thamdhelt* ثمضلت, pl. *thimedhlin* ثمضلين « enterrement ». Kçour *tmadhlin* ثمضلين (pl.) « tombeaux ». — Taïtoq *anedhal* ||Ǝ| « enterrement »; *tandhelt* +||Ǝ|+, pl. *tinedhlin* /||Ǝ|+ « tombes ».

8° √T L, Zouaoua *ent'el* انطل « enterrer », VI° f. *net't'el* نطل. — Dj. Nefousa *ent'el* انطل « être enterré ». — Bougie *emt'el* امطل « enterrer », VI° f. *met't'el* مطل; *thimt'elts* ثمطلت « enterrement ». — A'chacha *ent'al* انطل « être enterré ».

9° √D R, Bot'ioua et Temsaman *ander* اندر « tombeau ».

l'inscription, de quelque manière qu'on le lise, signifie « tombeau ». C'est un point acquis.

Le danger des rapprochements hâtifs en cette matière est signalé dans un remarquable mémoire de M. Joseph Partsch, sur les Berbères, dans le poème de Corippus[1]. En examinant soigneusement la *Johannide*, l'auteur en a tiré un certain nombre de remarques importantes au point de vue de la civilisation, de la géographie et de la linguistique. Il signale entre autres le prétendu *Aor* (L. II, v. 50) — que M. Halévy rapprochait d'un nom qu'il croyait lire dans une inscription libyque — comme une faute de lecture pour *Acer*, faute commise par les premiers éditeurs du poème, Mazucchelli et Bekker, corrigée par Petschenig. Cet exemple doit nous apprendre la prudence en matière de preuves. Le terrain des rapprochements est glissant et la tentation d'expliquer à tout prix, même avec des ressources insuffisantes, doit être repoussée. Ainsi M. Daressy avait essayé[2] d'interpréter, par le berbère, les noms des cinq chiens figurés sur un monument du roi Antef. J'ai montré[3], par la comparaison des racines berbères, que, sur ces cinq noms, une seule identification était certaine : elle avait été signalée pour la première fois par M. Maspero; une autre était possible; les trois autres inadmissibles. En même temps, cette question était reprise par M. W. Max Müller[4] qui, sans avoir eu connaissance de l'article de M. Daressy ni de mes observations, se lançait dans une voie opposée et croyait retrouver trois de ces noms (sur cinq) dans les langues hamitiques du nord-est de l'Éthiopie. Le système d'interprétation forcée est le même, mais cette ten-

---

[1] *Die Berbern in der Dichtung des Corippus*, Breslau, 1896, in-8°.

[2] *Recueil de travaux relatifs à la philologie et à l'archéologie égyptienne et assyrienne*, XIe année. 1899. *Remarques et notes*, § xviii. p. 78-79.

[3] *Les chiens du roi Antef*, I. Upsala, 1896, in-8°.

[4] *Altafrikanische Glossen*, § 3; *Vier Troglodytenwörter* (*Wiener Zeitschrift für die Kunde des Morgenlandes*, t. X, 1896. p. 207-209).

lative n'aura pas été inutile, car il me paraît que si, comme j'ai essayé de le démontrer[1], on doit rejeter deux des trois explications de M. W. Max Müller, il a pleinement raison pour la dernière; de même, réserve faite pour une légère inexactitude, quand il retrouve le berbère *tit'* « œil », dans un passage du papyrus Anastasi[2].

Pour être complet, je signalerai les pages que M. Schirmer a consacrées au berbère dans sa thèse latine[3], malgré ce qu'elles ont d'incomplet et parfois d'inexact, et le chapitre forcément restreint, où M. Toutain traite de l'onomastique et de la langue berbères dans les limites de la Tunisie actuelle[4]. Je crois aussi utile de mentionner une fantaisie humoristique[5] qui, sous sa forme plaisante, renferme une critique sérieuse des fantaisies auxquelles se sont livrés, en matière de rapprochements entre le berbère et les autres langues, des étymologistes trop avantureux.

L'épigraphie libyque s'est enrichie des observations de M. Flamand[6], recueillies sur place et concernant les « pierres écrites du Sud oranais » où les inscriptions de diverses époques se confondraient, si une minutieuse observation de la différence des teintes de la gravure par rapport à la surface de la roche ne permettait d'établir un classement relatif. C'est un point important dû à M. Flamand, et il faut espérer que le *Corpus* qu'il annonce ne se fera pas longtemps attendre. Il faut citer aussi un certain nombre d'inscriptions relevées par M. Goyt à El-Guitoun, aux environs de la Calle, dans une région des plus

---

[1] *Les chiens du roi Intef*, II. Upsala, 1897, in-8°.

[2] *Altafrikanische Glossen*, § 4. *Libysch : Auge*.

[3] *De nomine et genere populorum qui Berberi vulgo dicuntur*, Paris, 1892, in-8°.

[4] *Les cités romaines de Tunisie*, Paris, 1895, in-8°.

[5] Bertholon, *Le secret du Lotophage*, Tunis, 1895, in-8°.

[6] *Note sur les stations nouvelles ou peu connues de pierres écrites*, Paris, 1897, in-8°. — *Notes sur deux pierres écrites*, Paris, 1897, in-8°.

riches en monuments de ce genre, et par M. Jacquet, parmi celles qui sont conservées au musée du groupe scolaire de Mila [1].

Laissant de côté le terrain encore si peu sûr du berbère dans l'antiquité, nous arrivons aux dialectes modernes et aux travaux d'ensemble dont ils ont été l'objet. L'Académie des inscriptions et belles-lettres, à qui les études africaines doivent tant, avait depuis longtemps mis au concours un prix sur cette question. Elle a bien voulu l'accorder au mémoire que j'ai présenté [2] et dont le titre indiquait nettement qu'il ne s'agissait pas d'une œuvre complète et définitive sur la grammaire et le dictionnaire, mais de recherches comparées sur divers points de phonétique, de lexicologie et morphologie du pronom et du verbe, portant sur 41 dialectes ou sous-dialectes, inégalement connus. Dans le même ordre d'idées, j'ai tenté, en étudiant les noms des couleurs et des métaux chez les Berbères [3], de donner un premier essai de dictionnaire comparé. Les tentatives de M. von der Gabelentz pour rapprocher le basque du berbère ne méritent pas qu'on s'y arrête [4]. Les connaissances de l'auteur, je ne parle que du berbère, ne lui permettaient pas d'entreprendre un pareil travail, d'ailleurs prématuré dans l'état actuel de la science. Comme complément des ouvrages sur les dialectes en général, on me permettra de signaler la seconde série de mes contes populaires berbères [5], renfermant la traduction

[1] Goyt, *Inscriptions libyques relevées dans la commune mixte de la Calle et dans les environs de Mila*, dans *Recueil de notices et mémoires de la Société archéologique de Constantine*, 3ᵉ série. t. VI. 1893, p. 223-229.

[2] *Études sur les dialectes berbères*, Paris. 1894. in-8". forme le tome XIV des *Publications de l'École des lettres d'Alger*. (*Bulletin de Correspondance africaine*.)

[3] *Les noms des métaux et des couleurs en berbère*, Paris. 1895. in-8".

[4] *Baskisch und Berberisch*, Berlin. 1893. in-8"; *Die Verwandtschaft des Baskischen mit den Berbersprachen Nord-Afrika's*, Brunswick. 1894. in-8".

[5] *Nouveaux contes berbères*, Paris. 1897, in-18.

de 70 contes et chansons, avec des notes comparatives de folk-lore.

Si, des études générales, nous passons à celles qui ont pour objet un dialecte déterminé, nous trouvons, en commençant par l'ouest, le mémoire du marquis de Bute sur la langue des indigènes de Ténériffe[1]; il a pris pour base l'ouvrage de M. Chil y Naranjo, et ses conclusions, nettement formulées contre la parenté du guanche et des langues américaines, sont moins assurées pour d'autres. Une comparaison plus précise et plus étendue avec les dialectes berbères aurait permis à l'auteur de relever des analogies phonétiques et lexicographiques plus nombreuses que celles qu'il a citées.

En 1889, M. de Rochemonteix, en tête de ses *Documents pour l'étude du berbère*[2], exprimait le regret que, sauf une exception, les rares berbérisants eussent, depuis Delaporte, de Slane et Newman, négligé le dialecte chelha du Sous marocain. Ce regret d'un orientaliste distingué, enlevé trop tôt à nos études, n'aurait plus aujourd'hui sa raison d'être; en six ans, le chelha a repris une place importante, et l'on doit citer, en première ligne, les travaux de M. Stumme : d'abord ses onze pièces en dialecte du Tazeroualt[3]; puis ses poèmes chelhas[4] précédés d'une consciencieuse étude sur la métrique berbère; enfin son recueil de contes du Tazeroualt[5], non moins précieux pour le folklore que pour la linguistique, car tous ces textes sont accompagnés d'une traduction qui les rend accessibles à d'autres qu'aux berbérisants. On peut regretter seulement le système

[1] *On the ancient language of the natives of Tenerife*, Londres, s. d. (1891), in-8°.

[2] Réimprimés ainsi que son mémoire sur les *Rapports grammaticaux de l'égyptien et du berbère*, dans ses *OEuvres diverses*, Paris, 1894, in-8°.

[3] *Elf Stücke im Silha Dialekt von Tazerwalt*, Leipzig, 1894, in-8°.

[4] *Dichtkunst und Gedichte der Schluh*, Leipzig, 1895, in-8°.

[5] *Märchen der Schluh von Tazerwalt*, Leipzig, 1895, in-8°.

compliqué qui a été employé pour la transcription et qui pourrait bien, dans sa minutieuse exactitude, ne rendre que la prononciation d'un seul individu, non de la population prise en masse. Une exploration dans le pays justifierait seule une précision aussi absolue : il est à désirer que M. Stumme prenne au Maroc la place laissée vacante par la mort de son compatriote M. Quedenfeldt.

Ces travaux sont pour le chelḥa une base autrement utile que le texte publié et traduit, avec beaucoup de soin, par M. Luciani, malgré le grand mérite du traducteur[1]. Le *Haoudh* de Moḥammed ben ʿAli ben Brahim, qui vivait au commencement du siècle dernier, est un recueil en vers des préceptes de la religion musulmane, où la proportion des mots arabes empruntés dépasse 50 p. 100. Au point de vue de la doctrine, ce livre ne nous apprend rien qui ne soit parfaitement connu; en ce qui concerne la langue, le dictionnaire pourra glaner quelques mots et quelques expressions dans les 960 vers dont se compose ce traité.

Dans un court mémoire[2], j'ai étudié le dialecte de Taroudant, proche parent du chelḥa du Tafilalet, en donnant, à la suite de quelques notes grammaticales, plusieurs textes avec transcription et traduction et une liste des principales racines.

Pour le reste du Maroc, je ne vois à signaler que l'important ouvrage de M. Mouliéras sur le Rif[3], qui renferme, outre de précieux renseignements sur cette région, un texte populaire en dialecte guélaʿia.

Les dialectes de l'Algérie centrale, formant les anneaux de la chaîne qui relie les massifs berbères de l'est à ceux du Maghreb, méritent d'autant plus d'être étudiés qu'ils sont en voie

[1] *Le Haoudh*, Alger, 1897, in-8°.

[2] *Le dialecte berbère de Taroudant*, Florence, 1895, in-8°.

[3] *Le Maroc inconnu*, 1ʳᵉ partie, Oran et Paris, 1895, in-8°.

de disparition. Des missions accomplies en 1883. 1886, 1887 et 1895 m'ont fourni des matériaux sur les dialectes parlés par les O. Ben Ḥalima de Frenda, les tribus de l'Ouarsenis. les Haraoua de Téniet el-Ḥad, les A'chacha du Dhahra et les Aït Feraḥ de Kherba[1]; ces matériaux, comprenant des notes grammaticales. des textes et un double lexique. ont paru en un volume qui sera suivi d'un complément relatif aux tribus des communes mixtes de Berrouaghia et de Aïn-Bessem. Le dialecte des Beni Menacer, étroitement apparenté à la Zenatia de l'Ouarsenis. a été l'objet d'un travail[2] qui comprend quatre textes avec transcription, notes et traduction, et un vocabulaire où j'ai réuni les principales racines.

Le zouaoua, le plus répandu et le plus connu des dialectes d'Algérie. a été, pendant cette période, l'objet de travaux importants. Je citerai pour mémoire des notes de M. Charnock[3] qui ne présentent rien de neuf ni de complet; un manuel de M. Gourliau[4], et la traduction de quelques fables de La Fontaine par M. Adda Fredj[5]. La Société biblique a continué la publication de la version du Nouveau Testament en kabyle : à l'Évangile de Jean. paru en 1885, sont venus s'ajouter ceux de Marc[6]. de Luc[7]. de Mathieu[8] et les Actes des

[1] *Étude sur la Zénatia de l'Ouarsenis et du Maghreb central*, Paris. 1895. in-8". forme le tome XV des *Publications de l'École des lettres d'Alger* (*Bulletin de Correspondance africaine*).

[2] R. Basset. *Quatre textes en dialecte des Beni Menacer*, Rome. 1892. in-8".

[3] *Notes on the Kabyle language*, Woking. 1892, in-8".

[4] *La conversation française-kabyle*, Miliana. 1892. in-18.

[5] *Fables kabyles*, Constantine. s. d.. in-8°.

[6] *Indjil n Sidna Aisa el Masiḥ akken itsouaktheb s Marqous*. Londres. 1892. in-12.

[7] *Indjil n Sidna Aisa el Masiḥ akken itsouakhteb s Louqa*, Londres. 1894, in-12.

[8] *Indjil n Sidna Aisa el Masiḥ akken itsouaktheb s Matta*, Londres. 1894. in-12.

Apôtres[1]. Mais les traductions sont loin d'être toujours correctes; les mots sont singulièrement choisis : ainsi, dans ce dernier ouvrage, nous voyons, par exemple (p. 71), que saint Paul s'embarqua sur un bateau à vapeur (*babour*) lorsqu'il fut conduit à Rome.

Le terrain déblayé, je signalerai en premier lieu la collection de contes et légendes publiée par M. Mouliéras [2]. C'est le texte le plus important qui ait paru en zouaoua depuis les *Poésies populaires kabyles*, du général Hanoteau (1867); c'est aussi l'un de ceux qui rendront le plus de services au folklore. Il sera surtout apprécié lorsque l'auteur aura fait paraître la traduction et le glossaire qui doivent compléter le texte. Un précédent recueil de M. Mouliéras, renfermant des anecdotes sur un personnage célèbre dans le monde musulman [3], a été traduit en français et précédé d'une introduction où j'ai essayé de retrouver, en remontant jusqu'au IVᵉ siècle de l'hégire, les transformations du prétendu qâdhi de Sivri-Hissar.

L'étude du zouaoua a été facilitée par deux ouvrages : l'un, dû à un indigène, Si Sa'id *dit* Boulifa [4], est à la fois remarquable par sa méthode et l'abondance des renseignements qu'il contient. On peut regretter que, pour la classification des verbes, l'auteur ait cru devoir adopter celle du verbe arabe, laquelle ne répond en rien au génie du kabyle. Le second est le *Dictionnaire kabyle-français* de l'abbé Huyghe [5]. Ce n'est pas que cet ouvrage soit sans reproches : c'est un lexique plutôt qu'un dictionnaire; l'auteur a adopté, en la compliquant encore, la

---

[1] *Lchour'al errouçoul* (sic). Londres, 1895, in-12.

[2] *Légendes et contes merveilleux de la Grande Kabylie*, t. I. Paris, 1893, in-8; forme le tome XIII des *Publications de l'École des lettres d'Alger* (*Bulletin de Correspondance africaine*).

[3] *Les Fourberies de Si Djeha*, trad. française. Paris, 1892, in-12.

[4] *Une première année de kabyle*. Alger, 1897, in-8.

[5] *Qamus qabaili-rumi*, Lille, 1896, in-8.

déplorable transcription du P. Creuzat dans son *Essai de dictionnaire français-kabyle* (1873). Quand il s'agit d'un ouvrage qui doit avoir un but pratique, il est inutile d'embarrasser par un système inusité et incommode ceux qui sont appelés à s'en servir. Ce défaut est réparé en partie, je dois le dire, par le soin pris par l'auteur de donner à la suite de chaque mot sa transcription en arabe. En l'absence d'autre lexique plus étendu, celui-ci est appelé à rendre des services.

En avançant vers l'est, nous arrivons au dialecte de l'O. Sahel, apparenté de près à celui de Bougie. En 1887, M. Rinn avait publié, dans ce dialecte, des chansons sur l'insurrection de 1871, accompagnées d'une traduction française qui laissait à désirer. Une édition plus correcte, mais moins complète, du texte avait été donnée par M. Ben Sedira. J'ai repris ces textes et je les ai fait paraître transcrits, traduits, annotés [1] et suivis d'un glossaire des principales racines du dialecte de Bougie.

Une mission confiée par M. Tirman, alors gouverneur général de l'Algérie, me permit d'étudier sur place les dialectes du Mzab (Ghardaïa et Melika), de Ouargla et de l'O. Rir' : les résultats de cette mission ont paru en 1893 [2], en un volume comprenant la grammaire, des textes avec transcription et notes, deux lexiques français-berbère et berbère-français et un appendice où j'ai réuni ce qui avait été publié antérieurement sur le mzabite depuis Shaler (1830) jusqu'à Duveyrier (1857). Cette publication est complétée par celle que M. Mouliéras [3] a consacrée exclusivement au dialecte des Beni Sgen et qui renferme des notes grammaticales et des contes. Quant à la ver-

[1] *L'insurrection algérienne de 1871 dans les chansons populaires kabyles*, Louvain, 1892, in-8°.

[2] *Étude sur la Zenatia du Mzab, de Ouargla et de l'O. Rir'*, Paris, 1893, in-8°, forme le tome XII des *Publications de l'École des lettres d'Alger* (*Bulletin de Correspondance africaine*).

[3] *Les Beni Isguen (Mzab)*, Oran, 1895, in-8°.

sion mzabite de quelques fables de La Fontaine, due à M. Adda Fredj[1], il vaut mieux n'en pas parler.

Le dialecte des Haraktas parlé au sud et au sud-est de Constantine a été étudié par moi dans deux travaux[2] ayant principalement pour objet la région de 'Aïn Beïdha.

Au sud du domaine des Haraktas, la région montagneuse de l'Aouràs, habitée par une des populations berbères les plus anciennement connues, renferme des dialectes et des sous-dialectes dont l'un, jusqu'à présent négligé, a été étudié sur place à Tkout par M. G. Mercier[3], qui l'a comparé à quelques-uns des dialectes voisins. Ce travail soigné comble une lacune et son importance est encore accrue en ce qu'il met en relief l'étroite parenté au point de vue philologique, et probablement historique, des Chaouias de l'Aouràs avec les Zenatas de l'Ouarsenis et du Maghreb central.

Enlevé par une mort rapide, M. Masqueray n'avait pu achever la publication de son Dictionnaire touareg, mais ses recherches n'ont pas été perdues pour la science; le dernier fascicule du dictionnaire a paru par mes soins et ceux de M. Gaudefroy-Demombynes, directeur de la medersa de Tlemcen[4]. Nous avons également classé les notes grammaticales que le regretté professeur n'avait pas eu le temps de rédiger définitivement et nous les avons publiées avec des textes (lettres, contes, chansons, récits de voyages) qui forment une véritable

[1] Constantine, s. d., in-8°.

[2] *Notice sur les dialectes des Harakta et du Djerid tunisien*, Woking, 1892, in-8°; *Notes sur le Chaouïa de la province de Constantine*, Paris, 1897, in-8°.

[3] *Le Chaouïa de l'Aurès, dialecte de l'Ahmar Khaddou*, Paris, 1896, in-8°, forme le tome XVII des *Publications de l'École des Lettres d'Alger* (*Bulletin de Correspondance africaine*).

[4] *Dictionnaire français-touareg* (*dialecte des Taïtoq*), Paris, 1893, in-8°, forme le tome XI des *Publications de l'École des Lettres d'Alger* (*Bulletin de Correspondance africaine*).

chrestomathie touareg[1]. Ces deux ouvrages sont les documents les plus importants qui aient paru depuis la grammaire du général Hanoteau récemment réimprimée[2]. Je ne saurais accorder les mêmes éloges à un dictionnaire composé par M. Cidkaoui[3], non pas avec l'aide de Touaregs, mais avec celle d'Arabes d'In Salah parlant plus ou moins cette langue. Si, à cette cause d'infériorité, on ajoute la singularité du contenu du dictionnaire, où l'on voit des mots comme *agonir* (p. 4), *approximativement* (p. 77), *atermoiement* (p. 92), *baguenauder* (p. 107), *banquiste* (p. 111), *cancaner* (p. 150), *corroboratif* (p. 228), *débagouler* (p. 253), *se décarêmer* (p. 258), *palpablement* (p. 638), *rempailler* (p. 755), etc., traduits en touareg, on se fera aisément une idée de la confiance que peut mériter ce livre.

En dehors d'un court vocabulaire et d'un texte que j'ai publié dans le dialecte de Sened, dans le Djerid tunisien[4], ceux de l'est ont été négligés pendant cette période. C'est par le Djebel Nefousa que se terminera cette revue; il y a à citer le vocabulaire nefousi publié et annoté par M. Grimal de Guiraudon[5] d'après un manuscrit acquis par lui du Dr Cust et compilé vers 1830; il remonte donc relativement assez haut, et cette publication, en égard à cette date et au peu de documents que nous possédons sur ce dialecte, est un grand service rendu aux études berbères.

Le haoussa a tellement d'affinités avec le berbère, qu'il me paraît préférable de le mentionner ici plutôt que de le joindre

---

[1] *Observations grammaticales et textes de la temahaq des Taïtoq*, Paris, 1896, in-8°, forment le tome XVIII des *Publications de l'École des Lettres d'Alger* (*Bulletin de Correspondance africaine*).

[2] *Essai de grammaire de la langue tamachek'*, Alger, 1896, in-8°.

[3] *Dictionnaire français-tamacheq*, Alger, 1894, in-4°.

[4] *Notice sur les dialectes du Haraktas et du Djerid tunisien*, Woking, 1892, in-8°.

[5] *Dyaraili Vocabulary*, dans le *Journal of the Royal Asiatic Society*, oct. 1893.

aux autres groupes de langues africaines. Le récit de voyage de M. Robinson [1] renferme sur le haoussa un chapitre où, à côté de renseignements exacts, on doit relever une singulière légèreté d'appréciation. J'en dirai autant de l'introduction qu'il a mise en tête des textes publiés par lui avec une traduction anglaise et des fac-similés [2]; entre autres assertions, il suffit de signaler celle-ci (p. IX) qu'un jour viendra où quatre langues seront seules parlées en Afrique : l'anglais, l'arabe, le souahili et le haoussa. Il n'était pas besoin d'un classement aussi simpliste pour mettre en lumière l'importance de ce dernier idiome; quant à la publication de M. Robinson, elle n'y contribuera que médiocrement, car ces poèmes, tous composés sur des sujets religieux, sont fortement mêlés d'arabe, comme les ouvrages du même genre en berbère et en souahili, et nous offrent une langue presque artificielle, en tout cas moins pure que celle qui nous est fournie par le précieux recueil de Schön, *Magana n hausa*, le plus important qui existe jusqu'à ce jour. Au point de vue historique, les quelques pages d'histoire de Zaria, traduites de l'arabe, donneront des détails intéressants sur la chute des rois haoussa et l'élévation des Peuls. Un ouvrage sans prétention, mais préférable pour l'étude de cette langue, quoique la bibliographie, comme celle de M. Robinson, laisse à désirer, est le manuel [3] que M. Dirr a composé sur le modèle du *Haussa reading-book* de Schön, et qui est appelé à rendre de grands services à nos officiers, à nos voyageurs et à nos commerçants dans le Soudan.

[1] *Hausa Land*, Londres, 1896, in-8°.
[2] *Specimens of Hausa literature*, Cambridge, 1896, in-8°.
[3] *Manuel pratique de langue haoussa*, Paris, 1896, in-12.

RAPPORT

SUR

LES LANGUES AFRICAINES,

PAR

M. RENÉ BASSET,

DIRECTEUR DE L'ÉCOLE SUPÉRIEURE DES LETTRES D'ALGER,
CORRESPONDANT DE L'INSTITUT.

Si du berbère et du haoussa nous passons aux autres familles de langues qui existent en Afrique, exception faite des langues sémitiques et hamitiques de l'Abyssinie et du nord-est de l'Afrique, et aussi du malgache, nous trouvons que le bantou occupe la plus grande place dans les travaux parus de 1891 à 1897; les langues de la Guinée n'ont pas été négligées, mais celles du Soudan (sauf le haoussa), de la Sénégambie et du groupe nouba et nilotique ont été à peu près délaissées. Ces études ont reçu une nouvelle et heureuse impulsion, grâce à la fondation de la *Zeitschrift für die afrikanischen und oceanischen Sprachen* qui a succédé à la *Zeitschrift für die afrikanischen Sprachen*, disparue avec Büttner, son fondateur. M. Seidel, qui dirige la première revue et qui jouit d'une compétence toute particulière dans les études bantou, leur a naturellement donné la place la plus considérable dans son recueil, que j'aurai maintes fois l'occasion de citer. Je dois mentionner ici, comme une œuvre générale destinée à faire connaître les Africains d'après leur littérature populaire, sa traduction de contes et de chants populaires, qui forme une véritable littérature, malgré quelques lacunes[1].

[1] *Geschichten und Lieder der Afrikaner;* Berlin. s. d. (1896). in-12.

Dans le domaine du groupe mandingue, on doit signaler le *Dictionnaire de la langue mandé*, par M. Rambaud[1], suivi d'une étude sur cette langue qui comprend, d'après l'auteur, les dialectes Khasonkhé, Bambara, Malinkhé, du Ouasoulou, du Sankaran, du Kouyan et du Kouranko. Depuis l'ouvrage capital de Steinthal, aucun travail d'ensemble aussi important n'avait paru sur cette famille de langues, quoique plusieurs d'entre elles eussent été l'objet de publications fort utiles. Il y aurait quelques objections à faire sur le titre de mandé donné à un groupe d'où est exclu le mandingue; il y a lieu de prendre garde à la confusion qui peut s'établir avec le mende, parlé sur les confins de la Sénégambie et de la Guinée : le nom de *malinkhé-bambara* eût été préférable. Cette réserve faite, il n'y a que des éloges à donner à l'œuvre de M. Rambaud.

La place du peul, dans les diverses familles de langues africaines, n'est pas encore déterminée, quoique F. Müller ait cru pouvoir en former une famille avec les langues nouba. Il est inutile d'insister sur d'autres théories, sévèrement et justement jugées par M. Grimal dans la préface de sa grammaire[2]. On trouve enfin, dans cet ouvrage, malgré quelques hardiesses difficiles à soutenir, une étude raisonnée et raisonnable de cette langue; de semblables monographies, ayant chacune pour objet une des langues sénégambiennes, ferait faire un grand pas à leur classification; ce livre est à signaler parmi les plus importants qui aient paru, dans cette période, sur la linguistique africaine.

Dans ses précédents travaux, M. F. Müller avait rattaché le Nyam-Nyam ou A.-Sandeh au groupe peul. De nouveaux documents lui ont permis de constituer, avec cette langue jointe au

[1] *Dictionnaire de la langue mandé, suivi d'une étude sur la langue mandé*, dans les *Mémoires de la Société de linguistique*, t. IX. 1896.

[2] *Bolle fulbe, Manuel de la langue foule*; Paris et Leipzig. 1894. in-12.

Kredj du Dar-Fartit, au Mombouttou, à la langue des A.-Ba-
rambo et des A.-Madi (ces trois dernières parlées dans le bassin
du Ouellé ou Oubangi), à celles des Maigo-Moungou et des
Golo, à l'est du Dar-Four, un groupe spécial caractérisé entre
autres par le système quinaire-vigésimal, sans parler d'autres
rapports phonétiques et morphologiques [1]. Malheureusement,
la perte des provinces équatoriales de l'Égypte a interrompu
les recherches et les explorations, et je ne trouve à signaler que
l'ouvrage du missionnaire Colombaroli [2]; malgré son peu de
critique, il ne laissera pas d'être d'une grande utilité, à défaut
d'autres documents.

L'occupation effective de la côte de Guinée par les puissances
européennes a naturellement accru le contingent des publications relatives à cette contrée et dues, pour la plus grande
partie, aux missionnaires catholiques et protestants. Une vue
d'ensemble sur les travaux dont les langues de Guinée (eph'e,
fo, adangbe, tchwi, etc.) ont été l'objet avant 1891 [3] est due
au Rév. Christaller.

Pour l'eph'e et ses dialectes, ankho, aṅlo et dahoméen, il
faut citer l'ouvrage de Henrici [4], complété par le dictionnaire
de Knüsli [5] et un autre dictionnaire anonyme [6] rédigé par les
missionnaires. Le dialecte dahoméen est étudié dans le manuel
de M. Delafosse [7]. Un autre dialecte de l'eph'e, l'ankho, nous
est connu par l'abécédaire de Kœbele [8] et par une traduc-

<hr>

[1] *Die æquatoriale Sprachfamilie in Central-Afrika;* Vienne, 1889, in-8°.
[2] *Premiers éléments de la langue A-sandeh;* Le Caire, 1895, in-8°.
[3] *Zeitschrift für afrikanische und oceanische Sprachen;* t. I, p. 1-8.
[4] *Lehrbuch der Ephe Sprache;* Berlin, 1891, in-8°.
[5] *Deutsch-ewe Wörterbuch;* 1892, in-8°.
[6] *Ewe german-english Dictionary;* Keta, 1891, in-8°.
[7] *Manuel dahoméen;* Paris, 1894, in-8°.
[8] *Bibel für die Schule in Klein Popo;* Frankfurt a. M., 1895, in-8°.

tion du Nouveau Testament[1]. En añlo, dialecte de l'eph'e, nous trouvons une histoire universelle et un abécédaire publiés par Knüsli à Bremen, en 1892 et 1894. La langue adele, parlée au nord-ouest de l'eph'e, est l'objet d'un article de M. Christaller[2] qui y a signalé des modifications phonétiques de préfixes analogues à celles qui forment un des caractères particuliers de la langue bantou.

Le même auteur a donné une suite au recueil de 3,600 proverbes qu'il avait publiés en tchwi[3], et la connaissance de cette langue, une des mieux connues de la côte de Guinée, s'accroît par la publication ou la réimpression de divers ouvrages religieux : des extraits d'histoire universelle[4], un livre de lectures[5] pour les classes supérieures des écoles, un recueil de chants religieux, dû au missionnaire Christaller[6], et un autre d'hymnes[7].

M. Zintgraff[8] nous donne les premières notions du bali, une langue de l'intérieur du Kameroun, et qu'il croit appartenir au groupe bantou. Mais la question de l'extension de ce groupe au nord-ouest est fort controversée. C'est ainsi que la théorie qui rattachait au bantou les langues du Kameroun, benga et di-yéli, en raison d'affinités plus apparentes que

[1] *Aleñuñu yoyo* ; Londres, 1892. in-8°.

[2] *Die Adelesprache in Togogebiet*, dans la *Zeitschrift für afrik. und ocean. Spr.*, t. I. p. 16-63.

[3] *Sprichwörter der tshwi-neger*, dans la *Zeitschrift für afrik. und ocean. Sprachen*, t. I. p. 184-187 : t. II. p. 51-53.

[4] *Stories from general story* ; Bâle. 1894. in-8°.

[5] *Twi ken ken ahoma* ; Bâle. 1892. in-12.

[6] *Tshi songs for children* ; Bâle. 1895. in-8°.

[7] *Liturgy and hymns for the use of Christian churches* ; Bâle, 1891. in-12.

[8] *Einiges aus der Balisprache*, dans la *Zeitschrift für afrik. und ocean. Spr.*, t. I, p. 318-323.

réelles, a été combattue avec raison, je crois, par M. Meinhoff[1]. Cette étude renferme d'importants renseignements sur les
autres langues de la côte et de l'intérieur et fait le départ entre
celles qui sont réellement bantou et celles qui sont étrangères
à ce groupe. Il faut également rejeter la thèse de M. Krause[2]
pour rattacher au groupe bantou le timne parlé aux environs
de Sierra Leone et bien connu par les travaux de Schlenker[3];
la classification des noms par les préfixes existe dans d'autres
langues (le wolof, par exemple) et, d'après mes recherches
personnelles faites dans le pays, le temné forme un groupe
indépendant avec le boullom, le baga et le landouman, parlés
sur les bords du Rio Nunez. Les arguments du même auteur
pour comprendre dans le domaine du bantou le biafade[4] de
la Guinée portugaise ne me paraissent pas plus concluants.

En ce qui concerne le douala, une des principales langues
du Kameroun, on doit citer en première ligne le Manuel de
Christaller[5] et deux courtes publications du même auteur[6],
puis le Guide de M. Seidel[7], enfin deux livres religieux[8].

Enfin cette revue linguistique de la Guinée se termine avec

[1] *Die Sprachverhältnisse in Kamerun*, dans la *Zeitschr. für afrik. und ocean. Spr.*,
t. I, p. 138-163.

[2] *Die Stellung der Temne innerhalb der Bantusprache*, dans la *Zeitschr. für afrik.
und ocean. Spr.*, t. I, p. 250-267.

[3] Un livre de lecture élémentaire a été publié pendant cette période par deux
missionnaires : *A kafa temne aka trotroko ka kakarau*; Londres, 1892, in-8°.

[4] *Die Fada-Sprache am Geba-flusse im portugiesischen West-Afrika*, dans la
Zeitschr. für afrik. und ocean. Spr., t. I, p. 363-372.

[5] *Handbuch der Duala-Sprache*; Bâle, 1892, in-8°.

[6] *Christenlehre*; Bâle, 1892, in-8°: *Duala Lieder für die Christen-Gemeinden
in Kamerun*; Bâle, 1893, in-8°.

[7] *Leitfaden zur Erlernung der Dualla-Sprache in Kamerun*; Berlin, 1892, in-8°.

[8] *Zweimal zwei und fünfzig biblische Geschichten übers. in die Duala Sprache*;
Bâle, 1895, in-8°: *Baleedi ba Bona-kristona miemba ma kalat'a Loba*: Bâle,
1892, in-8°.

le yorouba ou nago qui a été l'objet de plusieurs publications dues aux missionnaires catholiques[1].

Nous arrivons maintenant au groupe bantou, le plus considérable de tous ceux dont j'ai à m'occuper ici. L'ouvrage d'ensemble le plus important qui ait paru de 1891 à 1897 est la grammaire comparée du P. Torrend[2]. Reprenant l'œuvre qui n'avait été que commencée par Bleek, et profitant de la masse de travaux publiés depuis trente ans sur les langues bantou, l'auteur nous en donne la première grammaire comparée complète. Prenant pour base le tonga, parlé sur la rive droite du Zambèze et où il croit reconnaître les formes archaïques les mieux conservées[3], le P. Torrend traite de la plus grande partie des langues de cette famille, depuis le rouganda au nord du Victoria Nyanza jusqu'au Herero, et depuis le Douala du Kameroun jusqu'au Kafir du Natal. Cette œuvre assurément n'est pas définitive : depuis son apparition (1891), de nouveaux dialectes ont été étudiés; on peut lui adresser de graves reproches en ce qui concerne les rapprochements historiques, par exemple la prétention de vouloir faire descendre les Ma-Gqoqo de Gog et Magog, ou les Ba-rotsis des Parsis. Le classement prête flanc à des critiques, et l'on a contesté les droits du tonga à servir de base à une grammaire comparée. Mais ces défauts

[1] *Katekismu l'ede Yoruba*; Alençon, 1894, in-8°: *Irvé orin mimọ l'ede Yoruba*, dans les *Actes de la Société philologique*, t. XXII, p. 177-346: Paris, 1892, in-8°: *Irvé adura lati gbọ misa pelu arọn epistoli ati ihin rere ti ojọ ọsọ kọkan*, par L. Bastian dans les *Actes de la Société philologique*, t. XXIV, p. 53-300: Paris, 1893, in-8°.

[2] *A comparative Grammar of the South African Bantu languages*; Londres, 1891, in-8°.

[3] Cette opinion a été fortement combattue par M. Lewis Ground, connu par d'estimables travaux sur le Zoulou (*Proceedings of the American Oriental Society*, avril 1892, p. 145-160).

disparaissent devant la valeur de cette œuvre capitale qui res-
tera longtemps la base des études bantou.

La comparaison de ces langues a donné lieu à des études
sur des points de détail; en premier lieu, les observations de
M. Meinhoff[1] méritent d'être signalées, ainsi que celles de
M. Brincker sur le sens étymologique et mythologique des
mots signifiant *vie, âme, esprit* et *mort*[2], c'est-à-dire ceux qui
servent de base à une religion si imparfaite qu'elle soit. M. Brincker a limité ses recherches à quelques langues des Bantous
de l'ouest; il arrive à cette conclusion que, comme en latin
(*animus* et *anima*), les mots de « vie, âme et souffle » sont syno-
nymes; l'idée de mort se rend par l'expression « privé de souffle ».
Ces observations ont été complétées par M. Héli Châtelain en
ce qui concerne le Kimboundou[3]. On peut encore ranger dans
la catégorie des ouvrages généraux le vocabulaire comparé
swahili, fiote, kibangi, mongo et bangala de M. Lemaire[4],
qui n'est pas sans utilité pour la linguistique, malgré ses lacunes
et ses incertitudes de transcription.

En passant maintenant aux ouvrages consacrés spécialement
à chaque langue, je diviserai, pour plus de clarté, le groupe
bantou en quatre branches, suivant en cela la classification de
Bleek, modifiée par M. Jacottet.

La première branche, celle de l'est, commence à la limite
nord de l'aire du bantou, remonte la rive droite du Congo,
traverse le Zambèse à l'est des chutes Victoria et vient rejoindre

[1] *Vorbemerkungen zu einem vergleichenden Wörterbuch der Bantu-Sprachen*, dans
la *Zeitschr. für afrik. und ocean. Spr.*, t. I, p. 268.

[2] *Suppositionen über die etymologisch- mythologische Bedeutung der Nominum für
Leben, Seele, Geist und Tod in den Bantu-Sprachen*, dans la *Zeitschr. für afrik. und
ocean. Spr.*, t. I, p. 164-168.

[3] *Die Begriffe und Wörter für Leben, Geist, Seele und Tod in Kimbundu*,
dans la *Zeitschr. für afrik. und ocean. Spr.*, t. II, p. 42-45.

[4] *Vocabulaire pratique*, Bruxelles, 1894, in-8°.

l'océan Indien à la baie de Sainte-Lucie. La plus importante
des langues qui y sont parlées est le souahili, la seule qui possède une sorte de littérature propre. L'influence de l'arabe qui
a naturellement agi sur cette langue comme sur celles de tous
les peuples convertis de gré ou de force à l'islam a été étudiée
par M. Seidel [1]. Cette influence se manifeste surtout dans les
poèmes didactiques qui forment la première partie de l'anthologie de Büttner [2]; la seconde partie comprend des fables et
des contes où l'on reconnaît souvent un emprunt à l'arabe.
Comme spécimens de littérature profane, on peut y joindre les
proverbes de Taylor [3], le recueil de Barth [4], la réimpression
de plusieurs contes de la collection de Steere [5]. La littérature
religieuse occupe toujours une place considérable; je citerai la
réimpression du Nouveau Testament [6], celle du *Common prayer
book* [7], ainsi que divers ouvrages élémentaires pour les écoles [8].
Les grammaires et dictionnaires sont naturellement en nombre;
on peut mentionner l'abrégé de grammaire de M. Seidel [9], les
études de M. H. Raddatz [10], les éléments de Slack [11], la seconde
édition du petit manuel de Büttner [12] et son recueil de pièces

[1] *Das arabische Element aus Suaheli*, dans la *Zeitschr. für afrik. und ocean. Spr.*,
t. I, p. 9-15, 97-104.

[2] *Anthologie aus Suaheli-Literatur*, Berlin, 1894, in-8°.

[3] *African aphorisms or says of Swahililand*, Londres, 1891, in-8°.

[4] *Chuo cha kwanza*, Berlin, 1893, in-8°.

[5] *Sultan Darai and other Swahili tales*, Zanzibar, 1893.

[6] *Kitabu cha agano jipya la bwana na mwokozi wetu Isa Masiya*, Londres,
1892, in-8°.

[7] *Kitabu cha sala ya watu wote*, Londres, 1893, in-8°.

[8] *Masomo inspesi*, Zanzibar, 1894: *Masomo ya Kwanza*, Zanzibar, 1894:
Mlango wa Jagrafia, Zanzibar, 1893.

[9] *Praktische Grammatik der Suaheli-Sprache*, Vienne, 1896, in-12.

[10] *Die Suaheli-Sprache*, Leipzig, 1892, in-8°.

[11] *Introduction to Swahili*, Londres, 1891, in-12.

[12] *Hülfsbüchlein für den ersten Unterricht in der Suaheli Sprache*, Leipzig, 1891,
in-8°.

manuscrites[1], un travail de M. Fieweger[2], les dialogues de
Nettelbladt[3] qui rendront de grands services à l'explorateur et
même au linguiste; le dictionnaire de Madan[4] et surtout celui
du P. Sacleux[5]; enfin, comme curiosité, une grammaire ré-
digée en souahili[6].

Les dialectes du Souahili n'ont pas été étudiés avec moins
de soin : celui de Lamou, qui diffère de celui de Zanzibar au
point de vue de la phonétique, a été l'objet des recherches du
missionnaire Würtz[7]. C'est dans les mêmes conditions qu'a paru
le vocabulaire de deux autres dialectes souahilis[8], le ki-pokomo
et le ki-tikouou : ce dernier, jusqu'à présent inconnu, se rattache de plus près à celui de Lamou qu'à celui de Zanzibar.
Quant au ki-pokomo, outre d'autres travaux antérieurs à la
période qui nous occupe, on doit signaler les travaux suivants
du même missionnaire : une grammaire[9], la traduction de
l'Évangile de Marc[10], un livre de lecture élementaire[11], une
collection de chansons, dont la traduction a été continuée après
sa mort par miss Böcking[12] et une autre de légendes[13]; il faut

[1] *Suaheli Schriftstücke*, Stüttgard. 1892. in-8°.
[2] *Die Bildungssilben der Suaheli-Sprache*, Breslau. in-8°.
[3] *Suaheli Dragoman*, Leipzig. 1891. in-12.
[4] *English Swahili Dictionary*, Oxford (U. S.). 1894. in-8°.
[5] *Dictionnaire français-swahili*, Zanzibar. 1892. in-8°.
[6] *Maslezo ya sarufi ya Kiswahili*, Zanzibar. 1893. in-12.
[7] *Beiträge zur Kenntniss der Lamu-Dialektes der Suaheli-Sprache*, dans la
Zeitschr. für afrik. und ocean. Spr., t. I. p. 169-183.
[8] *Wörterbuch des Ki-Tikuu und des Ki-Pokomo*, dans la *Zeitschr. für afrik. und
ocean. Spr.*, t. I. p. 193-230, 289-313.
[9] *Grammatik des Pokomo*, dans la *Zeitschr. für afrik. und ocean. Spr.*, t. I.
p. 62-79.
[10] *Engeli iorechweriyo ni Marko*, Londres. 1894. in-8°.
[11] *Chuo katutu cha kudsanganya ridsoro na ryuo*, Neukirchen. 1894. in-8°.
[12] *Lieder der Pokomo*, dans la *Zeitschr. für afrik. und ocean. Spr.*, t. I. p. 324-
328.
[13] *Sagen der Wa-Pokomo*, dans *Zeitschr. für afrik. und ocean. Spr.*, t. II. p. 33.

y ajouter une longue lettre écrite dans ce dialecte par le Mpokomo Chadoro [1].

Pour le taveta, je ne trouve à signaler qu'un recueil d'hymnes [2] et la traduction de l'Évangile de Jean [3]. Le taita, voisin du taveta et peu connu jusqu'ici, a été l'objet d'une étude sommaire de M. J.-A. Wray [4].

La grammaire rouganda, publiée en 1885 par les missionnaires catholiques, avait été rapidement épuisée : une seconde édition a été augmentée de fables et de contes [5], bien supérieure au manuel de Pilkington [6]. Ce dernier a traduit plusieurs hymnes de l'église anglicane [7]. Il faut y joindre une traduction du Nouveau Testament [8], un recueil de lectures pour les dimanches [9] et des extraits d'histoires bibliques [10].

Pour le kisou-kouma parlé au sud-est du lac Victoria, à l'autre extrémité du Louganda, il y a à signaler la traduction de l'Évangile de Mathieu [11].

La connaissance bien restreinte du ki-gogo, sur la route de Zanzibar au Tanganyika, s'est étendue par la publication d'un traité religieux [12], version du *Peep of day*, et d'un livre élémen-

---

[1] *Zeitschr. für afrik. und ocean. Spr.*, t. II, p. 85-87.

[2] *Virino ega kumwisisa Izwra*, Londres, 1894, in-8°.

[3] *Sumu gedi yakwe Yohana*, Londres, 1892, in-8°.

[4] *An elementary Introduction to the Taita language*, Londres, 1895, in-8°.

[5] *Manuel de langue luganda*, Einsiedeln, 1894, in-12.

[6] *A Handbook of Luganda*, Londres, 1892, in-12.

[7] *Hymns in the Luganda language*, Londres, s. d., in-12.

[8] *Endagano empya eya mukama wofe na mukalozi wofe Isa Masiya*, Londres, 1893, 12 part, in-8°.

[9] *Ebigambo ebyo Kusaba Katonda*, Londres, 1893, in-16.

[10] *Ngero za mu Kitabu*, Londres, 1892, in-12.

[11] *Injiri yangwa seba wiswe na mukomoji wiswe Isa Masiya gitisti chatona gwa Matayo*, Londres, 1895, in-8°.

[12] *Matandazuko na luji majundo i Malongazi*, Londres, 1893, in-12.

taire [1]. Le mambwe n'est connu que par la traduction de l'Évangile de Marc [2].

Le sangara, à l'est du Ki-Gogo, comprend comme dialectes le kagourou, l'itoumba, le ndounda, le kwenyi, le nkwilya et le ziraha; une traduction de l'Évangile de Mathieu [3] a été publiée dans le premier de ces dialectes, ainsi qu'un extrait du *Common prayer book* [4]. Le megi, qui paraît n'être qu'un sous-dialecte du Kagourou, ne nous est connu que par des hymnes [5].

Une traduction de l'Évangile de Mathieu en ki-chagga [6], parlé au sud de Kilimandjaro, due au missionnaire Steggal, a servi de base à M. Seidel [7] pour une étude grammaticale de cette langue, et une autre langue du Kilimandjaro, le madjamu, a été l'objet d'observations du missionnaire Müller [8].

Le kikami, mélange de kirougoumou et de kisouahili, parlé aux environs de Tounouongo, a été étudié par M. Seidel [9].

Le giryama ne nous est connu que par un recueil de M. Taylor [10], un ouvrage élémentaire [11] et une traduction de l'Évangile de Luc [12].

Les langues parlées aux environs du Nyassa ont été tout par-

[1] *Citábu cilóngozi co Kusomala*, Londres, 1893, in-16.
[2] Londres, 1893, in-8".
[3] *Machilo uswamu kwa Mattayo kwa nonga ya Kaguru*, Londres, 1894, in-8".
[4] *Cha kufugila*, Londres, 1895, in-8".
[5] *Zinymbo, hymns for public worship in Kimegi*, Londres, 1894, in-8".
[6] *Mbonyi mcha kwo msu Mattayo*, Londres, 1892, in-8".
[7] *Uebersicht der grammatischen Elemente des Ki-chagga*, dans la *Zeitschr. für afrik. und ocean. Spr.*, t. I, p. 231-238.
[8] *Ein Blick in die Madschamu-Sprache*, dans la *Zeitschr. für afrik. und ocean. Spr.*, t. II, p. 90-92.
[9] *Beiträge zur Kenntniss des Kikami*, dans la *Zeitschr. für afrik. und ocean. Spr.*, t. II, p. 1-32.
[10] *Giryama Vocabulary and Collections*, Londres, 1891.
[11] *Chako cha ufundi. Giryama primer*, Londres, 1892, in-16.
[12] *Uroro wa t'o wa mwéri Luka*, Londres, 1892, in-8".

ticulièrement étudiées pendant cette période. En première
ligne, le yao, entre le lac et la côte, nous était déjà connu par
un certain nombre de publications auxquelles il faut ajouter
un livre élémentaire de Hynde[1]; et pour un de ces dialectes,
le mwamba, parlé au nord du lac, le court travail de M. Bain[2].
Le tambouka, à l'ouest du lac, a été étudié pour la première
fois par M. Elmslie[3]; le chinyanja a été l'objet de nombreux
travaux : en première ligne, la grammaire de G. Henry[4]; un
court vocabulaire parvenu à sa 2e édition[5], le dictionnaire
beaucoup plus complet de Laws[6], et un manuel destiné aux
écoles indigènes[7]; comme textes, on peut citer une version
abrégée du livre de Néhémie[8], une traduction des fables
d'Ésope d'après la version souahilie[9] et un livre d'hymnes[10]. Un
spécimen du ba-lolo ou ravi. parlé à l'ouest du lac Nyassa, nous
est fourni par la traduction d'extraits de l'Évangile de Luc[11].
Le ki-nyassa est représenté par une publication de proverbes
avec un commentaire détaillé par M. Seidel[12] et d'énigmes par
Miss A. Werner[13].

Dans l'Ousambara, Afrique orientale allemande, le cham-

[1] *Second yao primer*, Londres, 1894. in-8°.

[2] *Collections of the Mwamba language*, Londres, 1891. in-12.

[3] *Notes on the tambuka language*, Aberdeen. 1891. in-8°: — *Table of concords
and paradigm of verb in the tambuka language*, Aberdeen. 1891. in-8°.

[4] *A Grammar of the Chinyanja*, Aberdeen. 1891. in-8°.

[5] F. R. A.. *A Vocabulary of English-Chinyanja and Chinyanja-English*, Londres,
1895. in-8°.

[6] *An English-Nyanja Dictionary*, Édimbourg. 1894, in-8°.

[7] *Knyaluza M' school*, Londres, 1895, in-8°.

[8] *Chi ka lakala cha Nehemiah*, Londres. 1894. in-8°.

[9] *Ntamu za Esopo*, Cambridge. 1895. in-8°.

[10] *Hymns in the Nyanja language*, Aberdeen. 1891, in-8°.

[11] *Nsango cyandotsi cya Yesu Masiya, bona wa nzakomba*, Londres. 1893. in-8°

[12] *Sprichwörter und Redensarten der Nyassa-Leute*, dans la *Zeitschr. für afrik.
und ocean. Spr.*, t. I. p. 132-137.

[13] *Räthsel*, dans la *Zeitschr. für afrik. und ocean. Spr.*, t. II. p. 82-84.

bala forme avec le kizagua, le ki-bondéi et le ki-ngouou un groupe particulier dans la branche nord-est du Bantou. Déjà connu par les travaux de Steere et de Last, le chambala a été l'objet d'une publication élémentaire de Wohlrab et Johansen [1], qui, avec ceux que je viens de citer, a servi de base à M. Seidel pour une étude approfondie de la grammaire et du vocabulaire [2]. Ce travail remanié et augmenté a paru en un volume [3]; il faut y ajouter deux autres publications des mêmes missionnaires [4]. Pour le ki-bondéi, on peut signaler l'ouvrage de Dale [5] et la traduction interlinéaire d'une fable par M. Seidel [6]. C'est lui également qui nous a fait connaître le kisoukouma [7].

La langue de Quelimane appelée *E-chwabo*, et parlée dans le delta du Zambèze, peut être considérée comme un dialecte du Koua répandu dans tout le Mozambique. Le P. Torrend nous la fait connaître par deux contes [8].

On doit à M. Hartmann une grammaire élémentaire et un court dictionnaire du machona [9]; une traduction du cathéchisme de Luther a paru aussi en cette langue [10].

---

[1] *Schambala Lesefibel*, Berlin. 1892.

[2] *Beiträge zur Kenntniss der Shambala Sprache in Usambara*, dans la *Zeitschr. für afrik. und ocean. Spr.*, t. I. p. 34-82.

[3] *Handbuch der Shambala Sprache*, Dresden-Leipzig. 1895. in-8°.

[4] *Mbuli za Mulungu*, Gütersloh. 1894; — *Ushimulezi wa Washambala*, Gütersloh. 1894.

[5] *Bondei-Exercices*. Magila. 1894.

[6] *Eine Thierfabel der Bondei-Leute*, dans la *Zeitschr. für afrik. und ocean. Spr.*, t. I. p. 239-242.

[7] *Das Kisukuma, grammatische Skizze*, Berlin. 1894. in-8°.

[8] *Contes en chwabo ou langue de Quilimane*, dans la *Zeitschr. für afrik. und ocean. Spr.*, t. I. p. 242-244; t. II. p. 46-50.

[9] *An Outline of a grammar of the Mashona language*, le Cap. 1898. in-8°. — *English-Mashona Dictionary*, le Cap. 1894. in-12.

[10] *O katekisumusa Kašona ku Dr. Martin Luther*, Helsingfors, 1893. in-8°.

IMPRIMERIE NATIONALE.

La branche du sud-est s'étend au nord du précédent jusqu'au domaine du Hottentot.

Le groupe thonga, parlé aux environs de la baie Delagoa et du Limpopo, de la rivière Sabie à la baie Sainte-Lucie, est aussi désigné sous le nom de *landin* qui paraît préférable en ce qu'il évite toute confusion avec le tonga du Zambèze; il comprend six dialectes: le ronga, le hlangonou, le djonga, le noualongo, le hlengoué et le bila. C'est le premier de ces dialectes que M. H. Junod a étudié dans un livre important [1], le premier travail d'ensemble qui ait été publié sur ce groupe. Nous ne possédions, en effet, que le court vocabulaire de Smith-Delacour [2], dont la singulière transcription diminue la valeur, les notions élémentaires de Paiva Raposo [3] et la traduction de quelques parties du Nouveau Testament, due aux missionnaires de la Suisse française.

En gwamba, parlé par une colonie des Thonga, établie au milieu des Bvécha sur les bords d'un affluent du Limpopo, on peut citer la traduction de l'Évangile de Luc et des Actes des Apôtres [4].

En matabélé, je ne trouve à signaler qu'un court vocabulaire de Weale destiné aux colons [5], et en setchouana, la traduction du Nouveau Testament [6]. La langue des Ba-Souto, qui habitent la moitié orientale du Transvaal, de l'État d'Orange et du Basutoland anglais, a été plus étudiée. On doit à M. Jacottet, missionnaire à Thaba-Bosiu, un bon abrégé de grammaire sesouto [7], et à un indigène de cette mission, devenu maître

[1] *Grammaire ronga*, Lausanne, 1896, in-8°.

[2] *A shi-ronga Vocabulary*, Londres, 1893.

[3] *Noções de grammatica landina*, Lisbonne, 1895, in-8°.

[4] *Evangeli ya Luka ne timhaka ta vapostola*, Londres, 1893, in-8°.

[5] *Matabele and Makalaka Vocabulary*, 1893, in-12.

[6] *Kholaganyo e nea ea ga Yesu Keresete*, Londres, 1892, in-8°.

[7] *An Elementary Sketch of Se-suto grammar*, Moria, 1892, in-8°.

d'école. Azariele Sekese, un précieux recueil de textes populaires en cette langue [1]. Ces deux ouvrages sont complétés par le dictionnaire de Mabille [2] et, en ce qui concerne la connaissance des mœurs, des croyances et des traditions, l'excellent recueil de contes populaires traduits par M. Jacottet [3] et recueillis chez les Ba-Souto proprement dits, qui habitent le Souto ou Basutoland. Il prend place, pour son importance, à côté des autres documents recueillis sur le domaine du banton par Callaway, Steere, Mac-Theal, Héli Châtelain et Elmslie.

M. Lewis Grout a donné une nouvelle édition, revue et augmentée, de sa grammaire zoulou [4], une des plus importantes qui aient paru; on peut y joindre, au point de vue de l'utilité pratique, la 3ᵉ édition du manuel et la seconde du lexique de M. C. Roberts [5]. On peut citer encore la réimpression du manuel de Crawshaw [6].

Notre connaissance du ngoni a été accrue par deux publications du missionnaire Elmslie à qui l'on est redevable de travaux antérieurs dans cette langue [7].

Le groupe de l'ouest s'étend entre l'Atlantique, le domaine du Hottentot, limite du groupe du sud-est et le cours du Congo; c'est lui qui fut le plus anciennement étudié, car des grammaires du Congo furent publiées au xviᵉ siècle. En commençant

[1] *Buka ea pokello ea Mekhou ea ba-Sotho le Maele le Litsomo*, Moria, 1893, in-12.

[2] *Sesuto-English and English-Sesuto Vocabulary*, Moria, 1893, in-8ᵒ.

[3] *Contes populaires des Bassoutos*, Paris, 1895, in-18.

[4] *The Isizulu*, Londres, 1893, in-8ᵒ.

[5] *The Zulu-Kafir language, simplified for beginners*, 3ᵉ éd., Londres, 1895, in-8ᵒ; — *An English-Zulu Dictionary*, 2ᵉ éd., Londres, in-8ᵒ.

[6] *First Kafir Course*, 1894, in-8ᵒ.

[7] *A few linguistic notes and tables of concords, and paradigm of verb in the Ngoni language*, Aberdeen, 1891; — *Introductory Grammar of the Ngoni*, Aberdeen, 1891.

par le sud, nous trouvons l'otyiherero parlé par les Ova-herero au nord de la baie de Wallisch, dans l'Afrique occidentale allemande. L'infatigable M. Seidel a publié un manuel[1] de cette langue bien connue par les travaux de Hahn, de Brinker et de Büttner. C'est encore à lui que nous devons un essai de grammaire de l'ochindonga[2], un dialecte ovambo, parlé par les Otyiambo; on peut y ajouter diverses publications religieuses : l'Évangile de Marc[3]; des chants spirituels[4]; l'Évangile de Mathieu[5].

La langue des Ochikuanjama a été l'objet d'un travail important de M. Brincker[6], auquel il faut ajouter une traduction de l'Évangile de Luc[7]. Dans un travail spécial le Dr Mense a étudié le ki-bari[8] et a déterminé sa place dans le groupe bantou. Pour les langues congolaises, il faut citer la grammaire de Miss Cambier[9], l'addition jointe à l'important ouvrage de Bentley[10] et un texte religieux[11]. Le fiote, parlé à Loango, est connu par un certain nombre de publications auxquelles on peut joindre, pour la période qui nous occupe, un ouvrage élémentaire anonyme[12]. La langue oumboundou, parlée à Bihé, a été l'objet d'un

---

[1] A la suite de sa *Grammaire nama*, Vienne, 1892, in-12.

[2] A la suite de sa *Grammaire nama*.

[3] *Evangelio lja šangua ku Markus*, Helsingfors, 1893, in-8°.

[4] *Okaramata K'omiimbilo*, Helsingfors, 1892, in-8°.

[5] *Evangelio lja šangua ku Matheus*, Helsingfors, 1891, in-8°.

[6] *Lehrbuch des Oschikuanjama*, Berlin, 1892, in-8°.

[7] *O evangelio ei ja shangua Ku'mujepaki Lukas*, Londres, 1894, in-8°.

[8] *Linguistische Beobachtungen vom unteren und mittleren Congo*, Cassel, 1895, in-8°.

[9] *Grammaire congolaise*, Bruxelles, 1891, in-8°.

[10] *Appendix*, Londres, 1895, in-8°.

[11] *Ekangu diampa dia mfumu eto Jizu Kristu*, Londres, 1895, in-8°.

[12] *A short cut for beginners to French, Portuguese and Fiote*, Loango, 1895, in-8°.

travail de M. Peireira da Nascimento [1]. Le kimboundou, voisin
de l'oumboundou et en usage à Angola, est depuis longtemps le
champ d'études de M. Héli Châtelain. A ses publications anté-
rieures, grammaire, vocabulaire et traductions partielles de
l'Évangile, il faut joindre un article sur la formation des adverbes [2] et surtout son recueil de 5o contes, avec traduction
anglaise, introduction et notes qui a une très haute valeur aussi
bien pour le folk-lore que pour la linguistique [3]. Les publications d'un indigène, J.-D. Cordeiro da Matta [4], sont aussi à signaler.

C'est au groupe du héréro, du ndonga et du kimboundou
qu'on doit rattacher philologiquement le louyi parlé par les Ba-
Rotsé ou Louyi, les Makwangi et les Awa-Makoana, au centre
de l'Afrique australe, sur le cours supérieur du Zambèze. Il a
été étudié d'une façon scientifique par M. Jacottet [5] dans un
livre qui prend place à côté de ceux de Bleek et de Torrend, à
cause des questions de classification et de phonétique comparées
traitées dans la préface. Dans le même ouvrage, M. Jacottet
fait connaître également le soubiya, parlé par les Ba-Soubiya,
sur la rive gauche du Zambèze, entre les chutes Victoria. Cette
langue, quoique appartenant à la branche de l'ouest, sert de
transition avec la branche de l'est.

Le tchilouba, parlé par les Louba du Garengazé, au sud de

____

[1] *Grammatica do Umbundu*, dans *Boletim de la Sociedad de geografia de Lis-
bõa*, 1894, p. 1-107.

[2] *Ueber Adverbialbildungen im Kimbundu*, dans la *Zeitschr. für afrik. und ocean.
Spr.*, t. I. p. 314-317.

[3] *Folk-tales of Angola*, Boston, 1894, in-8°.

[4] *Jisabu ji hengale* (recueil de proverbes et d'énigmes), Lisbonne, 1892,
in-8°; — *Cartilha rational*, Lisbonne, 1892, in-8°; — *Ensaio de diccionario
kimbúndu-portuguez*, Lisbonne, 1893, in-8°.

[5] *Études sur les langues du Haut-Zambèze*, 1ʳᵉ partie : *Grammaires soubiya et
louyi*, Paris, 1896, in-8°: forme le tome XVI des *Publications de l'École des Lettres
d'Alger* (*Bulletin de Correspondance africaine*).

l'Etat libre du Congo, a été étudié pour la première fois par M. Swan[1].

Pour la branche nord-ouest, s'étendant entre le Congo et l'Atlantique et incomplètement délimitée au nord, je ne vois à signaler que le vocabulaire adouma de M. Dahin[2], et divers travaux des missionnaires catholiques sur le fan ou pahouin : le dictionnaire du P. Lejeune[3] et une grammaire élémentaire[4]; il faut y ajouter une traduction de l'Évangile de Mathieu[5].

C'est par le groupe hottentot, formé par les langues parlées à l'extrémité de l'Afrique australe, que je terminerai cette revue. Le nama a été étudié par M. Schils à qui nous devons une bonne grammaire[6] et un dictionnaire[7], et nous retrouvons encore l'infatigable M. Seidel avec une grammaire abrégée[8].

[1] *Notes on the grammatical construction of the Chiluba*, Bath, 1892. in-8°.

[2] *Vocabulaire adouma-français*, Kempten, 1895. in-8°.

[3] *Dictionnaire français-fang, précédé de principes grammaticaux*, Paris. 1891. in-8°.

[4] *Actes de la Société philologique*. t. XXIV. 1894, p. 1-51: *Quelques principes grammaticaux de la langue fang*.

[5] *Londres*. 1894, in-8°.

[6] *Grammaire de la langue des Namas*, Louvain. 1894, in-8°.

[7] *Dictionnaire étymologique de la langue des Namas*, Louvain. 1895, in-4°.

[8] *Praktische Grammatik des Nama, des Otyiherero und des Oshindonga*, Vienne. 1892. in-8°.

ÉTUDE

SUR

LES DIALECTES BERBÈRES

DU RIF MAROCAIN,

PAR

M. RENÉ BASSET,

DIRECTEUR DE L'ÉCOLE DES LETTRES D'ALGER.

CORRESPONDANT DE L'INSTITUT.

AVANT-PROPOS.

Les dialectes parlés par les tribus berbères du Rif sont restés jusqu'à ce jour presque aussi inconnus que le pays habité par ces populations, malgré la place importante qu'ils occupent dans le groupe berbère [1]. En 1883, une mission qui me fut confiée sur la proposition de l'Académie des inscriptions et belles-lettres me permit de recueillir à Mazouna, à Relizane, à Melilla, à Tanger, à Tétouan et à Oran les matériaux de l'*Étude* que je publie aujourd'hui et que j'ai déjà utilisés dans divers travaux de phonétique et de lexicographie comparée [2]. Les dialectes étu-

[1] Il n'a été jusqu'ici publié spécialement sur ces dialectes que ce qui suit : Un conte (Guélàia) dans l'*Essai de Grammaire kabyle* du général Hanoteau (Alger, 1899; in-8°, p. 350-352); une notice et un vocabulaire (Guélàia) dans la première série de mes *Notes de lexicographie berbère* (Paris, 1893; in-8°, p. 4-23); un conte (Guélàia) dans mon *Manuel de langue kabyle* (Paris, 1897; in-12, p. 37); L'*Évangile selon saint Mathieu* (Temsaman) (Londres, 1887; in-12); une courte liste de mots (Guélàia) et le même conte que Hanoteau, par Quedenfeldt, *Eintheilung und Verbreitung der Berbervölkerung in Marokko* (*Zeitschrift für Ethnologie*, 1889, t. XI, p. 189-193: la transcription laisse beaucoup à désirer); L'*Évangile selon saint Jean* (Temsaman) (Londres, 1890; in-12); six fables (Temsaman) dans mon *Loqmân berbère* (Paris, 1890; in-12); un récit en dialecte guélàia dans Mouliéras, *Le Maroc inconnu* (1re partie, Paris et Oran, 1895; in-8°, p. 159-162).

[2] *Notes de lexicographie berbère* (Paris, 1883-1888; 4 fasc. in-8°); *Manuel de langue kabyle* (Paris, 1887; in-12); *Études sur les dialectes berbères*, ouvrage couronné par l'A-

diés sont ceux des Guelàia [1], des Temsaman, des Beni Ouriar'en (ou
B. Ouriar'el, les B. Ouriagol d'Ibn Khaldoun), des Bot'ioua [2], des Kibdana [3] et les B. Sa'ïd, c'est-à-dire des populations qui habitent le long de
la mer le pays qui s'étend de Badis au cap situé en face des îles Zafarines.
Plus tard, il y aura lieu de compléter ce travail par des recherches sur
les autres dialectes du Rif.

Mes informateurs principaux ont été : pour le Guelàia, Mohammed ben
Mohammed, à Mazouna; Mohammed ben 'Omar, à Mascara; Taher ben
Ahmed el Houàri, à Tanger; pour le Bot'ioua, Amar ben Mohammed,
Mohammed ben Cha'ib et Ali ben Haddou, à Relizane; pour le Kibdana,
Mohammed ben El Hadj, à Mazouna; pour le Temsaman, 'Amar ou Had-
dou, à Tétouan, et Haddou ben Haddou, à Oran; pour le B. Ouriar'en,
Mohammed ben Ali b. El Hadj, à Oran; pour le B. Sa'ïd, 'Omar ben Mo-
hammed, à Mazouna.

L'Appendice contient une notice sur le dialecte parlé à S. Leu (Vieil
Arzeu) par une colonie de Rifains, originaires des Bot'ioua.

cadémie des inscriptions (Paris, 1894; in-8°); *Les noms des métaux chez les Berbères*
(Paris, 1895, in-4°).

[1] Sur cette tribu et celles qui suivent, cf. Quedenfeldt, *Eintheilung und Verbreitung
der Berbervölkerung in Marokko* (*Zeitschrift für Ethnologie*, 1888; t. X, p. 109-122) et
surtout Mouliéras, *Le Maroc inconnu* (p. 102-112, 129-137, 141-173, 194-202).

[2] On les nomme aussi Boqioua (les Bek'k'ioua de Mouliéras). Ibn Khaldoun (*Histoire
des Berbères*, trad. de Slane, t. II, Alger, 1894; in-8°, p. 123) dit que les Bot'ouia
(Bot'ioua) se partagent en trois branches : les Boqouia de Taza, les B. Ouriagol d'El
Mazamma (Alhucemas) et les O. Mahalli de Tafersit. Ce sont des Senhadja.

[3] Suivant Mouliéras, *op. laud.*, p. 162, la Zenatia parlée par les Kibdana serait très
différente du *thamazirth* (dialecte du Rif). Cependant on verra plus loin que le dialecte
kibdana présente les caractères particuliers au groupe rifain.

CHAPITRE PREMIER.

PHONÉTIQUE.

En étudiant les dialectes du Rif, du moins ceux dont il est question ici, on est amené rapidement à reconnaître que, dans leur ensemble, ils se rapprochent plus particulièrement du Zouaoua et du Chelh'a, d'un côté; de l'autre, de la Zénatia du Maghreb central [1] (B. Menacer, Haraoua, B. Halima, A'chacha, Haraoua) à laquelle on peut joindre le Chaouia de l'Aourâs [2]. En outre, les dialectes rifains présentent des particularités phonétiques qui en font un intermédiaire entre ceux que je viens de signaler et le Zénaga du Sénégal.

Avec le Zouaoua, la Zénatia du Maghreb central et le Zénaga, les dialectes du Rif possèdent les aspirées *th* et *d'* qui manquent dans les dialectes de l'intérieur : Mzab, Touareg, Dj. Nefousa, Chelh'a des K'çour et du Tafilalet, etc.; mais, de même qu'en Zouaoua, en Chelh'a et en Zénaga, le *th* initial du substantif féminin ne disparaît jamais soit complètement, soit pour être remplacé par un *h*, comme il arrive très fréquemment dans la Zénatia du Maghreb central et dans le Chaouia de l'Aourâs. Ils se rapprochent au contraire de ces derniers par les changements de *g* en *i* ou en *j*; de *k* en *ch* ou en χ; de *b* en *ou*, et d'autres qui seront énumérés plus loin. Ils s'en rapprochent encore par le lexique, plus voisin de celui de la Zénatia, que de celui du Zouaoua, du Chelh'a et du Zénaga.

Ex. : Le rifain a conservé pour signifier «donner» un dérivé

---

[1] Cf. mon *Étude sur les dialectes berbères*, Paris, 1894: in-8°, et mon *Étude sur la Zénatia de l'Ouarsenis et du Maghreb central* (Paris, 1895: in-8°).

[2] Cf. G. Mercier. *Le Chaouia de l'Aurès* (Paris, 1896: in-8°).

de la racine K CH, tandis que le Zouaoua, le Chelh'a et le Zénaga emploient un dérivé de la racine F K (variante K F). En Temsaman, Botioua et B. Saïd, la forme la plus ancienne a été gardée : *oukch* وكش (cf. Zouaoua *thikchi* تكشى «don»), tandis qu'en Guélàia et en Kibdana, comme dans la Zénatia du Maghreb central, le *k* est tombé : *ouch* وش «donner». On trouve aussi cette dernière forme chez les B. Saïd.

L'emploi de la racine D'F (var. T F) pour signifier «entrer» existe en rifain comme dans tous les dialectes de la Zénatia du Maghreb central : *ad'ef* اذف «entrer» (Botioua, B. Saïd, Temsaman), au lieu de la racine K CH M employée en Zouaoua, en Zénaga et en Chelh'a : *ekchem* اكشم (on trouve cependant, mais très rarement, *ad'ef* اذف en Zouaoua).

De même la racine R' R S a fourni en Guélàia et en Temsaman, comme dans la Zénatia, le verbe *r'ers* غرس «égorger» (en Zénaga *erch* ارش) au lieu de *ezlou* ($\sqrt{Z\,L}$) employé en Zouaoua.

Mais ce qui caractérise spécialement les dialectes du Rif, ce sont les changements réguliers de la liquide *l* en *r*, en *d*, ou, comme en Zénaga, en *dj*. On pourrait trouver dans les autres dialectes des exemples très rares de ces transformations, mais, en rifain, ils sont devenus une règle qui s'applique aussi aux emprunts faits à l'arabe.

Dans la comparaison qui suit, j'ai pris pour base le Zouaoua qui est à la fois un des dialectes les mieux connus et des plus près apparentés au rifain; je lui ai joint le Chelh'a du Maroc, voisin du Zouaoua, la Zénatia du Maghreb central, en raison de ses affinités très grandes, et le Zénaga, comme le dernier terme des transformations phonétiques de ce groupe.

§ 1. Le *b* du Zouaoua se maintient en rifain, surtout lorsqu'il est placé entre deux voyelles.

Ex. : Zouaoua, Zénatia du Maghreb central, *ibaouen* يباون

« fèves »; B. Menacer *baouen* باون — *ibaouen* يباون; Temsaman, Guélàia, Zouaoua *abarer'* ابارغ « renard »; Chelh'a *tabaourrouth* تباوروث renarde = *abarer'* ابارغ: — Guélàia, Zouaoua, A'chacha *aberkan* ابركان « noir »; B. H'alima, Haraoua, Ouarsenis, B. Menacer *aber-χan* = *aberchan* ابرشان; Temsaman, Kibdana, Guélàia: *aberχan* ابركان — Bot'ioua, Zouaoua, Zénatia du Maghreb central *abrid'* « chemin » = *abrid'* ابريذ, B. Saïd, Temsaman, Guélàia, Bot'ioua — Zouaoua: *ibougas* يبوگاس pl. « ceintures » *ibouias* يبوياس Temsaman.

Il devient *ou* dans plusieurs cas. Ex. : Zouaoua, Chelh'a : *anebgi* انبكي « hôte » *anouji* انوز, Bot'ioua, Temsaman, *anouji* انوزى, B. H'alima et Ouarsenis. Cf. Haraoua : *anoubji* انوبزى.

Quelquefois, dans les divers dialectes du Rif, le *b* s'échange avec l'*f* : Guélàia : *thbouardjet* تبورجت « fenêtre » = *thfordjou* تفرجو, Bot'ioua.

§ 2. Le *th* du Zouaoua et de la Zénatia du Maghreb central correspond au *th* en rifain et au *t* en Chelh'a. Ex. : Zouaoua *agerthil* اگرثيل « natte »; B. H'alima, Ouarsenis, Haraoua *ajerthil* = *ajarthir* ازرثير Guélàia, B. Ouriar'en, Bot'ioua.

Quelquefois il permute avec le *d'* : Zouaoua *athbir* اثبير « pigeon »; Chelh'a *atbir* اتبير; Ouarsenis, *ithbirin* يثبيرين pl. *ad'bir* اذبير, Temsaman, comme chez les A'chacha et les B. Menacer. On trouve aussi dans le Rif *ithbir* يثبير, Guélàia, Kibdana; *thith-birth* تثبيرت « colombe » — Temsaman, Zouaoua, Zénatia du Maghreb : *ithri* يثرى « étoile » = *ithri* يثرى Temsaman, Bot'ioua, Kibdana, Guélàia; cf. *éd'eri* اذرى, Zénaga.

§ 3. Le *dj* permute avec le *j* dans les dialectes du Rif. Ex. : Guélàia *edjiouan* اجيون « être rassasié ». Temsaman *sedji-ouen* « rassasier » (cf. A'chacha *edjioun* « être rassasié ») *ijiouen* « rassasié ». Bot'ioua, Temsaman *anijbou* انيزبو « enfant » (à côté de la forme *andjibou* انجيبو) = *andjibou* انجيبو « fils », Guélàia. Chez les B. Saïd, le *dj* est devenu *i* : *iniba* (plur.).

§ 4. Le *tch* correspond à la même consonne des autres dialectes: il permute quelquefois avec le *ch* ou le *kch*. Ex. : Zouaoua, Zénatia du Maghreb central, Chelh'a : *etch* اج « manger » = *etch* اج. Temsaman; *metcha* اچ « nourriture », Bot'ioua = *ekch* اكش Guélàia (cf. en Zénaga *mekch* مكش « manger entièrement ») = *ich* يش, Bot'ioua, Temsaman; *echch* اش. B. Saïd (cf. Chelh'a de Taroudant : *ech* اش).

§ 5. Le *h'* permute avec le *ch*. Ex. : Bot'ioua : *ihrih'* يهرح « malade » = *ihrich* يهريش. Guélàia. Cf. *ihallix* يهليك Ouarsenis.

§ 6. Le *kh* du Zouaoua et de la Zénatia correspond d'ordinaire à un *kh* en rifain. Ex. : Zouaoua, Zénatia du Maghreb = *ekhs* اخس « vouloir » = *ekhs* اخس Temsaman; *akhs* اخس, Guélàia, B. Saïd.

Quelquefois il permute avec un *r'* : Zouaoua, Haraoua, B. Halima *thikhsi* تخسي « brebis »; A'chacha : *hikhsi* تخسي = *tir'si* تغسي. Guélàia. Mais on trouve *thikhsi* تخسي en Bot'ioua et en Temsaman (cf. Zénaga : *tekchi* تكشى — B. Saïd. Temsaman *ikhf* يخب « tête » (cf. *ikhf* يخب en Zouaoua, Chelh'a et Zénaga) = *ir'f* يغب, Temsaman (cf. Zouaoua : *ir'f* يغب).

§ 7. Le *d* du Zouaoua et des autres dialectes correspond à un *d* en rifain. Ex. : Zénatia du Maghreb central : *imendi* يمندى « céréales » = *imendi* يمندى « orge ». Guélàia, Temsaman, Zouaoua. Chelh'a. Ouarsenis *eddou* ادو « aller »; Zénaga : *eddeg* ادك « venir » = *eddou* ادو « aller », Guélàia.

Quand il est placé entre deux voyelles. il devient un *dj* en Zénaga : Guélàia : *ijedi* يردى « sable » (cf. A'chacha *ijedi* يردى).

Temsaman : *ijed'i* يژدى (cf. Zouaoua : *ijed'i* يژدى) = *agadj* اڭ
« sable », Zénaga.

§ 8. Le *d'* du Zouaoua est représenté le plus souvent par
un *d* en rifain. Ex. : Zouaoua *fad'* فاد « soif » = *fad'*, Bot'ioua,
Guélàïa, B. Ouriar'en, Temsaman. Ce *d'* devient un *d* en Chel-
h'a et en Zénaga : *foud* فود « soif » (cf. Guélàïa *foud* فود) —
Zouaoua, Chelh'a, Zénatia du Maghreb central : *ad'rar* ادرار
« montagne » = *ad'rar* ادرار, B. Saïd, Bot'ioua, Guélàïa.

Quelquefois le *d'* du Zouaoua est rendu par ز en rifain :
Zouaoua : *thid'erth* تذرت « épi » = *thazera* تزرا, Guélàïa, Kibdana,
Temsaman. Cf. aussi *thid'rin* تذرين « épis » (pl.) Temsaman.

§ 9. Le *r* du Zouaoua et des autres dialectes se maintient
toujours en rifain : Zouaoua, Chelh'a, B. Menacer : *afer* افر
« feuille » = *thafrioui* pl. تفريوى « feuilles », Bot'ioua = *ifara* يفارا
pl., Guélàïa = *thifradj* تفراج pl. Temsaman.

§ 10. Le ز du Zouaoua, du Chelh'a et de la Zénatia du Maghreb correspond au ز du rifain et devient un *j*, un *dj* et quelquefois *ch* en Zénaga. Ex. : Zouaoua, A'chacha, B. Menacer,
B. H'alima, Chelh'a *zenz* زنز « vendre » = *zenz* زنز, Bot'ioua,
Temsaman, Guélàïa = *jenj* زنز. Zénaga. — Zouaoua, B. Menacer, A'chacha : *inzer* ينزر « nez »; Zouaoua : *thinzerth* تنزرت pl.
thinzarin تنزارين « narines »; B. H'alima *thinzert* تنزرت pl. *thinzaren*
تنزارن; Ouarsenis *thinzar* تنزار pl., « narines » = *inzer* ينزر, Temsaman; *inzaren* ينزارن Guélàïa; *thinzert* تنزرت Bot'ioua = *tinjeren* تنزرن.
Zénaga. — Zouaoua, A'chacha, B. Menacer: *arz* ارز « briser,
être brisé » = *erz* ارز Temsaman : *arz* ارز Bot'ioua : = *erch* ارش
Zénaga.

On trouve aussi cependant en Zénaga la forme *arz* ارز.
Quand le ز est redoublé, il se maintient en Zénaga : Zoua-

oua, Zénatia, Chelh'a *ouzzel* وزل « fer » = *ouzzer* وزر, Guélàia, Bot'ioua, B. Ouriar'en, Temsaman — *izzedj* يزج Zénaga.

§ 11. Le *j* du Zouaoua et des autres dialectes se retrouve en rifain : Zouaoua *ejj* اژ. B. Menacer *ej* اژ « laisser » — *ej* اژ Guelàia ; *ejj* اژ Temsaman : *aji* اژى. Temsaman. — Zouaoua : *agoujil* اكّوزيل « orphelin » ; Ouarsenis : *aioujil* ايوزيل (cf. *aioudjil* ايوجيل, A'chacha) = *aioujir* ايوزير. Temsaman.

§ 12. L's du Zouaoua, du Chelh'a et de la Zénatia du Maghreb central correspond à l's du rifain et au *ch* du Zénaga. Ex. : Zouaoua, Chelh'a, Zénatia, *afous* أفوس « main » = فوس, Bot'ioua, Guelàia, Kibdana, B. Ouriar'en, Temsaman = *fouch* فوش Zénaga, — Chelh'a, Zénatia du Maghreb, *iis* يس « cheval » = *iis* Guelàia, Bot'ioua, Temsaman = *ichi* يشى, Zénaga. Cf. cependant au pluriel *ichsan* يشسان, B. Sa'ïd. On trouve de même chez les Temsaman et les B. Ouriar'en *aouchsar* اوشسار « vieux » ($\sqrt{OUSR}$) à côté de la forme *aoussar* اوسار, B. Sa'ïd, correspondant à *aousser* اوسر en Zouaoua, Chelh'a de Taroudant et Zénatia du Maghreb central.

§ 13. Le *ch* du Zouaoua et des autres dialectes est représenté par un *ch* en rifain. Ex. : Zouaoua, Zénatia du Maghreb central, Chelh'a : *ouchchen* وشن « chacal » = *ouchchen* Temsaman, B. Ouriar'en ; Zouaoua *ouchchai* وشاى « lévrier » : B. H'alima : *ououchcha* وشا = *ouchcha* وشا, Bot'ioua, B. Sa'ïd.

§ 14. Le *dh* du Zouaoua correspond à un *dh* en rifain : Zouaoua : *agoumadh* اكّوماض « rive » = *ajmadh* اژماض, Bot'ioua, Temsaman.

Mais souvent le *dh*, le *d'* et le *d* permutent ensemble dans les divers dialectes du Rif comme dans les autres groupes.

Ex. : Temsaman *esmedh* اسمض «se refroidir»; *asemmidh* اسميض «vent» = *asemmid'* اسميذ «froid» Bot'ioua : *asommad'* اسماذ «froid»; Guélàia *asommid* اسميذ «vent»; cf. dans la Zénatia du Maghreb central, B. Menacer *asommidh* اسميض «froid» = *asommid'* اسميذ, B. H'alima : *asommed'* اسمذ. A'chacha = *asmed* اسمذ : B. Menacer «être froid». En Zénaga : *chemmoud'* شمود «neige» *tichmoudji* تشموى «froid» = *chemmoud* شمود «être froid». Zouaoua et Chelh'a : *asommidh* اسميض «froid».

Zouaoua : *thik'ouchdhin* تغوشضين «fascines»; Chelh'a et Haraoua : *ak'choudh* افشوض «bois» = *ek'choud'en* افشوذن «bois». Temsaman. B. Ouriar'en. Guélàia. Cf. A'chacha : *ak'choud'* افشوذ; B. Halima : *ik'choud'en* يغشوذن; B. Menacer : *iak'choud'en* يغشوذن.

Temsaman *adhar* اضار «pied» (cf. Zouaoua, Chelh'a. B. Menacer, Haraoua. Ouarsenis. *adhar* اضار) = *id'ar* يذار, Bot'ioua (cf. B. H'alima, A'chacha, Zénaga : *ad'ar* اذار) = *izar* يزار Guélàia.

Temsaman *thir'ard'in* تغرذين «épaules» (cf. B. H'alima. Haraoua : *thir'ard'in* تغرذين; Zénaga : *tour'din* توغذين) et *thir'ardin* تغردين (cf. B. Menacer : *ir'arden* يغردن); Zouaoua : *thir'ardhin* تغرضين.

§ 15. Le *t* correspond au *t* du Zouaoua, du Chelh'a et de la Zénatia du Maghreb central. Ex. : Zouaoua, Ouarsenis. Haraoua : *imet't'aouen* يمطاون «larmes»; Chelh'a : *imet't'a* يمطا = *imet't'aouen*, Temsaman, Guélàia. Ce *t* est devenu *dh* en Zénaga : *endhaoun* انضاون «larmes».

§ 16. Le *d* est très rare en rifain comme dans les autres dialectes : Guélàia. Temsaman : *addis* عديس «ventre». Bot'ioua : *thaiddist* تعديست = *adddis* اعديس, Zénatia du Maghreb central.

§ 17. Le *r'* du Zouaoua, du Chelh'a et de la Zénatia du Maghreb central correspond au *r'* dans le Rif. Ex. : Zouaoua,

Chelh'a, Ouarsenis, B. Menacer, A'chacha, B. Halima : *effer'* افغ « sortir » = افغ ; Temsaman, Guélàia, Bot'ioua ; *effour'* ادوغ B. Sa'ïd.

Quelquefois le *r'* du Rif est représenté par un *g* en Chelh'a et un *j* dans la Zénatia du Maghreb central : Guélàia, Temsaman, B. Sa'ïd : *ismer'* يسمغ « nègre » = *ismeg* يسمك Chelh'a ; *ismej* يسمز B. H'alima.

§ 18. Le *f* des autres dialectes se retrouve dans le Rif. Ex. : Zouaoua, Chelh'a, Zénaga, Zénatia : *af* اف « trouver » = *af* اف. B. Sa'ïd, Bot'ioua, Temsaman.

§ 19. Le *k* du Zouaoua correspond à la même lettre dans le Rif ; Zouaoua : *ek'es* افس « piquer » = Guélàia *ek'k'es* افس.

§ 20. Le *k* du Zouaoua devient généralement un *ch* en rifain ; Zouaoua : *melek* ملك « se fiancer » = *emrech* امرش, Guélàia — Zouaoua. B. Menacer *akthoum* اكثوم « viande » = *aichthoum* ايشثوم, Guélàia ; Zouaoua, B. Menacer : *aksoum* اكسوم « viande » = *ach-soum*, Temsaman. Ce *ch* est représenté par un *i* dans quelques dialectes de la Zénatia : *aïsoum* ايسوم « viande ». B. H'alima. Haraoua. Cet *i* répond aussi à *k* du Zouaoua, conservé en rifain ; Zouaoua : *seksou* سكسو, couscouss = *seksou* سكسو, Bot'ioua - *sisou* سيسو, B. H'alima.

Le *k* du Zénaga et du Chelh'a devient aussi *ch* dans le Rif, dans la Zénatia du Maghreb, et même en Zouaoua, lorsque le *k* est précédé d'un *s*. Ex. : Zénaga : *sker* سكر « ongle », pl. *ske-ran* سكران ; Chelh'a : *askar* اسكار « griffe », pl. *askaren* اسكارن = *ich-cher* يشر « ongle », pl. *ichcharen* يشارن. Bot'ioua, Temsaman, Guélàia ; de même en Zouaoua : *ichcher* يشر « ongle », pl. *ach-charen* اشارن, et dans la Zénatia du Maghreb central : B. Menacer, *ichcher* يشر « ongle », pl. *ichchar* يشار ; B. H'alima et Ha-

raoua : *achcher* اشر «ongle», pl. *achcharen* اشارن; Ouarsenis.
pl. *ichcharen* يشارن.

Zénaga : *teska* تسكا «corne», pl. *teskoun* تسكون; Chelh'a de
Taroudant : *askioun* اسكيون, pl. «cornes» = *achaou* اشاو (pour
achchaou) Temsaman; *achouaou* اشواو, B. Ouriar'en; *ichchaoun*
يشاون, pl., Bot'ioua. De même en Zouaoua : *ich* يش. pl. *achioun*
اشيون; B. H'alima, B. Menacer : *ichchaoun* يشاون. pl. Ouarsenis :
ichch يش, pl. *achchaoun* اشاون.

Le *k* du Zouaoua devient aussi un χ dans quelques dialectes
du Rif, comme dans la Zénatia du Maghreb central; Zouaoua :
ikerri يكرى «mouton» = *iχerri* يكرى. Bot'ioua. B. Ouriar'en
= *iχerri* يكرى Haraoua; *χerri* كرى B. Menacer. Cf. *icharri* يشرى.
Temsaman. En Zénaga, il est représenté par un *g* : *gerer* كرر.

Le *k* du Zouaoua s'est généralement conservé dans le Rif
lorsqu'il est redoublé ou précédé immédiatement d'une autre
consonne. Ex. : Zouaoua. Zénatia du Maghreb central *ekker* اكر
«se lever»; Zénaga : *enker* انكر; Chelh'a : *neker* نكر - *ekker* اكر,
Guélàia. Temsaman. B. Sa'id; *senker* سنكر «éveiller», Bot'ioua,
Temsaman.

Chelh'a : *asker* اسكر «perdrix»; Zouaoua : *thaskourth* تسكورت
«perdrix»; Chelh'a de Taroudant : *teskourt* تسكورت = *thaskourth*
تسكورت, Bot'ioua. Guélàia; *asekkourth* اسكورت. A'chacha; *thasek-
kourth*, B. Menacer. Ouarsenis. Haraoua; *askour* اسكور, B. H'a-
lima. En Zénaga, l's est devenu *ch* : *achker* اشكر. comme dans
le pluriel féminin à l'Ouarsenis : *thichkirin* تشكيرين. En Haraoua.
le *k* est devenu χ au pluriel : *thisiχrin* تسيكرين.

Exception : On trouve en Bot'ioua et chez les B. Sa'id : *echchath* اشات «frapper habituellement», correspondant au Zouaoua
ekkath اكات et au Chelh'a *ekkat* اكات. Cf. en B. Menacer : *chath*
شات.

§ 21. Le *g* du Zouaoua. du Chelh'a et du Zénaga devient

un *j* en rifain. Ex. : Zouaoua : *agmadh* اكّماض « rive » = *ajmadh* ازماض. Bot'ioua, Temsaman ; Zénaga : *eggrour* اكّور « aller » = *oujour* وزور. Bot'ioua, Temsaman, Guélàia. Cf. *ougrour* وكّور B. Sa'ïd. Dans la Zénatia du Maghreb central, ce *j* répond à un *i* : B. H'alima, Ouarsenis : *aiour* ايور ; B. Menacer, A'chacha : *eiour* ايور. Cf. Haraoua *oug'our* وكّور. Zouaoua : *mager* ماكّر « se rencontrer », *amager* اماكّ « rencontre » ; Chelh'a de Taroudant : *mouger* موكّر « se rencontrer » ; Zénaga : *tmegr* تمكّ « se rencontrer » = *jerou* زرو « réunir ». Bot'ioua, Guélàia, Temsaman ; *ajerou* ازرو « foule ». Bot'ioua.

Le *g* du Zouaoua, du Chelh'a et du Zénaga est aussi représenté par un *dj* en rifain : Zouaoua : *igid'er* يكّيذر « vautour fauve » ; Zénaga : *gid'ar* كّيذار « aigle » = *djid'ar* جيذار « aigle ». Guélàia, Kibdana. Cf. B. H'alima *thamedjd'ir* تّجذير « vautour ». Ce *dj* est devenu un *i* chez les B. Menacer : *üder* يدر « vautour » — Chelh'a : *igig* يكّيك « tonnerre = *adjadj* اجاج, Guélàia.

La permutation du *dj* en *i* correspondant à un *g* du Chelh'a existe en rifain comme dans la Zénatia : Chelh'a : *agadir* اكّادير « rocher » = *adjdir* اجدير B. Ouriar'en = *thaid'arth* تيذارت, Temsaman. Cf. en Zouaoua la forme *thid'erth* « épi », à côté de *thigd'erth* تّكّذرت et en Zénaga : *tagzit* تكّزيت « fille » à côté de *taizziout* تيزبيوت.

Le *g* du Zouaoua correspond encore à un *i* dans le Rif comme dans les dialectes de la Zénatia du Maghreb central.

Ex. : Zouaoua : *agoujil* اكّوزيل « orphelin » = *aioujir* ايوزبر. Temsaman. Cf. *aioujil* ايوزيل, Ouarsenis, et *aioudjil* ايوجيل. A'chacha.

En général, le *g* du Zouaoua, du Chelh'a et du Zénaga se conserve en rifain quand il est redoublé : Chelh'a de Taroudant : *eggag* اكّكّ « être loin » ; Zénaga : *iougboga* يوكّبكّا « éloigné » ; Zouaoua : *eggedj* اكّج « sortir » ; *agadji* اكّاجى « sortie » ; *amgidj* امكّج « fugitif » = *eggoudj* اكّوج « être loin ». Temsaman, B. Sa'ïd. Cf. B. H'alima *eggouj* اكّوز. Il en est de même quand il est initial et quelquefois aussi quand il est final : Ex. : *genf* كنّف « purifier ». Temsaman et Zénatia du Maghreb central; — Chelh'a *eg* الّك « faire » — *eg* الّك, Bot'ioua. Temsaman. Guélâia. B. Sa'id. Cf. *ai* اى B. Menacer. Haraoua, Zouaoua; — *amerzagou* امرزاكّو « amer » — *amerzag* امرزاك, Temsaman. Cf. *irzai* يرزاى, Haraoua; *amerzaioun* امرزايون, Ouarsenis.

Par exception, le *g* seul se maintient quelquefois seul au milieu d'un mot; dans ce cas, comme dans les précédents, il correspond à un *i* dans la Zénatia du Maghreb central. Zouaoua : *agendouz* اكّندوز « veau » = *agendouz* اكّندوز, Bot'ioua — *aiendouz* ايندوز, B. H'alima, A'chacha.

§ 22. Le *l* du Zouaoua, du Chelh'a et de la Zénatia du Maghreb central correspond en rifain soit à un *r*, soit à un *d* qui peut devenir *dj*. On peut établir comme une règle générale que le *l* simple correspond à un *r* et le *l* redoublé à un *d* ou à un *dj*. Il est à remarquer que lorsque le *l* des autres dialectes est représenté en Zénaga par un *dj*, il l'est en rifain non par un *d* ou par un *dj*, mais par un *r*.

Ex. : Zouaoua, B. H'alima, Ouarsenis : *ameddakoul* امدّاكول « ami »; A'chacha, B. Menacer; *ameddoukel* امدّوكل; Haraoua : *amdoukel* امدوكل; Chelh'a. *amdokel* امدكل — *ameddouker* امدّوكر. Temsaman. Guélâia = *amedouketch* مدوكچ, *ameddokonte* امدّكونت. pl. *imedoukedjan* يمدّوكجان. Zénaga; Zouaoua : *d'oukel* ذوكل « être avec »; A'chacha : *mdoukel* مدوكل « s'associer »; B. Menacer : *mdoukoul* مدوكول — *doukar* دوكر. Temsaman = *emdoukadj* امدوكج, Zénaga.

Zouaoua : *thili* ثيلى « ombre » — *thiri* ثيرى Guélâia — *tidji* تيجى Zénaga.

Zouaoua, Chelh'a. Zénatia du Maghreb central : *iles* يلس « langue » — يرس. Bot'ioua. Temsaman — *itchi* يچى Zénaga.

Zouaoua. Chelh'a. Zénaga du Maghreb central : *erouel* ارول

« fuir » = *erouer* ارور. Bot'ioua, Temsaman. Guélàia = *erouedj* et *erouetch* اروج, Zénaga.

Zouaoua *ir'il* يغيل « bras »; B. Menacer : *ar'li* اغلى; Haraoua, B. H'alima, B. Menacer : *ar'il* اغيل = *ar'ir* اغير. Guélàia, Temsaman, Kibdana; *r'ir* غير. Temsaman. Au pluriel, le *l* redoublé est devenu *d* : Zouaoua *ir'allen* يغالى = *ir'adden* يغادن. Guélàia. En zénaga *idj* جٔ. pl. *adjoun* اجون. Le *i* représente le *r'* tombé et le *dj* le *d*.

Zouaoua. Zénatia du Maghreb central, Chelh'a : *amellal* املال « blanc » = *ameddad* امداد. Guélàia. En Zénaga, le *l* redoublé s'est conservé et le *d* final s'est adouci en *dj* : *mollidj* ملج « blanc ».

Zouaoua : *thamd'elt* تمذلت « tombeau »; *thamdhelt* تمضلت « enterrement »; *ent'el* انطل « enterrer »; B. Menacer : *amd'al* امذال « enterrer » = *ander* اندر « tombeau ». Bot'ioua. Temsaman; *ent'er* انطر « enterrer ». Temsaman; *amdher* امضر « tombeau ». Temsaman = *endadj* اندّاج « enterrer »; *andetch* اندج « enterrement ».

Zouaoua, Zénatia du Maghreb central. Chelh'a : *oul* ول « cœur » = *our* ور. B. Ouriar'en. Bot'ioua. Guélàia, Kibdana. Temsaman. En Zénaga *oud* ود et *oudj* وج. pl. *alloun* الون; le *l* redoublé s'est conservé.

Zouaoua : *thaoullas* توللاس « crépuscule »; Haraoua = *thallest* تلست « ténèbres » = *thsadjist* تساجست. Bot'ioua; *tsadjest* تساجست. Temsaman. Le *l* redoublé s'est maintenu en Zénaga : *telles* تلس « obscur ».

Zouaoua. Chelh'a, B. H'alima : *siouel* سيول « parler » = *siouer* سيور. Bot'ioua. Temsaman. Guélàia: *sioud* سيود. B. Sa'id. Cf. Zénaga *siouedj* سيوج.

Zouaoua. Tchacha. Chelh'a. Haraoua : *oulli* ولى « brebis » = *oudji* وجى, Temsaman. Cf. Zénaga *tidji* جى.

Le *d* correspondant à un *l* redoublé devient parfois un *dj* dans quelques dialectes du Rif.

Zouaoua, Chelh'a : *agellid'* اكّليذ « roi »; Chelh'a de Taroudant et du Tazeroualt : *agellid* اكّليد; B. H'alima. B. Menacer : *ajellid* ازليد = *ajeddid* ازديد. Guélàia. Bot'ioua. B. Ouriar'en : *ajedjid* ازجيد. Temsaman; *ajedjid'* ازجيذ, B. Saʿïd.

Zouaoua, B. Menacer, Chelh'a : *illi* يلّى « fille »; *iddi* يدّى. Guélàia, B. Ouriar'en; *idji* يجى. Temsaman, B. Saʿïd.

La différence du changement du *l* en *r* ou en *dj* (ou *d*) suivant qu'il est ou non redoublé s'observe dans la conjugaison du verbe « être » en Temsaman.

Impératif : 2ᵉ pers. masc. sing. *iri* يرى. pl. *irith* يريت — Zouaoua *ili* يلى, *ilith* اليت. Aoriste sans particule : 1ʳᵉ pers. sing. *djikh* جيخ = *ellir'* اليغ; 2ᵉ pers. sing. *thedjid'* تجيذ — *thellidh* تليض; 3ᵉ pers. masc. *idja* يجا = *illa* يلّا; 3ᵉ pers. fém. sing. *thedja* تجا — *thella* تلّا; 1ʳᵉ pers. plur. *nella* نلّا = *nidja* نجا; 2ᵉ pers. masc. *thedjam* تجام — *thellam* تلّام; 3ᵉ pers. masc. *edjan* اجان — *ellan* الّان; 3ᵉ pers. fém. *edjant* = *ellant*. — Participe *idjan* يجان — *illan*; au contraire, à l'aoriste conjugué avec particule, on aura un *r* : *ad'iri* اذيرى = *ad'ili* اذيلى, etc. [1].

On trouve quelques cas ou le *l* simple est devenu un *d* et non un *r*. Le B. Menacer, Haraoua : *ak'louch* افلوش « cruche » = *ak'douch* افدوش, Guélàia, Kibdana.

Dans d'autres cas, le *l* simple correspond à un *r* dans certains dialectes, à un *d* ou à un *dj* dans d'autres, Zouaoua, Zénatia du Maghreb : *thala* تلا « fontaine » = *thara* ثرا, B. Ouriar'en, Temsaman — *thadja* تجا Bot'ioua.

Zouaoua, Zénatia du Maghreb central, Chelh'a : *sel* سل « en-

[1] Relativement aux formes en *dj*, on pourrait objecter qu'il existe en berbère une racine G qui a donné au Touat et à Ouargla *eg* اڭ « être »; en Chelh'a du Tazeroualt *eg* اڭ « devenir », en Zouaoua *egg* اڭ « être » (Cf. Hanoteau. *Poésies populaires de la Kabylie*, p. 24, l. 5; p. 361. l. 9). Ce *g* aurait pu devenir *dj* en Temsaman; mais, dans ce cas, les formes comme *iri* يرى seraient inexplicables et l'on devrait avoir *idji* يجى, etc. Du reste. on trouve en Guélàia et en Bot'ioua *iddu* يدا correspondant à *idja* يجا en Temsaman.

tendre" = *ser* سر Guélàia = *sed* سد Bot'ioua = ج Temsaman.

Le *d* et le *dj* représentant un *l* permutent en rifain : Zouaoua, Chelh'a : *laz* لاز «faim»; B. Menacer : *louz* لوز «faim» = *douz* دوز «avoir faim», Bot'ioua, Guélàia, B. Ouriar'en = *djaz* جاز Temsaman, B. Sa'ïd.

Cette prédominance du *dj* paraît être plus fréquente en Temsaman que dans les autres dialectes.

Le changement du *l* en *r* en *d* ou en *dj* existe aussi pour les mots empruntés à l'arabe :

Arabe لوز «amande» = *djouz* جوز (Guélàia, Kibdana, Temsaman).

بلوط «gland doux» = *aboudjdjoudh* ابوجوض (Kibdana). *abeddoudh* ابدوض (Guélàia).

البحر «la mer» = *djebh'ar* جبحار (Temsaman), *er beh'ar* ار بحار (Guélàia).

تبهلولت (féminin berbère de بهلول) «sotte» = *thabouharijt* تبوهريجت (Temsaman).

صلاة «prière» = *zedjith* زجيت (Temsaman)[1].

الخلا «désert» = *jakhra* زخرا (Temsaman).

لغى «crier» = *rar'a* رغا (Temsaman).

لجام «bride» = *arjam* ارزام (Guélàia).

البهايم «les bêtes» = *erbehaim* اربهايم (Guélàia).

جلاب «burnous» = *adjeddab* اجداب (Bot'ioua), *ajedjdjem* ازجم (Temsaman).

Ce changement du *l* en *d* ou en *r* n'est pas absolument inconnu dans les autres dialectes que ceux du Rif et le Zénaga, mais il est excessivement rare. Ex. : Zouaoua : *thifirellest* تعيرلست «hirondelle»; Bougie : *thifirellesth* تعيرلست = *thifilellest* تعللست, Ouarsenis; *taflilich* تعللش, Zénaga; *tiflilicht* تعلشت, Badrian —

<hr>

[1] Sur le changement du ص en ; cf. mon mémoire sur *Les noms des métaux et des couleurs en berbère*. Paris. 1895. in-8° p. 8.

Zouaoua *elli* الى « ouvrir », *thoullia* توليا « ouverture » — *eldi* الدى « ouvrir », *thildi* تلدى « ouverture », Bougie.

§ 23. Le *m* du Zouaoua et des autres dialectes correspond à un *m* en rifain.

Ex. : Zouaoua, Haraoua : *id'ammen* يذامن « sang »; Ouarsenis : *id'amen* يدامن; Zénaga : *d'ammen* ذامن = *id'amen* يذامن; Guélàia, Kibdana, Temsaman.

§ 24. L'*n* du Zouaoua et des autres dialectes correspond à *n* en rifain.

Ex. : B. Menacer, Ouarsenis, A'chacha, Haraoua : *afounas* اوفناس « bœuf »; Zouaoua, B. H'alima : *thafounast* تفوناست « vache » = *afounas* افوناس Guélàia, Kibdana, Temsaman, Bot'ioua, B. Ouriar'en.

§ 25. Le *ou* du Zouaoua et des autres dialectes se retrouve en rifain : Zouaoua : *inoual* ينوال « gourbi »; B. H'alima : *thanoualt* تنوالت = *thinouarin* تنوارين pl. « tentes », Temsaman.

La contraction de deux *ou* en *b* qui a lieu en Zouaoua n'existe pas en rifain, ni dans la Zénatia du Maghreb central.

Ex. : Zouaoua *thabbourth* تببورت « porte » ($\sqrt{\text{OUR}}$, cf. *ari* ارى « ouvrir ») = *thaouourth* تورت, Bot'ioua, Temsaman, Guélàia, B. Menacer, Ouarsenis, Haraoua. — Cf. chez les B. Ouriar'en *thaouggourth* توكورت où la contraction a lieu en *g* comme dans les tribus des bords de l'O. Sahel.

§ 26. Le *i* du Zouaoua et de la Zénatia du Maghreb central correspond à l'*i* en rifain.

Ex. : Zouaoua : *thaïd'a* تيذا « pin »; B. Menacer : *thaida* تيدا = *thaïd'a* تيذا, Guélàia, Temsaman, Bot'ioua.

CHAPITRE II.
MORPHOLOGIE.

—

PRONOMS.

I. PRONOMS PERSONNELS.

§ 9. *a.* PRONOMS ISOLÉS [1].

SINGULIER.

1re pers. com. «moi» *nich* نش (G. O. B. K. T.).
2e pers. masc. «toi» *chek* شك (O. T. S. B. G.); *chik* شك (T.).
2e pers. fém. «toi» *chem* شم (G. B. T. S.).
3e pers. masc. «lui» *netta* نتا (G. O. T.).
3e pers. fém. «elle» *nettath* نتاث (O. T.).

PLURIEL.

1re pers. com. «nous» *nechchin* نشين (G. T.); *nechnin* نشنين (B.).
2e pers. masc. «vous» *chekken* شكن (B.); χ*enniou* كنيو (T.).
2e pers. fém. «vous» χ*ennint* كنينت (T.).
3e pers. masc. «eux» *nitheni* نثى (G. B. T.); *nithnin* نثنين (S.); *nahnin* نهنين (O. K.).
3e pers. fém. «elles» *nithenti* نثنتى (T.); *nahnint* نهنينت (G. K. O. B.).

§ 11-16. *b.* PRONOMS AFFIXES.

1° Compléments d'un nom, servant d'adjectifs possessifs :

«de moi» *inou* ينو (G. K. B. S. O. T.).
«de toi» (masc.) *innich* ينش (G. K.); *inech* ينش (B.); *ennech* انش (T. S.); *ax* اك (T.); *ech* اش (T. S.).

—

[1] Cf., pour l'analyse de ces formes, mes *Études sur les dialectes berbères.* IIIe partie, chap. I, p. 77-103. Les initiales désignent les dialectes suivants : G. Guélàia; K. Kibdana; O. B. Ouriar'en; T. Temsaman; S. B. Saïd; B. Bot'ioua.

« de toi » (fém.) *innem* ينم (G. K.); *ennem* انم (T. S.); *em* ام (T. S.).

« de lui, d'elle » *innes* ينس (G. K.); *ennes* (T. S.); *es* اس (T. S.).

« de nous » *ennakh* اناخ (T.); *ennar'* اناغ (G. K. S.).

« de vous » (masc.) *ennouem* انوم (G. K. T.); *enχoum* انكوم (B.).

« de vous » (fém.) *entchent* انجنت (T.).

« d'eux » *ensen* انسن (G. K. S. T.).

« d'elles » *ensent* انسنت (G. K. T.).

2° Pronoms personnels affixes compléments d'une préposition : *r'ar* غر « chez » (sert à rendre le verbe « avoir »).

SINGULIER.

1re pers. *r'ari* غرى « chez moi, j'ai » (G. K. T. S.).

2e pers. *r'arech* غرش « chez toi (masc.), tu as » (G. K. T.); *r'arek* غرك (S.).

2e pers. fém. *r'arem* غرم « chez toi (fém.), tu as » (G. K. T. S.).

3e pers. *r'ares* غرس « chez lui, chez elle, il ou elle a » (G. K. T. S.).

PLURIEL.

1re pers. *r'arnar'* غرناغ « chez nous, nous avons » (K. T. S.); *r'arnakh* غرناخ (G. T.).

2e pers. *r'arouem* غروم (G. K. T.) « chez vous, vous avez eux ».

3e pers. masc. *r'arsen* غرسن (G. K. T.) « chez eux, ils ont ».

3e pers. fém. *r'arsent* غرسنت (G. K. T.) « chez elles, elles ont ».

3° Pronoms personnels affixes compléments directs d'un verbe.

SINGULIER.

1re pers. *ai* اى, ي (T. S.).

2e pers. masc. *ch* ش (T. S. G. B. K. O.).

2e pers. fém. *m* م S. (T. O. S. G.); *chem* شم (S.).

3e pers. masc. *ith* يث, ث, ت (T. S. G. K. O. B.).

3e pers. fém. *teth* تت (G.); *ts, t* ت (T.).

PLURIEL.

1ʳᵉ pers. *nar'* ناغ (G. K. B. T. O.).

2ᵉ pers. masc. *χoum* كوم (B.); *ouem* وم (T.).

3ᵉ pers. masc. *then* ثن (T. S. G. K. O. B.).

3ᵉ pers. fém. *thent* تنت (T. S. G. K. O. B.).

§ 17. Les dialectes du Rif suivent la règle générale pour la place des pronoms affixes[1].

Ex. : «Je lui cacherai une chose» *ad as fever' icht temas-riacht* اد اس فرغ يشمت تمسرياشت (S.).

«Les chaouchs lui amenèrent la vieille» : *Iouin as d choua-ouch thaoussarth* يوين اس د شواوش ثاوسارث (S.).

«Il la lui donna» : *ioukch as t* يوكشاست (T.).

§ 18. Le pronom réfléchi se rend par *ikhf* يخف «tête» (S.) *ir'ef* يغف (T.) suivi des pronoms affixes : *thigga ikhf ennes lettar* ثكّا يخف انّستنار «elle fit semblant de mendier (m. à m. «elle fit elle-même, elle mendie»), ou par *iman* يمان «âme, personne» (S.) «il les tuera lui-même» *a then iner' simanes* اتن ينغ سيمانس.

PRONOMS ET ADJECTIFS DÉMONSTRATIFS.

PRONOMS ET ADJECTIFS DÉMONSTRATIFS.

§ 19. *a* ا «a» (B. K. S. G. T.); *aini* اينى «ceci» (S.); *oua* وا, fém. *tha* ثا. plur. *oui* وى, fém. *thi* ثى (B.); *id' oua netta* يذ وا نتّا «c'est lui»; *oua* وا, fém. *tha* ثا (T.); *ou* و «a. ceci» (G. K.); *inin* ينين «ceux» (T.); *ouin* وين. fém. *thin* ثين «cela, celui-là, celle-là» (B.); *ouenni* ونّ «cela», fém. *thenni* ثنّى (T.); *enni* انّ (invariable) «cela» (B. T. S.); *iina* ينا «ceux-là» (T.); *enna* انّا «cela» (T.).

_____

[1] Cf. mon *Manuel de langue kabyle*, § 17. p. 16.

PRONOMS ET ADJECTIFS INTERROGATIFS.

§ 20. *Main* ماين « qui » (S.); *mar'er* ماغر « pourquoi » (T.); *makhef* ماخف (S.); *men* من (T.); *manouin* (T.); *oumi* ومن « à qui » : *oumi r'ad'iri thamr'arth* ومى غاذيرى ثمغارت « à qui aura la femme » (T.).

PRONOMS RELATIFS.

§ 21. *Ouami* وامى « qui, que » (T. G.); *aini* اينى « qui » (G.); *ouenni* ون, fém. *thenni* ثنى « celui qui, celle qui », plur. *inni* ينى (T. G.); *main* ماين « ce que » (T. G.); *ain* اين « ce que » (S.); *oui* وى « celui qui » (S.).

PRONOMS ET ADJECTIFS INDÉFINIS.

§ 22. « Quelque chose » *achchar* اشار (S.); « rien » *our...achchar* ور...اشار (S.); « autre » *ennidhen* انيضن (G.); « l'un, l'autre » *oua...ouinedhni* وا وينضنى (T.). « L'une, l'autre » *tha thinedhni* تا تينضنى (T.).

§ 23-26. DU VERBE.

(SCHÉMA DE LA CONJUGAISON.)

SINGULIER.

1ʳᵉ pers. . . . . *r'* (T. G. K. B. S.); *kh* (T. S.).
2ᵉ pers. *th* . . . . *d'* (T. S.).
2ᵉ pers. *th* . . . . *t* (G. K. T.).

Le *th* initial disparaît quelquefois en Temsaman : *mammich r'a d'inid'* مامش غا ذينيذ « comment dis-tu ? ».

3ᵉ pers. masc. *i* . . . . (G. K. T. O. S. B.).
3ᵉ pers. fém. *th* . . . . (G. K. S.).
—   *t* . . . . (T.).

PLURIEL.

```
1re pers. n..............  (G. K. T. S. B. O.).
2e pers. masc. th........m (G. K. T.).
       —       t.........m (T.).
2e pers. fém. th.......mt (T.).
3e pers. masc. .........n (K. G. T. S.).
3e pers. fém..........nt (G. T. S.).
```

IMPÉRATIF.

SINGULIER.

```
2e masc...............(T. G. B. O. S. K.).
2e pers. masc. ........th (T. B.).
2e pers. fém. ........mth (T.).
```

§ 28. Pour marquer plus particulièrement le futur, on emploie les particules *ad'* اذ; *r'a* غا : *ad' iaf* اذ ياب « il trouvera » (T.); *er rad'ab id' r'a iaoui* الرعذب يذ غا ياوى (B.) « le châtiment qu'il apportera ».

§ 29-30. Les particules séparables *d* et *n* existent dans les dialectes du Rif.

§ 31. Le participe indéclinable se forme de la troisième personne du masculin singulier, à laquelle on suffixe la particule *n* : *idjan* يجان « étant » (T.); *ioucharen* يوشارن « dérobant » (S.).

§ 32. Les verbes commençant par un *a* non prosthétique changent cet *a* en *ou* à l'aoriste conjugué sans particule.

af اب « trouver », aor. *ioufa* يوبا (B.); *ad'is* اذيس « être proche », aor. *ioud'is* يوذيس (T.); *ad'ef* اذب « entrer », aor. *ioud'ef* يوذب (S.).

§ 34. La négation se rend par *ouar* ور ou *our* ور.

§ 35. Les verbes d'état existent comme dans les autres dialectes : *tour'a* توغا « il était »; *tour'a zich icht temet't'outh* توغا زيش يشت تمطوث « il y avait autrefois une femme » (S.).

MODIFICATIONS DE L'IDÉE VERBALE.

§ 39. 1re forme factitive par s préfixe : *sou* سو « boire », *sessou* سسو « faire boire » (B.); *ers* ارس « être placé ». *sers* سرس « placer » (T.); *ad'ef* اذب « entrer ». *sid'ef* سيذب « introduire » (S.); *ezzer* ازر « être vanné ». *zouzzer* زوزر « vanner » (B.); *ari* ارى « monter », *siri* سيرى « élever » (G.).

§ 40. 2e forme (passif et réciprocité) par m préfixe : *erz* ارز « briser ». *marez* مارز « être brisé » (G.); *ender* اندر « jeter ». *mender* مندر « être jeté » (B.); *eksi* اكسى « enlever ». *mieksi* ميكسى « être enlevé » (T.).

§ 41. 3e forme (passif) par *tou* préfixe : *ini* يني « dire », *touenni* تواني « être dit » (T.).

Combinaison de la 3e et de la 1re forme : *ers* ارس « être placé », *sers* سرس « poser », *touasers* تواسرس « être posé ».

§ 42. 4e forme (habitude) par le préfixe *ts* : *ennedh* انض « parcourir ». *tsennedh* تنض (B.).

§ 43. 5e forme (habitude) par *th* ou *t* préfixe : *aker* اكر « dérober ». *taker* تاكر (G.); *rou* رو « pleurer », *trou* ترو (S.); *rar'* راغ « crier ». *terar* تراغ (T.); *erjiji* ارزيزى « trembler ». *terjiji* تزيزى (B.).

Combinaison de la 1re et de la 5e forme *effer'* اغ « sortir », *soufer'* سوغ « expulser », *tsoufer'* تسوغ « expulser souvent (T.).

Forme irrégulière *tett* تت « manger souvent » (T.).

§ 44. 6ᵉ forme (habitude) redoublement de la 2ᵉ radicale : *emjer* امزر « moissonner », *mejjer* مزّر (T.).

§ 45. 7ᵉ forme (intensité) addition d'un *a* avant la dernière radicale : *net't'er* نطر « jeter », *net't'ar* نطار (G.).

§ 46. 8ᵉ forme (intensité) intercalation d'un *i* ou d'un *ou* avant la dernière radicale.

Combinaison de cette forme avec la 1ʳᵉ : *enz* انز « être vendu », 1ʳᵉ forme *zenz* زنز « vendu », 6ᵉ-8ᵉ forme *zenouz* زنوز (T.).

Je n'ai pas trouvé d'exemple de la 9ᵉ et de la 10ᵉ forme.

NOMS VERBAUX [1].

1ʳᵉ forme A (forme simple avec préfixation et suffixation de *th*) : *char* شار « être plein », *thecharth* تشارت « plénitude ».

F, forme tertiaire préfixation et suffixation de *th*, addition de *iouχ* (= *aouth*, *aout* d'autres dialectes), *r'ers* غرس « égorger », *thar'ersiouχth* تغرسيوكت « massacre » (T.).

2ᵉ forme (préfixation d'un *a* à la forme simple) : *jerou* زرو « rassembler », *ajerou* ازرو « rassemblement » (T.).

F, (préfixation d'un *a*, addition d'un *i*) : *menr'* منغ « combattre », *amenr'i* امنغى « combat » (T.).

7ᵉ forme (préfixation de *th*) : *emzi* امزى « être jeune », *themzi* تمزى « jeunesse » (T.).

G, forme secondaire (préfixation de *th*, addition de *a*, à la fin du mot) : *arou* ارو « enfanter », *tharoua* تروا « enfantement » (S.); *ari* ارى « écrire », *thira* ترا « écriture » (G.); *moukch* موكش « être donné », *themoukcha* تموكشا « don » (T.).

F, forme secondaire (préfixation de *th*, addition de *i*) : *err'* ارغ « brûler », *thirr'i* ترغى « chaleur » (B.).

[1] Pour la classification, cf. mon *Manuel de langue kabyle*, § 50-59, p. 5, 49-54, et mes *Études sur les dialectes berbères*, p. 155-164.

Forme tertiaire : *as* اس «venir», *thouasith* تواسيت «venue»
(T.).

Formes irrégulières : *erjiji* ارزيزى «trembler», *tharjajacht*
ثرزژاشت «tremblement» (T.); *ettou* اتو «oublier», *anettoun* انتون
«oubli» (T.); *ech* اش «manger», *mechcha* مشا «nourriture (B.
T.).

SUBSTANTIF ET ADJECTIF.

§ 61. Le féminin s'obtient en préfixant et en suffixant *t* ou
th au masculin. Ex. : *ameddouker* امدوكر «ami», fém. *tameddoukert* تمدوكرت «amie» (T.); *aioujir* ايوزير «orphelin», fém. *thaioujirth* تيوزيرت «orpheline» (T.); *amr'ar* امغار «vieillard», fém.
thamr'arth تمغارت (O. G. K. S.).

§ 62. Le diminutif se forme comme le féminin : *anber* انبر
«sabre», dim. *tenbert* تنبرت (T.).

§ 65. L'*a* initial des substantifs masculins devient un *ou*
dans les mêmes cas qu'en Zouaoua :

Ex. : *Idjen oubr'em* (de *abr'em* «chameau») *ik'arreb* بجن ولغم
يغرب «un chameau s'approcha». — *Inia kh our'ioul* (de *ar'ioul*
«âne») ينيا خوغيول «il monta sur un âne» (G.). — *Arba n oussan* (de *ass* «jour» اس) اربع نوسان (S.). — *Ijjen ouriaz* (de *ariaz*
«homme») بژن ورياز اربز (T.). Cette règle souffre fréquemment
des exceptions.

§ 66. Le génitif se rend par la préposition *n* «de». Ex. : «Les
dents de la vipère» : *thir'mas n terefsa* تغماس نتربسا (G.). — «La
négresse du roi» : *thaia n oujedjid'* ثيا نوز جيد (S.). — «La tête
du mouton» : *azdjif n ixerri* ازجيب نيكرى (T.).

§ 67. Les rapports de direction, de course, d'effet, de moyen s'expriment à l'aide de prépositions : «Je n'ai pas peur de tes épines» : *our ougid'er' zeg is'ennan ennem* ورروكّيذغ زك يسنان انم (G.). «Il est dans ton ventre» : *netta g dddis ennich* نتاكّعديس انش (G.).

§ 68. L'accusatif et le vocatif sont semblables au nominatif. Ex. : «On égorgea son âne» : *R'ersen as ar'ioul ennes* غرسن اس اغيول انس (G.). — «Mettez cet homme en prison» : *Egith ariaz a d'i lh'abs* اكّيت اربازا ذى لحبس (S.).

§ 72. En général, tout nom commençant par un *a* ou un *e* le change en *i* au pluriel.

§ 73. *Pluriel externe.* Il se forme du singulier en changeant en *i* l'*a* ou l'*e* initial, et en ajoutant les désinences *n, en, an* ou *in.* Ex. : *abrid'* ابريذ «chemin», plur. *ibrid'en* يبريذن (G. B. S. T.); *ariaz* ارباز «homme», plur. يربازن (K.); *ar'anim* اغانيم «roseau», plur. *ir'animen* يغانيمن (O.).

a. Dans certains mots, la terminaison est *aoun, aouen.* Ex. : *oud'em* وذم «visage», plur. *oud'emaouen* وذماون (T. S.); *izem* يزم «lion», plur. *izemaouen* يزماون.

b. Un petit nombre de substantifs conserve l'*a* initial au pluriel. Ex. : *aroudh* اروض «vêtement», plur. *aroudhan* اروضان (B. T.); *aouar* اوار «parole», plur. *aouaren* اوارن (G.).

c. La plupart des noms commençant par *i*, et tous ceux commençant par *ou*, conservent au pluriel leur lettre initiale. Ex. : *ithbir* يثبير «pigeon», plur. *ithbirin* يثبيرين (O. G. K.); *ithri* يثرى «étoile», plur. *ithran* يثران (T.); *ithri* يثرى, plur. *ithren* يثرن (B.); *ouchcha* وشا «lévrier», plur. *ouchchan* وشان (S.); *our* ور «cœur», plur. *ouraoun* وراون (T.); *ouhar'* وهاغ «renard», plur. *ouhar'en* وهاغن (B.).

§ 74. *Pluriel interne.* L'*a* initial se change en *i*, et la voyelle *ou, i*, qui précède la dernière radicale, devient un *a*. Ex. : *aharkous* اهركوس « chaussure », plur. *iharkas* يهركاس (B.); *asard'oun* اسردون « mulet », plur. *isard'an* يسرديان (S.); *addis* عديس « ventre », plur. *iddas* يعداس (T.); *ar'iour* اغيور « âne », plur. *ir'iar* يغيار (O).

§ 75. Le pluriel interne et externe réunit les modifications qui viennent d'être indiquées. Ex. : *ithri* يثري « étoile », plur. *itharen* يثارن (G. K.); *dhadh* ضاض « doigt », plur. *idhoudhan* يضوضان (B. T.); *fous* فوس « main », plur. *ifassen* يفاسن (O.).

§ 76. Les pluriels féminins correspondant à un pluriel masculin se forment de ces derniers en préfixant un *th* ou un *t* avec le son *i* et en changeant dans les pluriels externes la terminaison *en* ou *an* en *in*. La plupart des féminins sans masculins suivent cette règle. Ex. : *amr'ar* امغار « vieillard », plur. *imr'aren* يمغارن, féminin *thamr'arth* ثمغارت « vieille femme », pluriel *thimr'arin* ثمغارين (G. K.); *aioujir* ايوژير « orphelin », fém. *thaioujirth* ثيوژيرت, plur. masc. *ioujiren* يوژيرن, fém. *thioujirin* ثيوژيرين (T.); *tigzdait* تكزدايت « palmier nain », plur. *tigzdain* تكزداين (B.); (plur. int.) *thir'mest* ثغمست « dent », plur. *thir'mas* ثغماس (T. O. K. G.)

2° Dans les noms terminés par *a*, en donnant au préfixe la voyelle *i* et en changeant la terminaison *a* en *ouin, ouen*, ou *iouin*. Ex. : *thagersa* ثكرسا « hiver », plur. *thigersiouin* ثكرسيوين (G.); *thadja* ثجا « fontaine », plur. *thadjiouen* ثجيون (B.); *thouara* ثوارا « foie », *thiouaraouin* ثيواراوين (T.).

3° Quelques mots terminés par *th* changent cette terminaison en *a*; la voyelle interne devient *ou* et la voyelle du préfixe devient *i*. Ex. : *thasarouth* ثساروت « clef », plur. *thisoura* ثسورا (G. K.); *thaouourth* ثورت « porte », plur. *thioura* ثورا (T.).

§ 78. L'adjectif qualificatif suit les mêmes règles qu'en Zouaoua.

§ 8₁. Les dialectes du Rif n'ont conservé de l'ancienne numération que le premier nombre. Ex. : masc. *idjen* يجن « un » (G. T.); *ijjen* يژن (G. T. S.); fém. *icht* يشت (G. S. T. O.).

§ 8₂. Le premier des nombres ordinaux s'est conservé en rifain. Ex. : « premier », *amzouarou* امزوارو (G.); *amzouar* امزوار (T.).

PARTICULES.

§ 85. Prépositions et locutions prépositionnelles :

« Entre » *jar* زار (T.), *djar* جار (S.), *gouaidjar* ݣوايجار (S.), *jar* زر (G.).

« Par derrière » *ezfir* ازڥير (T.).

« Devant » *ezd'ath* ازذات (T.), *zath* زات (S.), *ezdath* ازدات (G.), *ezzath* ازات (G.).

« De » (abl.) *zi* زى : sert à marquer le complément du comparatif (T. G.); *zeg* زݣ (T. S. G.), *ezg* ازݣ (T. G.), *s* س (G.), — (génitif) *n* ن, *en, enn* ان (G. K. B. O. T. S.).

« En haut » *sennij* سنيز (T. G.).

« En bas » *souddai* سوداى (T.).

« Chez » *r'ar* غر (T. S.), *r'er* غر (T.).

« Vers » *r'a* غا (T. S.), *r'er* غر (T. S. G.).

« Jusqu'à » *ar* ار (T. G.).

« Sur » *khef* خڥ (T. S. G.), *kh* خ (T. S. G.).

« Sous » *sadou* سادو (T.), *addou* ادو (S.)

« Voici *haik'a* هيغا (T.), *haik'* هيڥ (T.), *akka* اكا, *ak'r* افر, avec la 1ʳᵉ et la 2ᵉ pers.; *atha* اثا avec la 3ᵉ pers. (S.).

« Avant » *ezd'ath* ازذات (T.).

« Dans » *g* ݣ (T. S. G.), *d'i* ذى (T. S. B. G.).

« Avec » *akid'* اكيذ (T. G.), *akid* اكيد (G.) — (instrumental) *s* س (S. T. G.).

« A » *i* (T. G. K. O. B. S.).

« Par » *s* س (S. T. B.); *zi* زى (T. B.).

« A cause de, pour » *ezza* ازا (G.), *sg* سك (G.).

§ 86. Adverbes de lieu :

« Où » (av. mouvement) *ma r'er* ما غر (G.): « Où conduit ce chemin? » *ma r'er ad iaoui oubrid'a* ما غر اد ياوى وبريذا (G.).

« Où » (sans mouvement) *mani* مانى (G. S. T.), *mas* ماس (B.): « Où est celui qui est né? » *mani idja ouenni itaouarou* مانى يجا ونى يتنوارو (G.); « Où est la porte? » *mas taouourt* ماس تورت (B.).

« Là » (sans mouvement) *d'iha* ذيها (G. T.).

« Là » (av. mouvement) *r'erd'iha* غرذيها (G. T.).

« Ici » *rikha* ريخا (S.).

« Ici » (av. mouvement) *r'erd'a* غرذا (T.).

« Y » *da* دا (B.) : « Y a-t-il de l'eau? » *da chi ouaman* دا شى وامان.

« Partout où » *mani ma* مانى ما (T.) : « Je te suivrai partout où tu iras » *ach dheferakh mani ma therah'ed'* اش ضفراخ مانى ما تراحذ — *main ma* مابن ما (S.).

« De là » *zi siha* زى سيها (T.).

« D'ici » *issa* يسا (T.).

§ 87. Adverbes de temps :

« Aujourd'hui » *iidha* يضا (T.).

« Désormais » *zgidha* زكّيضا (T.).

« Lendemain (le) *thiouchcha* تيوشا (T.).

« D'abord » *amzouar* امزوار (T.).

« Autrefois » *zich* زبش (S.).

« Hier » *idh ennadh* يض اناخى (G. K.), *idh ennad'* يض اناذ (B.).

« Alors » *r'ar dhenni* غار ضنى (G.).

§ 88. Adverbes de quantité :

« Beaucoup » *al'l'as* اطّاس (T.), *attas* اتّاس (G.), *iouksa* يوكسا (B.).

« Point » *ouar* وار (S.), *our* ور (T.).

« Peu » *ad'rous* اذروس, plur. *id'rousen* يذروسن (T.), *chouitoua* شويتوا (B.).

« Combien plus » *machh'ar sal't'as* مشحار ساطّاس (T.).

§ 89. Adverbes de manière :

« Pourquoi » *mar'er* ماغر (T.) : « Pourquoi craignez-vous ? » *mar'er thougid'em* ماغر توكّيذم (T.), *ma khef* ما خب (S.), *menr'er* منغر (G. H.), *ma r'a* ما غا (B.).

« Comment » *mamech* مامش (S.), *mata* ماتا (G.) : « Comment va tu ? » *mata chek* ماتا شك (G.), *maimi* مايمى (T.).

§ 90. Adverbes d'affirmation, de négation et de doute :

« Non » *our* ور (T.).

« Certes » *iri* يرى (particule corrélative d'une phrase substantive. Cf. Zouaoua : *thili* ثيلى).

§ 91. Conjonctions :

« Et » *d'* ذ (T. G.), *ed'* اذ (T.), *id'* يذ (T. G.), *d* د (S.).

« Jusqu'à ce que » *arami* ارامى (T. S.), *armi* ارى (T. G.), *saset* ساست (B.) : « Jusqu'à ce qu'il vienne » *saset ad ias* ساست اد ياس (B.).

« Après que » *ezgimi* ازگيمى (T.).

« Que » *ad'* اذ (T. S.) : « Je veux parler » *akhsar' ad' siouder'* اخساغ اذ سيودغ (S.), m. à m. « Je veux que je parle ».

« Alors que, lorsque » *djakhmi* جاخّى (composé de *djar'* = *allar'* الاغ et de *mi*) (T.), *ouami* وامى (T. S.), *mejmi* مزمى (B.) : « Quand il viendra » *mejmi r'a dias* مزمى غا دياس (B.).

« Pour que » *h'ouma* حوما (T.).

« Ou bien » *ennekh* اجّ (T.) *emir'* امغ (G.).

« Si » *madja* ماجا (T. S.), — *mikka* مكّا (T.), — *emri* امرى (T.),
— *mdi* مدى (B.) : « S'il vient » *mdi r'a dias* مدى غا دياس (B.).

« Mais » *h'ama* حا (T.).

« Comme » *am* ام (T. S.), — *mammech* ممش (T. G.).

« Ainsi » *ounnou* وممو (S.), — *hamia* هيا (G.).

« Aussi bien » *mara* مارا (S.).

§ 92. Interjections :

« O » *ia* يا (S. T.).

« Allons » *ioua* يوا (T.).

CHAPITRE III.

LEXIQUE FRANÇAIS-RIFAIN[1].

A

A. *i* (B. T. O. G. K. S.) ى.

ABEILLE. *thizizouith* تزيزويت. pl. *thizizoua* تزيزوا (G. K. B. T.).

ABONDANT (être), *merni* مرني (T.).

ABORD (d'), *amzouar* أمزوار (T.).

ACHETER. *sar'* ساغ (T.). *sad* ساع (B.).

ACTIF. *ifsous* يفسوس (G.).

AGNEAU *izmer* يزمر. plur. *izmeren* يزمرن (G. K. B.); plur. *izmaren* يزمارن (T.).

AIGLE. *djid'ar* جيذأر (G. K.). En Bot'iona, on trouve *ibarni* يبرني, plur. *ibar-naïn* يببرنايب, de l'arabe برني «faucon».

AIGRIR (s'), *samem* سمم (T.).

AIGUILLE. *thisineft* تسينفت. plur. *thisinaf* تسيناب (G. T.).

AIL. *thichcharth* تشارث (G. K.).

AÎNÉ. *amek'k'eran* أمغران (T.).

AINSI. *hamia* هميا (G.).

ALFA, *ari* أرى (G.).

ALLER, *eddou* أدو (G.); *oujour* وزور (G. T. B.); 1re forme *soujour* سوزور (T.).

ALLUMER. *ch'k'ed'* افخ (G.).

ALORS, *ennir'* انيغ (G.); *rar'dhenni* غرضنى (G.).

AMENER, *aoui* أوى (G. T.).

AMER. *amerzag* أمرزاك (T.).

AMI. *asegnou* أسكنو (B.); *ameddoukr* أمدوكر. plur. *imeddoukar* يمدوكار (G. T.).

AMIE. *tameddoukart* تمدركرت (T.).

ÂNE. *ar'iour* أغيور. plur. *ir'iar* يغيار (G. T. B. O.).

ÂNESSE. *thar'iout'* تغيوط (T.); *thar'ioucht* تغيوشت (O.); *thar'ioutch* تغيوج (T.).

ANGLE, *thir'marin* (pl.) تغماريب (T.).

ANNÉE, *asouggras* أسوكّاس (G.).

APPORTER, *aoui* أوى, aor. *iououi* يوى (G. T. B. O. S.).

---

[1] Ce lexique ne comprend, sauf exceptions, que les mots d'origine berbère.

APPROCHER (s'), *net't'* نطا, aor. *inet't'ou* ينطو (G. T.); *ad'is* اذيس, aor. *ioud'is* يودّيس (T. B.).

APRÈS, -QUE, *ezgimi* ازگّيمى (T.).

ARC-EN-CIEL, *thislith n ounzar* تيسلّيت نونزار (G. mot à mot : « fiancée de la pluie »).

ARGENT, *nouk'ar* نوقر (G.); *annouk'ord* انوقرد (O.); *anouk'orth* انوقرث (T.); cf. sur ce mot mon mémoire sur *Les noms des métaux et des couleurs en berbère* (Paris, 1895, in-8°, p. 9-10), de l'arabe نقرة.

ARRIVER, *aoudh* اوض (B. T.); 1ʳᵉ forme *sioudh* سيوض (T.); *oudh* وض (S.).

ARROSER, *sessou* سسو (B.); fém. hab. *tousaou* توساو (G.).

ASPERGE, *askoum* اسكوم (G. K.). Ce mot a passé en arabe vulgaire : سكّوم.

ASSEOIR (s'), *k'im* قيم (G.).

ATTACHER, *ak'k'en* اقن, 3ᵉ forme (pass.), *touak'k'en* تواقن (T.).

AUGMENTER, *erni* ارنى, 2ᵉ forme, *merni* مرنى (T.).

AUJOURD'HUI, *idha* يضا (T.).

AUSSI BIEN, *mara* مارا (S.).

AUTRE, *ennidhen* انيضن (G.).

AUTREFOIS, *zich* زيش (S.).

AVANT, *ezd'ath* ازدّات (T.).

AVEC (instr.), *s* س (B. S.); — *akid* اكيد (T. G. S.).

AVEUGLE, *ad'err'al* اذرغال (G.); *ad'err'er* اذرغر, plur. *id'err'aren* يدرغارن (T.).

AVOINE, *themensikht* تمنسيخت (G. K.).

AVOIR, *r'er* غر (« chez », avec les affixes pronominaux) (T.); *r'ar* غر (T. S.).

B

BARBE, *thamarth* تمارث (G.).

BÂTON, *thar'adj* تغاج (B.).

BEAU, *d'irfen* ذيرفن (G. K.).

BEAUCOUP, *iouksa* يوكسا (B.); *attas* اتّاس (G.); *at't'as* اطّاس (T.).

BERGER, *ameksa* امكسا, plur. *imeksaouen* يمكساون (T.).

BIEN (m.), *aigra* ايگرا (T.).

BLEU, *azigzaou* ازيگزاو (B.); *azizaou* ازيزاو (G. K.); *asouar'* اسواغ (B.); cf. *Les noms des métaux et des couleurs en berbère*, p. 24-26.

BLEUE, *amellal* امدلل (K.); *ameddad* امداد (G.); *achemrar* اشمرار (B. T.); cf. sur cette racine mon mémoire sur *Les noms des métaux et des couleurs en berbère*, p. 13-17.

BLÉ, *iard'en* يرذن (G. S.); *ird'en* (B.); *ierd'en* يرذن (T.).

BŒUF, *afounas* افوناس, plur. *ifounasen* يفوناسن (G. K. B. T. O.).

BOIRE, *sou* سو (B. T. G.); 1re forme *sesou* سسو (T.); 6e forme *sess* سس (T.).

BOIS, *ak'choud'* افشوذ, plur. *ak'choud'en* افشوذن (G. T. O.).

BOTTES (de paille), *thesoumadh* تسوماذ, plur. (G.).

BOUC, *ikharba* يخربا, plur. *ikharbaonen* يخرباون (B.); *amian* اميان (T.).

BOUCHE, *ak'emmes* افمس (B.); *agemmoum* اگموم (G.); *ak'moum* افموم, plur. *ik'moumen* يفمومن (B. T.); cf. sur ce mot mes *Études sur les dialectes berbères*, p. 64-65.

BRANCHE, *ir'mes* يغمس (B.); *thiart* تيارت (G.); *fithou* فيتو, plur. *ifithouen* يفيتون (T.).

BRAS, *ar'ir* اغير (G. K.), plur. *ir'adden* يغادن (S.); *r'ir* غير (B.).

BREBIS, *thikhsi* تخسى (B. T.), plur. *oudji* وج (T.).

BRISER, *arz* ارز (B.); *erz* ارز (T.); 6e forme *rezz* رز (T.).

BRÛLER, *χmer* كمر (B.).

BUISSON, *azarchi* ازرشى (T.).

C

CACHÉ (être), *noufer* نوفر (T.).

CACHER, *senoufer* سنوفر (T.); *snouf* سنوف, aor. *isnoufa* سنوفا (B.); *fer* فر (S.).

CANAL, *tharga* ثرگا, plur. *thargouin* ثرگوين (B.); *tharja* ثرزا (G.).

CAROTTE, *khizzou* خزو (T.).

CAROUBES, *thasrirouai* تسريرواى (G.).

CAUSE (À — DE), *ezzai* ازاى (G.).

CAVERNE, *ifri* يفرى, plur. *ifran* يفران (B. T.).

CE, *enni* انى (T.); *ounni* ونى (T.).

CE QUE, *main* مابن (T. G.).

CEINTURES, *ibouias* يبوياس (T.), plur.

CELA, *enna* انا (T.).

CELUI-CI, *oua* وا, fém. *tha* تا (T.).

CELUI QUI, *ounni* ونى, plur. *inni* ينى (T.); *iinni* ينى (G.).

CENDRE, *ir'ed'* (G.); *thinifest* تنيفست (T.).

CERTES, *iri* يرى (T.).

CEUX-LÀ, *iina* يينا (T.); *enni* انى (B.).

CHACAL, *ouchchen* وشن, plur. *iouchchanen* يوشانى (T.).

Chaleur, *anzarar* انزرار (G. K.); *thiarr'et* ثيرغت (B.); *thirr'i* ثرغى (B.).

Chameau, *arr'an* ارغان (G.); *arr'am* ارغام (B. T.).

Chardon, *thimmat'* ثماط (T.).

Charger, *skid'* سكذ (S.).

Chasser, *soufer'* سوفغ, fém. h. *tsoufer'* تسوفغ (T.), (aller à la chasse), *enmar* انمار (S.).

Chat, *mouch* موش, plur. *mouchouen* موشون (T. O.); *mouch* موش, plur. *imouch-choun* يموشون (G. K.).

Chaussure, *aharkous* اهركوس, plur. *iharkousen* يهركوسن (B.) et *iharkas* يهركاس.

Chauve, *akechchar* اكشار (T.).

Chemin, *abrid'* ابريذ, plur. *ibrid'en* يبريذن (B. T. G. S.).

Chêne, *ad'ar'* اذاغ (G.).

Cheval, *üs* يس, plur. *üsan* يسان (B. G. T.); plur. *ichsan* يشسان (S.).

Cheville, *ar'roud'ar* اغرودار (B.).

Chèvre, *thr'at* ثغات, plur. *thir'attan* ثغاتان (G. K. T.); *thr'at* ثغات, plur. *thir'aten* ثغاتن (B.).

Chevreaux, *ir'aid'en* يغيذن (T.), plur.

Chez, *r'ar* غر (G. K. T.); de —. *sr'er* سغر (B.).

Chien, *aïdhi* ايضى, plur. *idhan* يضان (O.); plur. *it'an* يطان (T.); *aïdi* ايدى, plur. *idan* يدان (B. G.) et *ittan* يتان (G.); petit —. *ak'zin* اغزين (G. O.).

Chose, *chera* شرا (T.); *themesriacht* ثمسرياشت (S.); *achchar* اشار (S.).

Ciel, *ajenna* اژنا (B. G. T. O.); *ijenna* يژنا (T.); plur. *ijennathen* يژناثن (B. G. O. T.).

Citrouille, *thakhsadj* ثخساج (G.).

Clef, *thasarouth* ثساروث, plur. *thisoura* ثسورا (G. T.).

Coeur, *our* ور, plur. *ouraoun* وراون (O. B. G. T. K.).

Colline, *thar'irth* ثغيرث (B.); *thaourirt* ثوريرت (G.).

Colombe, *thithbirth* ثيثبيرث (T.).

Combat, *amenr'i* امنغى (T.).

Combattre, *menr'* منغ (T.).

Comme, *am* ام (T.); *mammich* ممش (T.); *mammech* ممش (G.).

Commencer, *bad'* بذ, aor. *ibd'a* يبذا (G.).

Comment, *maimi* مايمى (T.).

Combien, *mouxad'* موكاذ (B.); *mamech* مامش (S.).

Conduire, *aoui* اوى, aor. *iaoui* ياوى (G. B. T. O. K. S.), *zour'er* زوغر, 3ᵉ forme (passif) *tsouazour'er* توازوغر (B. T.).

Consulter, *kham* خم (S.).

Coq, *iazit'* يزيطا (G. K.); *iazidh* يزيض (T.); plur. *iazidhan* يزيضان (G. K. T.).

Corbeau, *tsiouant* تسيونت (B.).

Corne, *achaou* اشاو (T.); *achaouaou* اشاواو (O.), plur. *ichchaouen* يشاون (B.).

Cou, *ijiman* يزيمان (G. K.); *ieri* يرى (T.).

Coude, *thir'ammar* تغمار plur. (G.).

Coudée, *ar'ir* اغير (T.).

Coup, *thütha* تينا (G.).

Couper, *kes* كس, aor. *iksi* يكسى (G. K. B. S.).

Courir. *azer* ازر (B. G.). fém. hab. *tazer* تازر (G.).

Course, *thazera* ثزرا (T.).

Coussin, *tsoummet* تسومت (B); *thasoumt* تسومت (T.).

Couverture, *thassouth* تسوث (B.).

Couvrir, *d'er* ذر (G.).

Cracher, *sousef* سوسب (T.).

Craindre, *ouggid'* وكّيد (G.); *ouggouid'* وكّويد et *ouggid'* وكّيد (T.).

Crainte, *thiougd'i* تيوكّدى (T.).

Crâne, *thkijja* نكزّا (T.).

Creuser, *er'z* اغرز, aor. *ir'za* يغرزا (T.).

Crier, *sr'a* سغا (B.); *sr'oui* سغوى (G. S.).

Cruche, *ak'douch* افدوش (G. K.).

Cuiller, *thar'endjaith* تغنجايت, plur. *thir'endjain* تغنجاين (B.).

Cuir. *irim* يريم (G. B.).

Cuire (faire), *souou* سو (G.).

Cuisse, *amsir* امسير, plur. *imseraouen* يمساون (B.).

D

Dans, *g* كّ (T. G. D.); *d'i* ذى (T. B.).

Dattes, *thini* تينى (B.).

De (gén.), *n* (B. G. T. K. O. S.); abl. *ezg* ازكّ (T. G.); *zi* زى (G. S.).

Délier. *erzem* ارزم (T. B.); 3ᵉ forme pass., *touarzem* توارزم (T. B.); *zeg* زكّ (S.).

Demain, *thiouchcha* تيوشا (T. G. K. S.); *iouchcha* يوشا (B.).

Demander. *ter* ثر. aor. *ittar* يننار (G.); *tir* تير (T.).

Dent, *thir'mest* تغمست, plur. *thir'mas* تغماس (G. K. T. O.); plur. *tir'mas*

تغماس (B.), — molaire *tisira* تسيرا plur. (B.), — canine *ouger* وكّر (B.).

DERNIER, *anegarou* انگارو, plur. *inegoura* ينگورا (T.).

DERRIÈRE (par), *zd'effir* زدفير (T.).

DESCENDRE, *ers* أرس, aor. *irsa* يرسا (B. T.); *dhar* ضر «faire» —, *sers* سرس (T.).

DÉSORMAIS, *zgidha* زݣيضا (T.).

DESSÉCHER (SE), *azar'* ازاغ, aor. *iouzar'* يوزاغ (T.).

DESSUS (AU), *sennij* سنيز (G.).

DEVANT, *ezzat* ازات (G.); *ezd'ath* ازدات (T.): *ezdath* ازدات (G.); *zathi* زاتى (S.).

DEVENIR, *d'ou* ذو (S.).

DÉVORER, *saard* سارد (G.).

DIRE, *ini* ينى, aor. *inna* ينا (O. B. G. T. S.), pass. *touanna* توانا (T.).

DOIGT, *dhadh* ضاض, plur. *idhoudhan* يضوضان (G. K. B. T.).

DOS, *thimoukcha* تموكشا (T.).

DONNER, *oukch* وكش aor. *ioukcha* يوكشا (B. T. S.); *ouch* وش (G. K.); «ne donnez pas» *our tichchith* ور تشيت (T.); 2ᵉ forme *moukch* موكش; 3ᵉ forme (T.), *touakch* تواكش.

DORMIR, *et't'as* اطس (B. T. G. O.); «eau dormante» *aman iddar* أمان يدّار (G.).

DROIT (être), *chen* شن (B.).

DROIT (adj.), *afousich* افوسش, fém. *thafousicht* تفوسشت (T.); «à droite» *khoufousi* خوفوسى (T.).

E

EAU, *aman* امان plur. (B. G. K. T. O. S.).

ÉCORCHER, *azou* ازو (B.).

ÉCRIRE, *ari* ارى (B. T.), 3ᵉ forme pass. *tsouari* توارى, aor. *itsouara* يتوارا (B. T.).

ÉCRITURE, *thira* تيرا (T.).

ÉCUELLE, *r'ifdia* غيدبا (G.).

ÉGORGER, *r'ers* غرس, 3ᵉ forme *touar'ers* تواغرس (T.).

ELLE, *nettath* نتات (T.).

ÉLOIGNER, *soumer'* سومغ (G.); (s' —) *eggouj* اگّوز (T.).

EMBRASSER, *soud'em* سودم (T.).

ENFANT, *afroukh* ابروخ (T.); *audjibou* انجبو (T.) et *anijbou* انژبو; plur. *tharoua* ثروا (G. T. B.).

ENFANTER, *arou* ارو, aor. *thourou* ثورو (T. G.).

ENLEVER, *kes* كس (B. T.); (pass.) *mieksi* 2ᵉ forme ميكسى; 3ᵉ forme *tsouaksi* توأكسى (T.); 5ᵉ forme (hab.) *teks* تكس (T.).

ENROULER, *enner'* انغ (G.).

ENSEMBLE, *marra* مرأ (T.).

ENTENDRE, *sedj* بج (T.); *ser* سر (G.); 3ᵉ forme *touasedj* توابج (T.); 5ᵉ forme *tser* تسر (G.).

ENTERRER, *endher* انضر (T.).

ENTRE, *jar* زأر (T.); *gouaidjar* گوابجار (S.); *djar* جار (S.).

ENTRER, *ad'ef* اذب, aor. *ioudef* يوذب (B. T.), 1ʳᵉ forme *sid'ef* سيذب (B. T. S.).

ENVOYER, *sged'* سكذ (G. T.); *sik* سيك (S.).

ÉPAULE, *thar'routh* ثغاروث, plur. *thir'arthin* ثغارثين (G.), plur. *thir'ard'in* ثغارذين (T.).

ÉPI, *thazera* ثزرا (G. K.), plur. *thizerin* ثزرين (G. K.); *thid'rin* ثذرين (T.).

ÉPINES, *isennanen* يسنانى (B. G. T.).

ÉPONGE, *thadjfafih* تجعافت (G.), (cf. ar. *chafa* شافة).

ÉPOUILLER, *erizzou* ارزو (B.).

ÉPOUSE, *thamr'arth* ثمغارث (T. S.).

ESCARGOT, *ar'radj* اغراج, plur. *ir'radjen* يغراجن (B.); *ar'rer* اغرر (G.).

ESCLAVE, *ismer'* يسمغ, plur. *isemr'an* يسمغان (G. T.).

ET, *d'* ذ, *ed'* اذ, *id'* يذ (T. G.), *d* د (S.).

ÉTOILE, *ithri* يثرى (G. K. T. B.), plur. *itharen* يثارن (G. K.); *ithren* يثرن (B.); *ithran* يثران (T.).

ÉTOURNEAU, *sououid* سويد (G.).

ÊTRE, *idja* يجا, aor. (G. T.); *idda* يدا (G. B.); *iri* يرى (T.); 5ᵉ forme *tiri* تيرى (T.) «il était» (impers.); *ettour'a* اتوغا (G.); *tour'a* توغا (S.).

ÉTROIT (être), *emzi* امزى (T.).

EUX, *nitheni* نثنى (B.); *nithenin* نثنين (S.).

F

FACE, *ar'enboub* اغنبوب (T.).

FAIM, *raz* راز (T.); *djaz* جاز (T.); «j'ai faim» *douzar'* دوزاغ (G. O. B.); *djou-zar'* جوزاغ (T. S.).

Faire, *eg* الك (B. T. G.); *egg* الك (S.); 5ᵉ forme *tig* تيك (T.); *egges* اكّس (S.).

Farine, *aren* ارن (T. G.).

Faucille, *amjar* امزار. plur. *imjaren* يمزارن (S.).

Femme, *thamr'arth* تْمغارث, plur. *thimr'arin* تْمغارين (G. K. T. O); *thamet't'ot* تْمطت (B.); *thamet't'outh* تْمطوث (S.).

Fendre, *r'ers* غرس (G.).

Fenêtre, *thfordjou* تبرجو (B.); *thbouardjet* تبورجت (G.); *thbourdjet* تبورجت (S.).

Fer, *ouzzer* وزر (B. O. T. G.).

Fermer, *ak'k'en* افن, *k'en* فن (G. T.); 3ᵉ f. pass., *touak'k'en* توافن (T.).

Fêtu, *akhchiou* اخشيو (T.).

Feu, *thimsi* تْمسى (O. G.); *thimessi* تْمسى (T. B.).

Feuille, *thafrioui* تبريوى. pl. *thafriouin* تبريوين (B.). pl. *ifara* يبرا (G.), pl. *thifradj* تبراج (T.).

Fèves (pl.), *ibaouen* يباون (T.).

Fiancé, *isri* يسرى (T.).

Fiancée, *thasrith* تسريت (T.).

Fiel, *tharzougi* تْرزوگى (T.).

Fièvre, *thimessi* تْمسى (G.); *thimsi* تْمسى (T.).

Figue, *thizarth* تزارت (T.); *thazarth* تزارت (O. T.); *tazart* تزارت (G.). — de Barbarie, *thahandecht* تهندشت (G. K.), m. à. m. «*l'Indienne*», les figues de Barbarie ayant été introduites dans le Maghreb par les Espagnols qui les avaient apportées des Indes occidentales (l'Amérique). Les Arabes appellent d'ailleurs كرموس النصارى «figues de *chrétiens*» ce que nous nommons «figues de Barbarie».

Filets (pl.), *thirechcha* تْرشا (B. T.).

Fille, *iddi* يدى (G. O.); *idji* يجى (T. S.), pl. *thibrir'in* تبريغين (T.); jeune —, *thanjibouth* تنزيبوث (T.), pl. *issi* يسى (T.) et *thanijbouth* تنزبوث (T.).

Fils, *emmi* امى (T. G.); *memmi* مهى (T. G.); *mis* ميس (T.); *andjibou* انجبو (G. T.), pl. *miba* ينيبا (S.).

Fin, *arek'k'ar'* ارفاغ. f. *tharek'k'ar'th* تْرفاغت (T.).

Fleuve. *ir'zar* يغزار. pl. *ir'zaren* يغزار (K. T. B.), pl. *ir'ezran* يغزران (G.).

Flûte, *r'anim* غانيم (G.).

Foie, *thachoui* تْشوى (B.); *thasa* تسا (T.).

Fois. *thouara* توارا. pl. *thiouaraouin* توراوين (G. T.).

FONTAINE, *thadja* نجا, pl. *thadjiouen* نجيون (B.); *thara* ثرا (B. O. T.).

FOULE, *ajerou* أزرو (B.).

FOURMIS (pl.), *thikeffin* تكفين (G. K.).

FRAPPER, *oueth* وث (T. B. G.), f. h. *echchath* اشات (T. S.); *aχs* اكس, a. *iouχsa* يوكسا (S.); *aouχs* اوكس, a. *iaouχsi* (T.).

FRÈNE, *thar'iecht* تغيشت (T.).

FRÈRE, *ouma* وما, pl. *aithma* ايثما (B. G. T.) et en composition *aithmath* : *aithmathouen* ايثماثون « vos frères » (T.).

FROID, *asemmid'* اسميذ (B.); *asemmidh* اسميض, pl. *isemmaidhen* يسميضن (T.); *asommad'* اسماذ (G.).

FRONT, *thaniarth* تنيارت (G. K. S.); *thaouarna* ثوارنا, pl. *thaouarnaoun* ثوارناون (B.).

FUIR, *arouer* ارور (B. T. G.).

G

GALETTE, *tachnift* تشنيفت (S.).

GAUCHE, *azermadh* ازرماض (T.); « à gauche », *khouzermadh* خوزرماض (T.).

GÉNÉRATION, *tharoua* ثروا (G.).

GENÊT, *azezzou* اززو (T. G.).

GENOU, *foud'* فوذ (G. K. B.), pl. *fadden* فادن (G.); *ifadden* يفادن (T.).

GENS, *midden* مدن (B. G. T.); *ioud'an* يوذان (G.).

GLAND, *aboudjdjoudh* (K.); *abeddoudh* ابدوض (G.), de l'arabe بلوط.

GOSIER, *thmijja* تميزا (B.).

GRAND, *amok'k'eran* امغران (G. K.); *amok'ran* امغران (B. T.); *amek'k'aren* امغارن (T. O.); *amek'k'eran* امغران (T.).

GRANDIR, *imr'er* يمغر (T. O.).

GRAPPE, *azkoun* ازكون (B.).

GRENOUILLES, *ajerou* أزرو; *ijerouen* يزرون (B.).

GRINCEMENT, *ar'ziz* اغزيز (T.).

GRIVE, *ar'oui* اغوى (T.).

GUÉRIR, v. n. *genfa* كنبا (B. T.); v. act. *zgenfa* زكنبا (T. B.). 3ᵉ f. *tsoua-genfa* تواكنبا (T.).

H

HABILLER (s'), *d'er* ذر (B.); *erdh* ارض, 1ʳᵉ f. fact. *siredh* سيرض (T.); « être habillé », *tairidh* تيريض (T.).

Habit, *aroudh* اروض, pl. *aroudhen* اروضن (T.).

Habitation, *thazdair'th* ثزدايغت (T.).

Habiter, *ezder'* ازدغ (G. B. T.), 1re f. *sezder'* سزدغ (T.).

Hache, *iizim* يزيم (B.).

Haut (en), *soufedda* سوفدا.

Hérisson, *insi* ينسى, pl. *insiaouen* ينسياون (B.).

Hier, *idh ennadh* يض اناض (G. K.); *idh ennad'* يض اناذ (B.).

Hivernage, *thagersa* ثكرسا, pl. *thigersiouin* ثكرسيوين (G.).

Homme, *ariaz* ارياز, pl. *iriazen* يزيازن (G. K. T. B. S.); *aïz* ايز (O.).

Hôte, *anouji* انوژى, pl. *inoujiouen* ينوژيون (B. T.).

Hyène, *thouoursira* ثورسيرا (B.).

I

Ici, *di* دى (B.); *rikha* ريخا (S.).

Impossible, *ouarou* وارو (B.).

Indiquer, *mer* مر (T.).

Interroger, *irzou* يرزو aor. (G.).

Introduire, *sid'ef* سيذب (T. S.).

J

Jardin, *ourthou* ورثو. pl. *ourthan* ورثان (B. T.).

Jaune, *d'aouarar'* ذاوراغ (G. K. B. T.).

Je, *nich* نش (O. G. B. T.).

Jeter, *ender* اندر (T.), 2° f. *mender* مندر (T.); *net't'er* نطر (G.), 7e f. *net't'ar* نطار (G.).

Jeunesse, *thimzi* ثمزى (T.).

Joue, *amgiz* امكيز, pl. *imgizen* يمكيزن (G. K. T.); *amgez* امكز, pl. *imgeza* يمكزا (B.).

Jouer, *irar* يرار (T. G.).

Joug, *zairou* زايرو (T.).

Jour, *ass* اس, pl. *oussan* وسان (B. T. S.); *asouas* اسواس (G.). pl. *oussan* وسان.

Jujubier sauvage, *thazouggarth* ثزوكارت (G. T.).

Jumeaux (pl.), *ixniouin* يكنيوين (B.).

Jusqu'à ce que. *arami*, *armi* ارى (K. T. G.); *saset* ساست (B.); *arami* ارامى (S.); *ar.* ار (T.).

K

Kouskous, *seksou* سكسو (B.).

L

Labourer, *charrez* شرز (G.).
Laid, *ouah'ri* وحرى (G. K.).
Laine, *thadhouft* تضوبت (B.); *thad'ouft* تذوبت (T.).
Laisser, *aji* ازى (B.); *aj* ازْ (G); *ejj* ازْ (T.), 3ᵉ f. *touajja* توزْا (T.).
Lait. doux : *achfai* اشعای (B. G. T.); — aigre : *ar'i* اغى (B. G. T.).
Langue, *iers* يرس (B.); *ires* يرس (T.).
Larmes (pl.), *imet't'aoun* يمطاون (T. G.).
Laurier, *iriri* يريرى (G. K.).
Laver, *sirid'* سيريذ (T. B.).
Léger (être), *efsous* افسوس (T.).
Lentisque, *thid'echt* تذشت (T.).
Les (pron. pers. masc.), *then* ثن (S.); — (pron. pers. fém.), *thent* تنت
(T.).
Lever (se), *ekker* اكر (G. S. T.), 1ʳᵉ f. *senker* سنكر (B. T.), 1ʳᵉ-7ᵉ f. *sekkar*
سكار (G.).
Lévrier, *ouchcha* وشا, pl. *ouchchaïen* وشاين (B.); *ouchcha* وشا, pl. *ouchchan*
وشان (S.).
Lier, *echref* اشرب (T.); *arz* ارز (S.).
Lièvre, *aiarziz* ابرزيز (G. K.); *akennicht* اكنيشت (T.); *taierzizt* تيرزيزت
(T.).
Lion. *izem* يزم, pl. *izmaouen* يزماون (B. T.).
Lit, *aritsou* ارتو (B.); *thessaouth* تساوت (T.); *thamd'a* تَمذا (B.).
Loin (être), *aggrouj* اڭوزْ (T. S.).
Long, *d'aziera* ذازيرا (T.).
Lorsque. *ouamidi* واميدى (T.).
Lui. *netta* ننا (T.).
Lumière, *thefaoukth* تعوكت (T.).
Lune, *iour* يور (S. K. B.); *aiour* ايور (O. T.), pl. *iaren* يارن; clair de —,
thaziri تذزيرى (O. T.).

M

MAIN, *fous* جوس. pl. *ifassen* يفاسن (G. K. B. O. T.).

MAIS, *oualaïni* ولايني (G.), de l'arabe ولاكن ? — *h'ama* جما (T.).

MAISON, *thaddarth* تدارت (B. G. T. S.); *akhkham* اخام (B.).

MALADE, *ihrich* يهريش. pl. *ihrach* يهراش (B.); *ichrich* يشريش (G.).

MANGER. *etch* اج (T. K.); *ekch* اكش (B.). 3° f. *touakch* تواكش (B.); *echch* اش (S.).

MARCHE. *thichri* تشرى (T.).

MARCHER. *zou* زو (T.).

MARI, *ariaz* ارباز (G.).

MARIER, *semrech* سمرش (T.); se —, *emrech* امرش (T.).

MARJOLAINE. *thriou* تريو (O. T.).

MARTEAU. *afdid* ابديد (G. K.).

MENDIER, *ettar* اتار (S.).

MÈRE, *iemma* يما (B.); *imma* يما (T. S.).

MERLE, *afarkou* افركو. pl. *ifourka* يفوركا (B.); cf. lat. *falco?*

METTRE. *edj* اج (T.); *err* ار (G.).

MEURTRE. *r'ares* غارس (G.); *thar'arsiouχth* تغرسيوكت (T.).

MIDI, *ad'r'an* اذغان (S.).

MIEL, *thammemt* تمّمت (T.); *thammint* تمّنت (B.).

MIROIR. *thiisith* تيسيت (G.).

MOI, *nich* نش (G. O. B. T.); de —, *enou* ينو (G. K. T.). compl. dir. *ai* اى (T.).

MOISSON, *thamiara* تميارا (G.); *thamjera* تمزرا (T.).

MOISSONNER. *emjer* امزر (B. T.). 6° f. *mejjer* مزّر (T.).

MOLLET, *thar'rith* تغريت, pl. *thr'aria* تغريا (B.).

MONTAGNE, *ad'rar* اذرار, pl. *id'ourar* يذورار (B. T.); *ad'rar* اذرار (S.).

MONTER. *ari* ارى. aor. *iouri* يورى (B. G. T.). 5° f. *tari* تارى (G. T.); — à cheval. *eñi* اڡ (S.); *enia* اذيا (G.). f. f. *señi* سنى (S.).

MONTRER. *mer* مر (B.); *mir* مير (T.).

MOUCHERON. *thamna* تمنا (T.).

MOUCHES (pl.). *izan* يزان (G. T.).

MOULIN. *thasirth* تسيرت (T.).

MOURIR. *emmouth* اموت (B. T.); *emmeth* امت (S.).

MOUSSE, *thad'archia* تذرشيا (G.).

Mouton, *iχerri* يكرى (B. O.); *iχarri* يكرى (T.).

Millet. *azaizoun* ازيزون (T.); *athouthaou* اثوتاو (T.); *ajnaou* ازناو (T.).

Mule, *thasard'ount* تسردونت (T.).

Mulet. *aserd'oun* اسردون, pl. *iserd'an* يسردان (B.); *asard'oun* اساردون, pl. *isard'en* يساردن (T.); *asard'oun* اسردون, pl. *isard'ian* يسرذيان (S.).

Multitude (pl.), *ijerouan* يزروان (T.).

N

Natte, *ajarthir* ازرتير (B. O. G.).

Nègre, *ismer'* يسمغ, pl. *isemr'an* يسمغان (T. S. G.).

Négresse, *thaïa* ثيا (S. T.).

Neige, *ad'fer* اذفر (T.).

Nez, *thinzert* تنزرت (B.); *inzer* ينزر (T.).

Noeud, *tensa* تنسا (T.); *aseddakh* اسداخ (T.).

Noir, *aberchan* ابرشان (G. K. T.); *aberχan* ابركان (B.); être —, *berchen* برشن (T.).

Noix, *tar'iecht* تغيشت (G. K.).

Nonce, *thamr'era* تمغرا (T.).

Nourrir, *setch* چ (T.).

Nourriture, *metcha* چا (B. T.).

Nous, *nechchin* نشين (G. T.); *nechnin* نشنين (B.); de nous, *ennar'* اناغ (G. K.); *ennakh* اناخ (T.).

Nuage, *asinou* اسينو (T.).

Nuit, *dhir* ضير, pl. *dhiren* ضيرن (B.); *djirth* جيرث (T.); passer la —, *ens* انس, aor. *insa* ينسا (T. S. B.); faire passer la —, *sens* سنس (T. B.); *idh* يض (S.).

Nuque, *ieri* يرى (B.).

O

OEil, *thit'* تيط (G. K. T.), pl. *thit'aouin* تيطاوين (T.); *tit'* تيط, pl. *tit'aouin* تيطاوين (B.).

OEufs (pl.), *thimdirin* تمديرين (B.); *thimedjarin* تمجارين (T.).

Ogre, *arriou* اريو (B.); *amza* امزا (G.).

Oiseau, *thizchari* تزشرى (T.); *ajd'idh* ازذيض, pl. *ijd'adh* يزداخ (T.).

Olivier (sauvage), *azemmour* ازمور (G. T.).

OMBRE, *thiri* نيرى (T. S.).

ONCLE (paternel), *azizi* ازيزي (B.) de l'arabe عزيز (?).

ONGLE, *ichchar* يشار (B. T.); *ichcher* يشر, pl. *ichcharen* يشارن (G.).

OR, *ouarar'* وراغ (G.); *ourar'* وراغ (O. T. S.).

OREILLE, *amzour'* امـزوغ, pl. *imezzour'en* يمزرغن (B. T.); *amezzour'* امـزوغ, pl. *imezzour'en* يمزوغن (G.).

ORGE, *imendi* يمندى (G. T.).

ORPHELIN, *aioujir* ايوزير, pl. *ioujiren* يوزيرن (T.).

ORPHELINE, *thaioujirth* نيوزيرت, pl. *thioujirin* نيوزيرين (T.).

OS, *ir'san* يغسان (T.).

ÔTER, *ekkis* اكس (G. B.).

OU, *enekh* انخ (T.).

OÙ (sans mouv.), *mani* مانى (G. T.). *mas* ماس (B.); (avec mouv.) *mar'er* ماغر (G.).

OUBLI, *anettoun* اننون (T.).

OUBLIER, *ettou* اتو (T.).

OUTRE, *armesou* ارمسو (T.).

OUVRIR, *arzem* ارزم (G. O. B. T.); 3ᵉ f. *touarzem* (B. T.).

P

PAILLE, *aroum* اروم (B. T.).

PAIN, *ar'roum* اغروم (T. O. S.); *ar'eroum* اغروم (B.).

PALMIER, *tigzdait* تكزدايت (B.).

PANIER, *thazziouth* نزيوت, pl. *thizziaouin* نزيوين (G.).

PANTHÈRE, *ar'iras* اغيراس, pl. *ir'irasen* يغيراسن (B. G.).

PAPILLON, *ouarkhas* ورخاس, pl. *iouarkhasen* يورخاسن (G.).

PÂQUERETTE, *aouaren* اوارن (T.).

PAR, *s* س (T.); *si* سى (T.); *zi* زى (T.).

PARCE QUE, *goud'em* كودم (G. K.).

PARCOURIR, *ennedh* انض; f. h. *tsennedh* تنض (T.).

PARLER, *siouer* سيور (B. G. S.); *sioud'* سيود (S.).

PARMI, *jar* زار (G.).

PAROLE, *aouar* اوار, pl. *aouaren* اوارن (G. B. T.); *themserachth* تمسراشت (T.); *thadjemma* تجما (S.).

PARTIR, *ougour* وكور (S.); *ekka* اكا (T.).

PARTOUT OÙ, *mani ma* مانى ما (T. S.).

Parure, *thisifous* تسيعبوس (B.).

Pays, *thamourth* ثمورت (T. S.)

Peau, *irim* يريم (G. B.); *ir'rem* يغرم (T.).

Perdrix, *thaskourth* تسكورت. *thiskari* تسكارى (B.).

Père, *baba* بابا (B. T.); *adda* ادا (B.).

Personne, *iman* يمان (S.).

Petit, *amezzian* امزيان. pl. *imezzianen* يمزيانن (G. K. T.).

Peu, *chouitoua* شويتنوا (B.); *ad'rous* اذروس. pl. *id'rousen* يذروسن (T.).

Peur (avoir), *iouggroued* يوكّود, aor. (G.).

Pied, *id'ar* يذار (B.); *adhar* اضار. pl. *idharen* يضارن (T.).

Pierre, *azerou* ازرو. pl. *izera* يزرا (O. T.).

Pigeon, *ithbir* يثبير. pl. *ithbirin* يثبيرن (G. K. O.); *athbir* اثبير (B.); *ad'bir* اذبير, pl. *id'biren* يذبيرن (T.).

Piler, *dez* دز (T.).

Pin, *thaid'a* تيذا (B. G. T.). pl. *thaid'iouin* تيذيوين.

Piquer, *ek'k'es* افس (S.).

Place, *ar'imi* اغيمى (T.).

Placé (être), *ers* ارس (T. B.).

Placer, *sers* سرس (T. B.), 3ᵉ f. *touasers* تواسرس (T. B.); *net'er* نطر (T.); *exs* اكس (S.).

Plafond, *thah'ni n taddart* تحنى نتدارت (B.).

Plaine, *igriadet* يكّيادت (G. K.).

Plancher, *thisi oukhkham* تسى وخام (B.).

Plante (des pieds), *thisoud'aren* تسوذارن (B.).

Planter, *ezzaou* ازاو (T.).

Plat, *thabdith* تبديت. pl. *thibdiin* تبدين (G. K.); *tazougda* تزوكّدا (B.); *thabk'ith* تبغيت (T.); *thah'abbaith* تحبايت (O.).

Plénitude, *thecharth* تشارت (T.).

Pleurer, *erou* ارو, 3ᵉ f. *trou* ترو (B. T. S.).

Pleurs, *imet'taoun* يمطاون (G. T.).

Pluie, *anzar* انزار (B. G. T.).

Point (nég.), *our* ور (T.).

Pois, *thanift* تنيعت, pl. *thnifin* تنيعين (T.).

Poisson, *asrem* اسرم. pl. *iserman* يسرمان (T.).

Poitrine, *id'maren* يذمارن (G. K.); *idhmaren* يضمارن (O. B. T.).

Pommette, *akhansour* اخنسور (T.). Cf. sur la particule *akhan* mes *Études sur les dialectes berbères*, p. 63-65.

Porc, *iref* يرف, pl. *irfan* يرفان (T.).

Porc-épic, *aroui* اروى (G. B.), pl. *ouarouin* واروين (B.); *arouiin* اروين (G.).

Porte, *thaouourth* ثورت (B. G. T.). pl. *thiourath* ثيورا (T.); *thaouggrourth* ثوڮورت (O.).

Porter, *aoui* أوى, aor. *iououi* يوى (B.).

Postérité, *tharoua* ثروا (B. S.).

Pot, *ar'araf* اغراف (G.).

Pou, *thiichchith* ثيشيت, pl. *thiichchin* ثيشين (G.).

Poule, *thiazit'* ثيازيط (T. G.).

Pour que, *h'ouma* حوما (T.).

Pourquoi, *menr'er* منغر (G. K.); *mar'a* ماغا (B.); *mar'er* ماغر (T.); *makhef* ماخف (S.).

Poussin, pl. *ifedjousen* يفجوسن (T.).

Poutre, *akchoudh* اكشوض (T.).

Pouvoir, *zmar* زمار (G.); *ezmer* ازمر, 6e f. *zemmer* زمر (T.).

Précéder, *zouer* زور (T.).

Premier, *amzouarou* امزوارو (G.); *amzouar* امزوار, pl. *imzoura* يمزورا (T.).

Prendre, *et't'ef* اطف (G. K. T. B.). 3e f. *tsouat't'ef* تواطف (T. B.); *aoui* أوى (T. G. K. O. B.), 3e f. *touaoui* تواوى (T.); *akhach* اخش (G. K.); *ar'* اغ (B. S.); *taks* تاكس, f. h. : *main d am itaksen* ماين دام يناكسن « qu'est-ce qui te prend ? » (S.)

Près, *ioud'is* يوذيس; *ioud'es* يوذس (G.).

Présent (à), *d'rouh'a* ذروحا (B.).

Proche (être), *ad'is* اذيس; aor. *ioud'is* يوذيس (B.).

Profond, *adjar'* اجاغ (T.).

Propre, *amezdag* امزداك (T.), pl. *imezdouga* يمزدوكا.

Puce, *achouard'ou* اشواردو, pl. *ichouard'an* يشواردان (G.).

Puissance, *thizemmer* تزمر (T.).

Puits, *anou* انو, pl. *anouthen* انوثن (B.).

Pur, *amezdag* امزداك, pl. *imezdouga* يمزدوكا (T.).

Purifier, *genf* كنف (T.).

Q

Quand, *mejmi* مزمى (B.); *madja* ماجا (G.); *ouami* واى (S.).

Que, *ouami* واى (G.).

Quel, *ma* ما (B.). — Quel est celui qui — *men ouin* من وين (G.).

Qui. *aini* اينى (G.); *ounni* وني (T.); *anni* انى (G. K.); ~ à qui» *oumi* ومى (T.); *mana* مانا (interr.) (G.).

Quoi, *main* ماين (S.); *ma* ما (S.).

R

Race, *tharoua* ثروا (B.).

Racines, *thifarin* تفارين (G. K.); *azarou* ازارو; pl. *izouran* يزوران (B.).

Raisin, *ad'ir* اذير (G. K.); *adhir* اضير (T.).

Rassasié (être), *edjioun* اجيون (G.); *ejiouen* ازيون (B.).

Rassasier, *sedjiouen* تجيون (T.).

Rassembler, *jerou* ژرو (G. B. T.).

Raton, *ahnouch* اهنوش, pl. *ihnouchan* يهنوشان (B,).

Refroidir (se), *esmedh* اسمض (T.).

Refuser, *agi* اگى, aor. *iougi* يوگى (B. T.) et *eggi* اگى (T.).

Regarder, *sejj* سژ (G. B.).

Reine, *thad'djith* تذجيت (T.).

Rempli (être), *etchar* اچار, aor. *itchour* يچور (G.); *dhar* شار, aor. *ichour* يشور (T.).

Renard, *ouhar'* وهاغ, pl. *ouhar'en* وهاغن (B.), pl. fém. *thiouarthiouin* ثيوارثيوين (T.).

Rencontrer (se), *msaigar* مسيگار (T.).

Rendre, *err* ار (B. T.).

Renvoi, *ourouf* وروب (T.).

Renvoyer, *djef* جب (T.).

Repousser, *err* ار (T.).

Rester, *chir* شير (T.), aor. *ichira* يشيرا.

Rétablir, *err* ار (T.).

Réunir (se), *moun* مون, 5° f. *temoun* تمون (G.); *tsendem* تندم (B.); *doukar* دوكر (T.); *jerou* ژرو (T.).

Réveiller, *senker* سنكر (T.).

Rive, *ajmadh* ازماض (B. T.); *ar'ezdis* اغزديس (T.).

Roche, *tsaount* تساونت (G. K.).

Rocher, *thaid'arth* ثيذارت (T.); *adjdir* اجدير (O.).

Roi, *ajeddid* ازديد (G. B. O.); *ajjedjid* (T.); *azejid'* اززيذ, pl. *izejid'en* يززيذن et *id'ejad'en* يذزاذن (T.); *ad'edjid'* اذجيذ (S.); *ajeddid'* ازديذ (S.).

Roseau, *ar'anim* اغانيم, pl. *ir'animen* يغانيمن (G. K. O.); *r'anim* غانيم (B. T.).

ROUGE, *azouggouar* ازوگــوار (G. K.): *azouggouar'* ازوکــواغ (T.): *azzouag* ازواك (B.).

RUCHES (pl.), *thir'arasin* تغاراسين (G.).

RUINE, *at't'ou* اطو (T.).

RUISSEAU, *ar'zar* اغزار, pl. *ir'zaren* يغزارن (B.).

S

SABLE, *ijedi* يزدى (G. K.); *ijed'i* يزدى (T.); *cher* شر (T.); *χer* كر (O.).

SABRE, *anber* انبر, pl. *inberen* ينبرن (T.); *tenbert* تنبرت (O.).

SAISIR, *et't'ef* اطف (G. T. K.); *at'f* اطف (S.).

SANG, *id'amen* يذامن (G. T. K.).

SANGLIER, *iref* يرف (G. B. T. K.); pl. *irfan* يرفان (G. B. K.), *irfaouen* يرفاون (T.).

SAUTERELLE, *ajarou* اژارو, pl. *ijarouan* يژاروان (G.), pl. *thimourr'i* تمورغى (B.).

SAVOIR, *sen* سن, *issin* يسين (G. T. B. S.), 3ᵉ f. *touassen* تواسن (T.).

SECOUER, *zoudh* زوض (T.).

SELLES (pl.), *thirichin* تريشين (S.).

SERPENT, *fir'ar* فغار, pl. *fir'arioun* فغاريون (T.), pl. *ifair'eran* يفيغران (B.).

SI, *meddi* مدى (G.).

SILO, *thaserafth* تسرافت, pl. *thiserfin* تسرفين (G. T. B.).

SOEUR, *oudjma* وجما (B.), *outchma* وجما (T.), *ouchma* وشما (G. O.), pl. *ouaitma* وايتما (T.).

SOIF (avoir), *fad'* فاذ, *ifoud'* يعوذ (G. B. O. T.).

SOIR, *thamdith* تمديت (T.); *djirth* جيرت (S.).

SOLEIL, *thfourhth* تعوشت (G. T. K.); *thfouith* تعوبت (B. O.).

SOMMEIL, *aidhes* ايضس (G.).

SONGE, *thirja* ترزا (G. T.).

SORTIR, *effer'* افغ (G. B. T.), *effour'* اڤوغ (S.); 3ᵉ pers. aor. *iouhou* يوهو (O.); *ioujhoua* يوزهوا (T.); faire —, *soufer'* سوفغ (B. S. G. T.), v. -1ʳᵉ f. *tsoufer'* تسوفغ (T.).

SOCCHE, *thiarth* تيارت (T.).

SOUFFLER, *soudh* سوض (T.).

SOURCILS, *thammiouin* تميوين (G.).

SOURD, *adachour* ادشور (T.), pl. *ijnaouin* يژناوين (T.).

SOUS, *sadou* سادو (T.), *addou* ادو (S.).

SUAIRE, *edhfer* اضفر (B. T.), *ed'fer* اذفر (G.).

SUEUR, *thid'i* تيذى (B.).

SUR, *khef* خف (T. G. S.).

T

TALON, *ierz* يرز, pl. *ierzaouen* يرزاوون (B.).

TARD (Il n'est pas). *ouar mazer h'al* ور مازر حال (G.).

TÉNÈBRES. *tadjest* تجست (B. T.).

TENIR (se), *ak'k'im* اقيم (B.); *bedd* بد (T.).

TENTES (pl.). *thinouarin* تنوارين (T.).

TERRASSE, *thazek'k'a* تزفا, pl. *thizer'ouin* تزغوين (G. T.).

TERRE. *thamourth* تمورت (G. T.); *thammourth* تمورت (B.); *chel* شل (T.).

TÈTE. *azdjif* ازجيب, pl. *izdjifan* يزجيعان (G. T. K.); *ir'f* يغب (T.); *ikhf* يخب (S. T.); *azdif* ازديب (S.).

TETER. *tedh* تض (T.).

TIRER. *soufer'* سوبغ (T.).

TISON. *thiardji* تيرج (B.).

TOI, suff. dir. *ch* ش, f. *m* م (T.); de —. *ennech* انش, f. *ennem* انم (T. G. K. B.).

TOMBEAU, *ander* اندر (B.); *amdher* امضر pl. *imedhran* يمضران (T.).

TOMBER, *h'aouf* حوب (B.); en parlant de la pluie : *ioudha* يوضا (T.), *iougda* (aor.) يوڭدا (S.).

TONNERRE, *adjadj* اجاج (G.).

TORTUE. *ix̱fer* يكبر (B.).

TREMBLEMENT, *tharjajacht* ترزراشت (T.).

TREMBLER, *arjij* ارزيز (G.), f. hab. *terjiji* ترزيزى (T. B.); *erjiji* ارزيزى, f. hab. *tserjij* ترزيز (B.).

TRESSE, *tchita* چينا (B.).

TROUPE, *ajerou* ازرو, pl. *ijerouan* يزروان (T.).

TROUVER. *af* اب. aor. *ioufa* يوبا (G. B. T. S.), f. hab. *tif* تيب (T.).

TU. masc. *chek* شك (O. T. B. G.), fém. شم (G. B. T.).

TUER. *nar'* ناغ (B.), *enr'* انغ, aor. *inr'a* ينغا (G. T. S.), f. hab. *nek'* نق (T.).

U

UN. *ijjen* يژن. fém. *icht* يشت (S.).

V

VAN, *thazzarth* تزارت (B.).

VANNER. *zouzzer* زوزر (B.).

VEAU. *agendouz* اڭندوز, pl. *igendouzin* يڭندوزين (B.).

VENDRE. *zenz* زنز (G. B. T.), f. hab. *zenouz* زنوز (T.).

Vendu (être), *enz* انز (B.).

Vénérer, *semr'er* سمغر (T.).

Venir, *as* اس, aor. *iousa* يوسا (G. B. T. O. K. S.).

Vent, *asommid* اسميد (O.); *asemmidh* اسميض, pl. *ismmidhen* يسميضن (T.).

Ventre, *thadddist* تعديست (B.); *âddis* عديس, pl. *iâddisen* يعديسن (G. T.) et *iâddlas* يعداس (T.).

Venue, *thouasith* تواسيت (T.).

Verge (membre viril), *abrour* ابرور (G.).

Vérité, *thid'ets* ثيذت (G.); *thaid'et* ثيدت (T.); *tid'et* ثيذت (S.).

Vers (pl.), *thichchaouin* ثشاوين (G. K.).

Vers (prép.), *r'ar* غار (S.), *r'a* غا (S. T.).

Vers *ar* ار (G.).

Vert, *azizaou* ازيزاو (G. K.); *azegzaou* ازگزاو (B.).

Vêtement, *aroudh* اروض (B. T.).

Veuves (pl.), *thijjar* ثزار (T.).

Viande, *aichthoum* ايشثوم (G.); *aiksoum* ايكسوم (T.).

Vie, *thoud'erth* ثوذرت (G. T.).

Vieillard, *amr'ar* امغار, pl. *imr'aren* يمغارن (T.).

Vieille, *thaouchsart* ثوشسارت (T. O.); *thaoussarth* ثوسارت (S.).

Vieux, *aouchsar* اوشسر (T. O.); *aoussar* اوسار (S. T.).

Violon, *thamdja* ثجا (G.).

Vipère, *tharefsa* ثرفسا (G.).

Visage, *oud'em* وذم (B. T.), pl. *oud'maouen* وذماون (T.); *ar'embouh* اغبوب (T.); *oud'm* وذم (S.).

Vite, *d'eria* ذريا (G.).

Vivre, *eddar* ادار (G.), *edder* ادر (B. T.).

Voici, *haik'a* هيفا (T.); *haik'* هيف (T.); *atha* اثا (S.); *ak'r* افر (S.).

Voir, *zer* زر, aor. *izera* يزرا (G. B. T. K. S.); *ouari* واری (G. B.). 3e f. *touari* تواری (G.).

Voix, *thir'aouith* ثغاويت (B.).

Vol, *thoukerdha* ثوكرضا (T.).

Voler (dérober), *acher* اشر (T.); *achar* اشر (S.).

Vouloir, *akhs* اخس (G. T. S.); *ekhs* اخس (T.); *ter* تر (T.); *tar* تار (T.).

Vous, *chekken* شكن (B.); *kenniou* كنيو (T.); suff. dir. *ouem* وم (T.); de —. *ennouem* انوم (T. G. K.); *enχoum* انكوم (B.); en —, *d'iouem* ذيوم (T.); chez —, *r'arouem* غروم (G. K. T.); fém. *kennint* كنينت (T.).

Voyageurs (pl.), *imsaoukan* يمساوكان (S.).

CHAPITRE IV.

TEXTES.

I

DIALECTE GUÉLÂIA.

§ 1.

بجن ولغم يغرب توارا غر ثزوڭارث اد يكش يعارا انس يزرا يشمت تـروبسا ثننغ

خثيارث برزبيژ يرول تذوبر ثزوڭارث اد يرول ازبس ثناس ما غا ثـرولـد ثـرزبـرد

بسيور غرس ولغم ور وڭيذغ زك يسنان انم ولايني زك ثيغاس نترومسا ايـنى ثـدو

ذبعارا انم مدى ور وڭيذغ اداى ثغس ادام ساردغ ذى ثوبائة امغ اربع ننيثا

Idjen oulr'em ik'arreb touara r'ar thazouggarth ad ikchi ifara ennes. Izera icht tarefsa thenner' kh thiarth. Iarjij irouel. Thad'ouir thazouggarth ad irouel ezzais thennas : Ma r'a theroueld tharjijed. Isiour r'eres oulr'em : Our ouggid'er' zeg isennan ennem oualaini zeg thir'mas en tarefsa aini theddou d'ifara ennem: meddi our ouggid'er' ad aii thek'k'es ad am saarder' d'i triatha emir' arbâ u tïi-tha [1].

Un chameau s'approcha une fois d'un jujubier sauvage pour manger ses feuilles; il vit une vipère enroulée à une branche; il eut peur et se sauva. Le jujubier crut qu'il fuyait à cause de lui et lui dit : «Pourquoi te sauves-tu en tremblant? » Le chameau répondit : « Je ne crains pas tes épines, mais les dents de la vipère qui est dans tes branches. Si je n'avais peur d'être mordu par elle, je te dévorerais en trois ou quatre coups [2]. »

[1] Recueilli à Melilla en mai 1883.

[2] Cf. une version arabe dans Machuel. *Méthode pour l'étude de l'arabe parlé*. Alger, 1880, in-12, p. 219.

§ 2.

بجن ورياز يينا ثدارث ثمزيانت امشان بحسار وسينـد يمـدوكار انس انـانـاس
ثدارث انش ثمزيانت يناسن يمذى غا زمرغ اذ ساغغ سيمـدوكار

Idjen ouriaz ibna thaddarth thamezziant amchan ih'sar. Ousin d imeddoukar ennes ennan as : Thaddarth ennech thameziant. Innasen : Imd'i r'a zmarer' ad sar'er' s imeddoukar [1].

Un homme bâtissait une petite maison dans un endroit étroit. Ses amis vinrent et lui dirent : «Ta maison est trop petite.» Il répondit : «Si je pouvais la remplir d'amis!» [2]

§ 3.

بجن د اشلحا سنن مدن نتا دارياز يتت اشنر ز امزا يعدو بجن (يشت) تـوأرا
كَبجن فصر بنيا خوغيول بنا ضيف رى غزسن اس اغيول انس سونت وسين است
يكشى ت فاع اكيد صباح يتر اغيول انس احخاس ينيا انانس ايوما اغيول انـش
ننا كَعديس انش [3]

Idjen d Achelh'a senen midden netta d'ariaz ittet achtar : amza iâddou idjen (icht) touara g idjen k'çar inia kh our'ioul. Inna : Dhif Rebbi. R'arsen as ar'ioul ennes sonouen t ousin ast ikchit k'â : akid çbah' ittar ar'ioul ennes a khef as inia ennan as : A iouma ar'ioul ennich netta g âddis ennich [4].

Un Chelh'a que les gens connaissaient pour manger plus qu'un ogre, passait une fois dans un village, monté sur un âne. Il demanda l'hospita-

---

[1] Recueilli à Melilla en mai 1883.

[2] Cf. une version arabe de ce récit dans Machuel, *Méthode pour l'étude de l'arabe parlé*, p. 167.

[3] Recueilli à Melilla en mai 1883.

[4] Cf. Machuel, *Méthode pour l'étude de l'arabe parlé*, p. 183; dans El Ibchihi, *Mostat'ref* (Boulaq, 1292 hég., 2 vol. in-4°, t. I, p. 214), le héros de l'aventure est Maïsarah. Cf. aussi Ben Sedira, *Cours de littérature arabe*, Alger, 1879, in-12, n° XVII; Raux, *Recueil de morceaux choisis arabes*, Constantine, 1897, in-8°, p. 164.

lité. On égorgea son âne, on le fit cuire et on le lui apporta. Il le mangea tout entier. Le lendemain matin, il demanda son âne qu'il montait, on lui dit : «Ton âne est dans ton ventre[1].»

§ 4.

توارا انيضن يشرا جحا ابارغ ذامزيان سك بجن راعى انـانـاس جيـران انـس مـا تخسيد اتاڭيد سوبارغا يناس نتا سريغ ابارغ اد يـدار شتـرزى ميـاتيـن اسوڭاس جسغ اد سومغاغ ينا اد زرغ ما ور سشدبن مدن[2]

Touara ennidhen ichra Djah'a abarer' d'amezzian sg idjen râi. Ennan as djiran ennes : ma tekhsid a tagid soubarer'a. Innasen netta : serir' abarer' ad iddar chtar zi miatein asouggas (lire isouggasen), khser' ad soumr'ar' inna ad zerer' ma our schedeben midden[3].

Une autre fois, Djah'a acheta un petit corbeau à un berger. Ses voisins lui dirent : «Que veux-tu faire de ce corbeau?» Il leur répondit : «J'ai entendu dire que le corbeau vit plus de deux cents ans, je veux élever celui-là pour voir si les gens ont menti[4].»

§ 5.

يژن تدارت تشسى ازديف انس سالنباخت تمغرانت خيسماس ثهنا ثنت ثناس يشت ازانسنت يا تبوهالى مى ازديف انم ڭيار سخسبت امش بنو ور تـزمـرد انسسيد غر وژنا[5]

Ijjen (lire icht) taddart techsi azeddif ennes s ennefakhet tamok'rant kh iismas thahatta thent. Thennas icht ezzathsent : Ia tabouhali mi azeddif ennem itchar s th'abbath amech inou ouar tezemmered a techsid r'er oujemma.

Un épi élevait sa tête par grand orgueil au-dessus de ses frères qu'il hu-

---

[1] Recueilli à Melilla en mai 1883.
[2] Cf. Machuel, *Méthode pour l'étude de l'arabe parlé*, p. 177.
[3] Recueilli à Tanger en mai 1883.
[4] Cf. Machuel, *Méthode pour l'étude de l'arabe parlé*, p. 180.
[5] Recueilli à Tanger en mai 1883.

miliait. L'un d'eux lui dit: «Ô fou, si ta tête était pleine de grains comme la mienne, tu ne pourrais pas la lever vers le ciel! [1]»

II

DIALECTE DES BENI-SA'ÏD' [2].

توغا زيش يشمت تمطوث تسحارث بيژن واس ثكا يحف انس تنار زائى ثدارث
نوزجيذ تعوغ غرس ثيا نوزجيذ ثيوى اس المعروف ثناس ثوسارث بابجى احساغ
اد سيوذغ اكيذ رلا تمغارث نوزجيذ ثناس ثيا اصبر اد شاوراغ رلا ماجا تحس
اتم سيذبغ وامى ثشاور رلاس ثناس يناس اثاذب وامى ثوذب ثوسارث ثتنرو ثنا
تمطوث نوزجيذ ماخب ثتنرود ثناس ثوسارث يا رلا لحذمت بنو حسبغ حسبغ
يسيذى وبيغ غرس سبع ينيبا ثروا انس وبيغ ثى اثنى ينغ ازجيذ سيمانس
ومبعذا ينى ثوكشاس اين يحاب الله تبغ ثروح تمغارث نوزجيذ تغيم يحيار ذى
العقل انس يذو اكتنف انس ام لحيرش تبدر كودم انس ثوسا د يما نوزجيذ
ثناس يا يحى ماين غرم ماين ذام يناكسن يماس نوزجيذ ثربغا يسمغ ثناس روح
يناس يسيذش اد ياس ريحا سالعزم يروح يسمغ يحذا غا سيذخس يناس اروح
يثدارث يجاويحفك يسكسان سالعزم يكر ازجيذ يروح يثدارث انس يوبا تمطوث
انس ثبدير يناس ما غرم ثناس تمغارث انس ثوسا د غرى ثوسارث ثنابى ازجيذ
غرس سبع نتروا انس ديريبازن اذ امثن وسبت انسن ذ بابانسن بلا خبار انس
يناس ازجيذ تجما اثا لحار يكان غيحا د اسيكغ شواوش اد ارزون ثوسارث ما ين
ماتحا ادت يذاوسن زائى ادास فرغ يشت تمسرياشت اد حناغ ماجا اثاب يسوين
اس د شواوش ثوسارث يبعر اس يشت تحاثمت نوراغ كيژن وبريف نوامان وامى ثوذب
خبس يناس تسنض اثاحريث ثناس انعم يا ازجيذ يناس حا بي ريحا خيمشت
تمسراشت ماجا ثوبيت اد ام وشاغ المود نوذريم ثناس ثوسارث افرى يى وززاغ

[1] Cf. Machuel, *Méthode pour l'étude de l'arabe parlé*, p. 180.
[2] Recueilli à Arzeu en juin 1883.

نيدا نشات نناس يوزجيذ ثحاس بشت تحاتمت نوراغ يناس وا بنيي وى دا بت

يوشارن نناس نوسارت ورداش يـوشار نوشارث شك سيمانش يناس ازجيذ مـاجـا

وشاراخ يني مانى نجا نناس اصبر خعى اد جُاغ نيدا نشات نناس تحاتمت اكاث

كويربيف نوامان ذى نبورزت يغبم ازجيذ يدهش ذى رعغر انس يوشاس نينعشين

يناس جيرث نيضا ور تنسذ ذى نمورث ينو نعغ ذى نمـورث انس اربع نـوسان

زوگان نروح نوسارث بحرش د غرس يزن نوزجيذ جح ات يسوبغ ذى نمورث انس

يناسن يايشباب نجمعت انس ذبرث مامش غا نك اكيذ وزجيذ غرناغ بحـرشد

يناس يزن خم نوسارت ا خبناغ نذبر ازجيذ يسكيذ الـغـوم انـس ادار زون

خنوسارث وامى ابغن زذاث نمدينت وبن يزن ورباز يساور يـغـار وربـرى ورداش

ينيك شا اطعنت وبنت يوزجيذ يناس ازجيذ ما نغارذ ومو يناس انجمعت ايد

اش افارغ نذت ازجيذ يناسن بشواوش اكيث ارباز ذى لحبس ارنيوشا يعـهم

ازجيذ ينا غاد جُاغ ماجا نجمارث انس نذت يكس يشت تخنيعت نيـردن

يوگاسخر سارج بنيوشا انس يسوبغ يد ذى لحبس يناس اغ اش تـشـنـيـعت

نوغروم انى نوگورذ غيخا وار ذا نغميذ ماذا طفاخ اش اد اش كسـاغ ازديـعـ رجّ

اننا نروا نوزجيذ ابغن اذ اتمارن روحـان يزن وذرار يوگوز خنمذيـنـت انـسـن

افيمن اتمارن ارامى وحارن اذغان خيشسان انسن ادو يشت نتجارث يثيرى يزن

زبسن بزرا يزن و رباز يكور گويربيذ نروا نوزجيذ وربوبن مابـن غا اشـن اجـوزن

وامى زران ارباز گويربيذ انين خيشسان وگورن ارام بخعـسن اناناس غرك شانوغروم

يناسن غرى ورتيكذ ارشارورذ اش بنيك شا رى كسن اس نشـنـيـعـت نـوغـروم

ذوگرن ارامشان مانى نن نوغا بضان نشنيعت نوغروم سالحف انـس يـمـغـور بـزن

اذيوش بوشا وامى شين زوغ اغروم انى اموثن مارا نثنين دوشان انس يغبم يشسان

انس د سلاح انس ذى الغابث وسن د بمساو كان يثمذينت وزجيـد وبـين

بشسان وحذسن تربشين انس فاع ذوراغ انان گواجاراسن يشسان انوزجيـذ

بوينتن مانى عدن اروزجيذ وامى نن بزرا وزجيذ بوكسا نيبارث انس بنا نروا

بينو اموثن تزمعت يدا يي ثنا توسارث فع تبغ يسنيا جمع فوم انس اد ارزون
خثروا نس وبين تن فع اموثن اغروم اني يغيم جاراسن ذى ثمورث اكسين تن
خيسر ذيان واميدى وضن ببائنسن يسغوى يشت توارا يوڭدا يموث

Tour'a zich icht temet't'outh tesh'arth. Ijjen ouass thigga ikhf ennes tettar zathi thaddarth n oujedjid'. Teffour' r'ares thaia n oujedjid' thioui as elmârouf. Thennas thaoussarth : Ia idji ekhsar' ad sioud'er' akid' ralla thamr'arth n oujedjid'. Thennas thaia : Açber ad chaourar' ralla madja thakhs achem sid'fer'. Ouami thechaour rallas thennas : In as atad'ef. Ouami thoud'ef thaoussarth thetrou. Thenna thamet'outh n oujedjid' : Makhef thetroud'. Thennas thaoussarth. Ia ralla elkhad'emt inou h'aseber', haseber' isid'i oufir' r'ares sebà iniba tharoua ennes, oufir'then a then iner' ajedjid' s imanes. Oum bâd'a ini thoukchas ain idjab allah. Theffer', therouh' : thamr'arth n oujedjid' thek'im mh'aiar d'ilâk'l ennes. Id'ou ektef ennes am elh'irech. thebeddir g oud'm ennes. Thousa d'imma noujedjid' thennas : Ia idji, main r'arem. Main d'am itaksen. Immas n oujedjid' tharir'a iismer' thennas : Rouh', inas isid'ech ad ias rikha selâzem. Irouh' ismer' id'a r'a sid'es innas : Arouah' i thaddarth idja ou ikhfek iseksan selâzem. Ikker ajedjid' irouh' i thaddarth ennes ioufa tham et't'outh ennes thebeddir innas : Ma r'arem ? Thennas thamr'arth ennes : Thousa d r'ari thaoussarth thenna ii : Ajedjid' r'ares sebâ n taroua ennes d iriazen ad' emmethen ou sebbat ensen d' babansen bla khebar ennes. Innas ajedjid' : Thadjemma atha likhar ikan r'ikha dessiker' chouaouch ad arzoun taoussarth main ma thedja ad th iddaousen zathi, ad as ferer' icht temesriachth ad khammar' madja attaf. Iouin as d chouaouch thaoussarth : iffer as icht tkhatemt n ourar' g ijjen oubrik' n ouaman. Ouami thoud'ef khefes, innas : Thesenedh a tsah'rith. Thennas : Anàm ia ajedjid'. Innas : Khema ii rikha kh icht temesriacht madja toufit ad'am ouchar' elmoud n oud'rim. Thenna thaoussarth : Ak'rii oujzar'. Thebda thechchath thennas ioujedjid' : Thkhas icht thkhatemth n ourar'. Innas : Oua in ii oui da ith ioucharen. Thennas thaoussarth : Ouar d'ach iouchar ; thoucharet chek s imanech. Innas ajedjid' : madja oucharakh in ii mani thedja. Thennas : Açber khefii ad khemmar'. Thebd'a thechchath thennas : Thkhatemth akkath g oubrik' n ouaman d'i thbourjet. Ik'k'im ajedjid' idhech d'i râk'er ennes. Iouch as thindchin innas : Djirth n iidh a ouar thensed' d'i themourth inou. Theffer' d'i thamourth ennes arbà n oussan zouggan trouh' thaoussarth ih'arach ed r'ares ijjen n oujedjid' iekh a th isoufer' d'i themourth ennes. Innasen iaithbab en djemâth ennes : D'ebbereth m amech r'a neg akid' oujedjid' r'arnar' ih'arech d. Innas ijjen :

Khem thaoussarth a khefnar' thed'ebber. Ajedjid' isekid' elk'oum ennes ad arzoun thaoussarth. Ouami effer'en zdath themdint oufen ijjen ouriaz isaouar ik'k'ar : Ouar i Rebbi ouar d ach itig cha. Af fen t iouin t ioujedjid' Innas. oujedjid' : Ma thk'ared' oumou? Innas a thadjmâth : A id ach ek'k'arer' tid'et. Ajedjid' innasen ichouaouch : Egith ariaz a d'i lh'abs ar thiouchcha. Ifhem ajedjid' inna : R'ad khemmar' ma dja thadjemmarth ennes tid'et. Iggres icht tchenift n iard'en iouggasd'er s erh'adj. I thiouchcha ennes isoufer'id d'ilh'abs. Innas : Ar'ach tachnift n our'roum enni, thouggoured' r'ikha ouar d'a thk'immid' ma d' et'fakh ach ad ach ksar' azdif. Rikh enta tharoua n oujedjid' effer'en ad' enemaren. Rouh'an ijjen oud'rar iouggouj kh thamd'int ensen. Ek'k'imen enemaren arami ouh'aren ad'r'an kh iichsan ensen addou icht n tedjarth i thiri. Ijjen zisen izra ijjen ouriaz iggour goubrid'. Tharoua n oujedjid' ouar iouin main r'a ecchen. Edjouzen. Ouami zeran ariaz g oubrid' enin kh ichsan ougouren aram ikhafsen. Ennan as : R'arek cha n our'roum? Innasen : R'ari ouar tiged' ar achchar ouar d'ach itig cha Rebbi. Kesen as thachnift n our'eroum d'ougouren ar amchan mani then thour'a. Bdhan thachnifth n our'roum. S elh'ak' k' ennes imk'our ijjen ad' iouch iouchcha. Ouami chin zoug ar'eroum enni emmouthen mara nithnin d ouchchan ensen, ik'k'im ichsan ensen d selah' ensen d'ilr'abeth. Ousen d imsaoukan i themd'int oujedjid' oufin ichsan ouah'adsen thirichin ensen k'â d'ourar'. Ennan gouadjarasen : Ichsan a n oujedjid'. Iouin ten mani âden ar oujedjid'. Ouami then izera oujedjid' iouχsa theniarth ennes inna : Tharoua inou emmouthen thajemâth id a ii thenna thaoussarth k'â theffer'. Isenia djemâ k'oum ennes ad arzoun kh tharoua nes, oufin ten k'â emmouthen. Ar'roum enni ik'im djarasen d'i themourth. Eχsin ten kh isard'ian ouamidi oudhen babathsen isr'oui icht touara iougda immouth.

Il y avait autrefois une sorcière. Un jour, elle se mit à mendier devant la maison du roi. La négresse du roi sortit et lui apporta une aumône. La vieille lui dit : «Je voudrais parler à la reine.» — «Attends, répondit la négresse. je vais la consulter; si elle veut. je te ferai entrer.» Quand elle eut consulté sa maîtresse, celle-ci lui répondit : «Dis-lui d'entrer.» Quand la vieille fut entrée, elle se mit à pleurer. «Pourquoi pleures-tu?» demanda la reine. — «Madame, de mon métier. je calcule la destinée; j'ai fait ce calcul pour mon seigneur; j'ai trouvé qu'il a sept enfants et j'ai trouvé qu'il les tuera lui-même.» Après cela, la reine lui donna ce que Dieu lui donna. La vieille sortit.

La reine demeura l'esprit surpris; sa crainte devint de la stupéfaction; son visage changea. La mère du roi entra chez elle et lui dit : «Ma fille,

qu'est-ce que tu as? Qu'est-ce qui te trouble?» Elle appela un nègre et lui
dit : «Va dire à ton maître qu'il vienne tout de suite.» Le nègre partit,
alla trouver son maître et lui dit : «Viens dans la maison, il y a quelqu'un
qui te demande tout de suite.» Le roi se leva et courut chez lui, il trouva
sa femme toute changée. Il lui demanda : «Qu'as-tu?» Elle lui répondit :
«Une vieille est venue et m'a dit : «Le roi a sept fils; ce sont des hommes;
«ils mourront, et ce sera lui la cause involontaire de leur mort.» Le roi
dit : «Ces paroles ne sont que des mensonges. Je vais envoyer des chaouchs
chercher après la vieille partout où elle sera; ils l'amèneront devant moi,
je cacherai quelque chose et je verrai si elle le trouvera.» Les chaouchs
amenèrent la sorcière; il cacha un anneau dans une gargoulette d'eau.
Quand la vieille arriva, il lui dit : «Tu sais (tout), sorcière.» — «Oui,
dit-elle, ô roi.» Il reprit : «Cherche-moi une chose; si tu la trouves, je te
donnerai une mesure d'argent.» La vieille répondit : «Voici, je suis prête.»
Elle se mit à calculer, puis elle dit au roi : «Il te manque un anneau
d'or.» — «Oui, dis-moi qui l'a volé.» La vieille reprit : «Personne ne te
l'a volé, c'est toi qui l'as volé à toi-même.» — «Si je me le suis volé, dis-
moi où il est.» — «Attends que j'examine.» Elle se remit à calculer et
dit : «Voilà ton anneau dans la gargoulette d'eau sur la fenêtre.» Le roi
fut stupéfait de son intelligence; il lui donna de l'argent et lui dit : «Ce
soir, ne passe pas la nuit dans mon pays.» La vieille s'en alla.

Quatre jours après qu'elle était partie, un autre roi vint attaquer celui-ci
pour le chasser de son pays. Il dit aux principaux de son conseil : «Décidez
ce que nous ferons avec ce roi qui nous attaque.» Quelqu'un lui dit : «Interroge la vieille femme pour qu'elle nous conseille.» Le roi envoya des
gens chercher la sorcière. Quand ils furent sortis de la ville, ils trouvèrent
un homme qui disait : «Ne fais rien à Dieu, Dieu ne te fera rien.» Ils le
saisirent et l'amenèrent au roi. Celui-ci lui demanda : «Que disais-tu
ainsi?» Il répondit : «Ce que je disais est la vérité.» Le roi dit aux chaouchs :
«Mettez-le en prison jusqu'à demain.» Il ajouta après avoir réfléchi : «J'é-
prouverai si tes paroles sont la vérité.» Il fit une galette de blé et y mit
du poison. Le lendemain, il fit sortir l'homme de prison et lui dit : «Prends
pour toi cette galette, tu partiras tout de suite; je ne veux pas que tu
restes ici; si je te prends, je te couperai la tête.»

Les fils du roi étaient partis à la chasse. Ils allèrent à une montagne
loin de la ville et restèrent à chasser jusqu'à ce que la chaleur pesât sur
leurs chevaux. Alors ils descendirent sous un arbre, à l'ombre. L'un d'eux

vit un homme qui marchait sur la route. Les fils du roi n'avaient pas emporté de quoi manger; ils avaient faim. Quand ils virent l'homme sur la route, ils remontèrent à cheval et arrivèrent sur lui. Ils lui dirent : « As-tu du pain sur toi? — « J'en ai, ne fais rien à Dieu, il ne te fera rien. » Ils lui enlevèrent cette galette, s'en retournèrent à l'endroit où ils étaient et se la partagèrent. Chacun en donna un morceau à son lévrier. Quand ils eurent mangé de ce pain, ils moururent, eux et les lévriers. Il ne resta que les chevaux et les armes.

Des voyageurs arrivèrent, se rendant à la ville du roi; ils trouvèrent les chevaux seuls avec leurs selles et l'or. Ils se dirent entre eux : « Ces chevaux sont ceux du roi. » Ils les lui amenèrent. Quand ils furent arrivés et qu'il les vit, le roi se frappa le front et dit : « Tous mes enfants sont morts; ce que m'avait dit la vieille est arrivé. » Il fit monter à cheval tous ses gens pour chercher après ses enfants; ils les trouvèrent tous morts et les rapportèrent sur des mulets. Quand ils furent arrivés, leur père poussa un seul cri et tomba mort.

III

DIALECTE TEMSAMAN.

§ 1.

بژن ورياز يوش تناعشر يميس يناس اراح سغد ازجيف نيـكـرى يـراح اى وبـروخ يسغميت چا ما تيموغين ساشسوم يدور غر بابانس اكيد تكيژ تكـريا يناس بابا مانس شك يناس ابابا ازجيف يناس نيكرى يناس مانى جانت تيـطـاوين نس يناس يخرغر يناس مانى ذيريس انس يناس دازيزوم يناس مانى جان يمزوغن انـس ينـا داداشور ينا ما نبجا يغرم نازجيف ينا ابابا ازجيف ورذيس تذوفت ذاكشار

Ijjen ouriaz iouch thnaâcher iemmis innas : Arah' sir'd azdjif n ixerri. Irah' aï oufroukh iser'ith, itcha ma t iour'in s achsoum. Idouir r'ar baba nes akid thkijja thkria. Innas baba : Manis chik. Innas : a baba azdjif n ixerri. Innas : Mani djant tit'aouin nes. Innas : Id'arr'er. Innas : Mani d'iris ennes? Innas : D adzaidzoum. Innas : Mani djan imezzour'en ennes. Inna : D'adachour. Inna : Mani-dja ir'rem n azdjif. Inna : A baba azdjif ouar d'is thad'ouft, d'akechchar.

Un homme donna de l'argent à son fils et lui dit : « Va acheter une tête de mouton. » L'enfant s'en alla, l'acheta et mangea ce qu'il y avait de viande. Il revint avec le crâne dépouillé vers son père. Celui-ci lui demanda : « Qu'est-ce que cela ? » — « C'est une tête de mouton. » — « Où sont ses yeux ? » — « Il était aveugle. » — « Où est sa langue ? » — « Il était muet. » — « Où sont ses oreilles ? » — « Il était sourd. » — « Où est la peau de la tête ? » — « Mon père, la tête n'avait pas de laine, il était chauve[1]. »

§ 2.

يـزن وربـاز غـارس سبع نتبريغـين بـجـس اد يـراح غـارجّ ابـروخ ورغـرس يسـوف غر السـوف يرفا يـزن وربـاز بسفـصا د بنـاس با ودى ابـران خـسخ غا راحـاغ غا حجّـاغ ور غرى وى غا زبغ يـثدارت ينو بنـاس سـاغ سبع نتعـاح اوبـثنت بـثبريغـين انـش بـمضانـنت بـثبريغـين انس ار تـاسنت غر ثنى نتنـكّاروث تكر ثنـايـاس ابـابا مـاجّا تغـاحت انش بنـاس يـابـجى يوا شم غا بحكـامن بـثدارت غب وايتـمام غرس ثدارت السـور وزر بزّاسنت بـثبريغـين انس الجّـم الزيشـت تـسـراوت تـسـرادن تـسـراوت نجمـندى بزّاسنت تـسراوت نينـاون بزّا سنت تـسراوت نتينيـبيـين نجـعـدس نـزراع تزديـدت بزّاسنت مـابين غا يفـدن حتى اديـروح زى رجّ ثنا يسـابـر بـوصانـنت بنـاسنت ور غا سيـذيـبمت حد روخـاصعت يوجّـما چنت ثمـزبانـت ثـوسد اسنت ثمغـارت ثـوسـارت تكعكب ذى ثورث تغـايـاس ثنـاس ثمـزبانـت مـابين تغـارد ثنـاس نـش تحكـاخ اشم ثنـاس ور ارزبخ ثورث بجـد تكـايـزن سيـام نتـاث ثـاسد غـاسا غر ثبريغـين انى تكر تغـروخت ثمغـرانـت ثرزم اس ثورث نتـدارت ثشيـرا اكيـد سنـت ذى ثـدارت وامى تكر گـواشى ا ثروح ثـوسـارت ثنـا اسنت ايـسيـس وچـما غرى بشت نـثـفـروخـت تيـوشا اكيـذى ات بد اوبجّ تكر ثنزبوث انى ثمـزبانـت ثنـاس بـثـوسـارث ورد تيـوى

[1] Recueilli à Tétouan en mai 1883. Cf. *Nozhat el Odaba* ap. de Hammer, *Rosenœl*, Stuttgard, 1813, in-12, t. II, n° 183, p. 208; *Naouâdir de Si Djeh'a*, Le Qaire, in-12, s. d., p. 17; Beyrout, 1890, in-8°; Mouliéras, *Les fourberies de Si Djeh'a*, texte kabyle, Oran, 1891, in-16, p. 23; *ibid.*, trad. française, Paris, 1892, in-12, p. 102; Machuel, *Méthode pour l'étude de l'arabe parlé*, p. 46.

حد تكر وجماس ثمغرانت ثناس لارا احجى اوى ثعروخت ادم ثمزيانت ثشير

انعير مرا تكر ثوينتيد ثوسارت ثشير اكيدسنت ثناس احجى ما يكورين ثعروخت

ادم ثكى انكس حاش زجخمس ثناس ثوسارت ابسيس وجما ثعر وخت ينو

ثموهريرت تكر ثروح ثوسارت ثناس ثعروخت انى ثمزيانت وا ذ ارباز تكر وجماس

ثمغرانت ثوخنى ثعروخت ثمزيانت ثناس ثعروخت وربد ارباز ثوسد ثيوشا

ثوسارت ثوبد اكيدس او ثعروخت اكانت الاينت امشرى اشينت موشير انسنت

ثكا ثكاسنت ثوسارت ارمزشار ثحاسنت ارمزشار ثعم ثعروخت ثمزيانت ثسرس

امشرى ذوك احسى ازشانت فاع ثعم ثنزبوث انى ثمزيانت ثوسارت ذونى اكيدس

ارزمن ثورث ندخزين اتنعشين عرن ثشارين انس ثعروخت انى ثمزيانت ثحزار

وامى ابوغن زى ثورث ندارت ثوسارت ذزور ثعوغ يعوغ وراس ورباز ثحزر ثعروخت

ثمزيانت ثرا خمس ثورث ثكاس اس ثناين يضوضان يكر دروح ببابا سنت يسفان

ورباز غرجمار يغرس اس ابوناس يناس يارحاج اد اى ثوكشد جميش ثمزيانت

بناس ارحاج اد اك وج ثى ثمغرانت بناس ور ثيوج غر ثى ثمزيانت يكر

يوكشاسمت بكر يكا ثمغرا ثروح ثعروخت ثمزيانت ثسريت تكر ثوسد غرس بشت

نثوسارت ثناس يا ثسريت ارباز بمحمام دثم ثسرافت ثكر ثوسد غرس وجماس

نورباز ثناس يا ثسريت مامش ثم ثصبحانت ثناس اوى دادم وشغ رحواج

ثوكشاس رحواج انس ثسعيمت كومشان ثكر ثنات ثعغ ثرور ثسريت غر

باباس يكا يوذب ورباز يراح غر ثسريت تحا وجماس كومشان انس يسوذب ورباز

يثشتى وجماس بندربت ذى ثسرافت ثكر ثناس اى وما ي وجماك يكر ثنا دعغ

رعفرانس [1]

*Ijjen ouria: r'ares sebà n tebrir in ikhes adirah' r'ark'idjdj: afroukh our r'ares.
Isououk' r'ar essouk' irk'a ijjen ouria: isek'ca d inuas : la ouddi Afran khser' ad
rah'ar' r'a h'idjdjar' our r'ari oui r'a jjir' ithaddarth inou. Innas : sar' sebà n*

[1] Recueilli à Tétouan en mai 1883.

teffah' aoui thent ithebrir'in ennech. Ibdha thent ithebrir'in ennes ar tasent r'ar thenni
n taneggarouth. Thekker thenna ias : A baba manidja tafah'th ennech. Innas A idji
ioua chem r'a ih'kamen ithaddarth r'ef ouaïmam. K'ares thaddarth essour ouzzer ;
ijjasent ithebrir'in ennes ch'ch'am, ezzicht, thaserafth n ierd'en, thaserafth n imendi,
ijjasent thaserafth n ibaouen, ijjasent thaserafih n tinifin, n djàdes, n zeraà tajedidth,
ijjasent main r'a ih'adden k'atta ad irouah' zi rh'ijj. Netta isafer iouçça thent,
innasent : Our r'a sid'ifemth k'add, roukha dhaàmth ioutchmatchent thamezziant.
Thouse d asent thamr'arth taoussarth thàkab d'i thouourth. Thr'aia as thennas
thamezziant. Main teh'ared'. Thennas : Nich theh'kakh achem. Thennas: Our ar-
zemekh thouourth i k'add. Thekka. Ijjen si iam nettath thased r'ass a r'ar the-
brir'in enni. Thekker thafroukhth tamek'k'erant. Tharzem as thouourth n taddarth.
Thichira akid sent d'i thaddarth. Ouami thekker g ouachchi a tarouah' thaoussarth,
thenna asent : A issis outchma r'ari icht n tefroukht tiouchcha akid'i a t id
aouikh. Thekker thanijbouth enni thamezziant thennas i thaoussarth : Ouar d tioui
k'add. Thekker outchmas thamek'k'erant thennas : La oua akhatchi aoui thafroukht ennem thamezziant thichir andiar marra. Thekker thoui ts id thaoussarth
thichir akidsent. Thennas : Akhatchi ma iggourin thafroukht ennem theggi a
tekes k'ach : ikhfes. Thennas thaoussarth : A issis outchma thafroukht inou thabouharijt. Thekker tharouah' thaoussarth. Thennas thafroukht enni thamezziant :
Oua d'ariaz. Thekker outchmas thamek'k'erant thaoukhsi thafroukht thamezziant
Thennas thafroukht : Our id d'ariaz. Thouse d thiouchcha thaoussarth, thoui
d akid'es aou thafroukht ekkant egint amechchari. Echchint mouchir ensent. Thikka
thiggasent thaoussarth ermezchar Theh'asent ermezchar thek'im thafroukht thamezziant thsers amechcheri d'oug ah'si. Ezchant k'ad : thek'im thanijbouth enni
thamezziant. Thaoussarth d'ouenni akid'es arzemen touourth n dekhzin etndchin.
'Ammeren thichcharin ensen. Thafroukht enni thamezziant thkhezzar. Ouami effour'en zi thouourth n taddarth, thaoussarth thezouer theffour'. Iffour' ouaras ouriaz
thkhazer thafroukht thamezziant: tharra khefs thouourth thkas as thuain idhoudhan.
Ikker irouh' ibabasent. Irek'k'a th ouriaz r'ar djibh'ar ir'ers as afounas, innas :
la rh'adj ad' ai thoukehed' idjdjich thamezziant. Innas erh'adj : Adaz ouchehekh
thenni thamek'k'erant. Innas our tiouikh r'er thenni thamezziant. Ikker ioukch as
t. Ikker igга thamr'era Tharouah' thafroukht thamezziant thasrith. Thekker thoused r'ares icht z taoussarih. Thennas: la thasrith ariaz iseh'mam ichem tesrq'th.
Thekker thoused r'ares outchma n ouriaz. Thennas : la thasrith mamich chem ta-
cebh'ant ! Thennas: Aoui d ad am ouchar' rih'ouaidj. Thoukeh as rih'ouaidj ennes
thesr'im t g oumchan. Thekker nettath theffer' therouer thasrith r'ar babas. Ikka
ioud'ef ouriaz irah' r'ar thasrith tidja outchmas g oumchan ennes. Ioud'ef ouriaz

ithehti outchmas inder its d'i thesrafth. Thekker thennas : Ai ouma netch outch-
maχ. Ikker netta iffer' raâk'er ennes.

Il y avait un homme qui avait sept filles; il voulut aller en pèlerinage;
il n'avait pas de fils. Il alla au marché; il rencontra un homme qu'il in-
terrogea et lui dit : «Mon cher Afran, je veux aller en pèlerinage, mais je
n'ai personne à laisser dans ma maison.» Il lui répondit : «Achète sept
pommes; apporte-les à tes filles.» Il les leur partagea jusqu'à ce qu'il arriva à la dernière. Celle-ci lui dit : «Mon père où est ta pomme?» — «Ma
fille, dit-il, c'est toi qui garderas la maison en surveillant tes sœurs.» Il
avait une maison dont la muraille était de fer; il laissa à ses filles du
charbon, de l'huile, un silo de blé, un silo d'orge, un silo de fèves, un
silo de pois, de lentilles, de céréales nouvelles; il leur laissa tout ce qui
leur fallait jusqu'à son retour du pèlerinage. Il partit et leur fit cette recommandation : «N'introduisez personne et obéissez à votre jeune sœur.»
Une vieille alla les trouver et frappa à la porte. La plus jeune fille lui
cria : «Que veux-tu?» — «Je te le raconterai.» — «Je n'ouvrirai la porte
à personne.» La vieille partit. Un jour, elle revint vers ces filles. L'aînée
se leva et alla lui ouvrir la porte de la maison. Quand elle se leva pour
partir le soir, la vieille leur dit : «Mes nièces, j'ai une fille, demain je
vous l'amènerai.» La plus jeune lui dit : «N'amène personne.» Mais sa
sœur aînée se leva et dit : «Si, amène ta fille; elle demeurera avec nous
et nous jouerons ensemble.» La vieille la leur amena. Elle resta avec elles.
L'une lui dit : «Qu'a donc ta fille? Elle ne veut pas ôter son voile de sa
tête.» — «Mes nièces, répondit la vieille, c'est une sotte.» Elle se leva
et s'en alla. La plus jeune fille dit : «C'est un homme.» Mais sa sœur aînée
la frappa en disant : «Ce n'est pas un homme.» Le lendemain, la vieille
arriva, amenant avec elle la (prétendue) folle. Elles se mirent à préparer
le souper. Elles mangèrent et la vieille fit pour elles du vin qui les enivra,
excepté la plus jeune qui mettait ce qu'elle mangeait dans ses vêtements.
Toutes furent ivres, excepté la plus jeune. La vieille et celui qui était avec
elle ouvrirent la porte du trésor d'argent et remplirent leurs sacs. Cette
jeune fille les observait. Quand ils sortirent par la porte de la maison, la
vieille passa la première; derrière elle venait cet homme. La plus jeune
fille le vit, poussa contre lui la porte et lui coupa deux doigts.
L'homme alla trouver leur père; il le rencontra sur mer, égorgea pour
lui un bœuf et lui dit : «Pèlerin, donne-moi ta plus jeune fille.» L'autre

répondit : «Je te donnerai l'aînée.» — «Je ne prendrai que la plus jeune.»
Il la lui donna. L'homme célébra la noce, la plus jeune fille devint ainsi
fiancée. Une vieille femme vint lui dire : «Fiancée, ton mari te fait
chauffer un silo.» La sœur de son mari vint à elle et lui dit : «Fiancée,
comme tu es belle!» — «Viens, dit-elle, je te donnerai des effets.» Elle
lui donna ses vêtements, la fit asseoir à sa place, sortit et s'enfuit chez
son père. Le mari entra, il alla vers la fiancée à la place de laquelle était
sa sœur, la prit et la jeta dans le silo. «Mon frère, dit-elle, je suis ta
sœur.» L'homme perdit l'esprit[1].

[1] Le début de ce conte est semblable à celui d'un conte de Taroudant dont j'ai publié
le texte dans mon étude sur le *Dialecte berbère de Taroudant* (Florence, 1895, in-8°,
p. 38), *Les sept Filles du marchand*, et la traduction dans mes *Nouveaux contes berbères*,
Paris, 1897, in-18, p. 156; cf. sur les rapprochements, un article de M. Stan. Prato
dans le *Giornale della Società asiatica italiana*, t. IX, 1896, p. 229 et 230. On peut en
rapprocher le commencement d'un conte kabyle du Jurjura : *Histoire de Dzidza* (Mouliéras, *Légendes et contes merveilleux de la Grande Kabylie*, t. III, fasc. 1, Paris, 1897,
in-8°, p. 94).

CHAPITRE IV.

GLOSSAIRE DES RACINES NOMINALES ET VERBALES.

B D T Guélàia et Kibdana *thabdith* تبديت « plat ». pl. *thibdâin* ثبدين.

B D' Guélàia *bed* بذ « commencer », a. *ibd'a* يبذا.
  2° B D B. Saʿïd *bed* بد « commencer ».

B R DJ Guélàia et B. Saʿïd *thbouardjet* تبوردجت « fenêtre ».
  2° F R DJ Botʿioua *thfordjou* تبرجو « fenêtre ».

B R KH S (Mzab. *bourakhs* بورخس « postérité ».)
  2° OU R KH S (B. Menacer *ouroukhs* وروخس « enfant ».)
  3° B R R' Temsaman *thibrir'in*. pl. ثبريغين « filles ».

B R D' B. Saʿïd, Temsaman, Guélàia, Botʿioua : *abrid'* ابريذ « chemin », pl. *ibrid'en* يبريذن.

B R R Guélàia : *abrour* ابرور « membre viril ».

B R R' Guélàia : *abarer'* ابارغ « renard ».

B R K (Zouaoua : *aberkan* ابركان « noir ».)
  2° B R CH Temsaman : *berchen* برشن « être noir »; Temsaman. Kibdana, Guélàia : *aberchan* ابرشان « noir ».
  3° B R X Botʿioua : *aberχan* ابركان « noir ».

B R R' L (B. Menacer : *bour'lal* بوغلال « escargot ».)
  2° R' K DJ Botʿioua : *ar'radj* اغراج « escargot », pl. *ir'radjen* يغراجن.
  3° R' R R Guélàia : *ar'rer* اغرر « escargot ».

B K' S (Zouaoua : *thabek'sith* تبغسيت « plat ».)
  2° B K' Temsaman : *thabk'ith* تبغيت « plat ».

B G S (Zouaoua : *abagous* ابكوس « ceinture ». pl. *ibougas* يبوكاس.)
  2° B I S Temsaman : *ibouias* يبوياس. pl. « ceintures ».

T

T OU R' (Paraît dériver d'une racine R') Guélàia : *ettour'a* اثوغا « il était ».

TH

TH B R Bot'ioua : *athbir* اتبير « pigeon »; B. Ouriar'en. Guélàia. Kibdana :
ithbir يثبير « pigeon ». pl. *ithbirin* يثبيرين; Temsaman : *thithbirth*
تثبيرت « colombe ».

  2° T B R (Chelh'a : *atbir* اتبير « pigeon ».)

  3° D' B R Temsaman : *ad'bir* اذبير; pl. *id'biren* يذبيرن « pigeon ».

TH R Temsaman : *ithri* يثرى « étoile »; pl. *ithran* يثران; Bot'ioua *ithri* يثرى
pl. *ithren* يثرن « étoile »; Guélàia et Kibdana : *ithri* يثرى. pl. *itharen*
يثارن « étoiles ».

DJ

DJ (Taroudant : *edj* اج « laisser ».)

  2° J Bot'ioua : *aji* اژى « laisser »; Temsaman : *ejj* اژ « laisser ».

DJ L (Zouaoua : *thadjidjalt* ثجالت; pl. *thoudjdjal* توجال « veuve ».)

  2° J R Temsaman : *thijjar* ثژار; pl. « veuves ».

TCH

TCH Temsaman : *etch* اج a. *itcha* يچا « manger »; 1re f. *setch* سچ « nourrir »:
Bot'ioua et Temsaman : *metcha* مچا « nourriture ».

  2° K CH Guélàia : *ekch* اكش « manger ».

  3° CH Bot'ioua et Temsaman : *ich* يش « manger »; B. Sa'ïd *ecch* اش
« manger »; Temsaman et Bot'ioua : *mechcha* مشا « nourriture ».

TCH T Bot'ioua : *tchita* چينا « tresse ».

H'

H' B T B. Ouriar'en : *thah'abbaith* ثحبايت « plat ».

H' R Guélàia et Kibdana : *ouah'ri* وحرى « laid ».

KH

KH (Ahaggar : *akh* ⵅ « lait aigre ».

  2° R' Temsaman. Guélàia. Bot'ioua : *ar'i* اغى « lait aigre ».

KH R B Bot'ioua : *ikharba* بخربا «bouc». pl. *ikharbaoun* بخرباون.

KH Z Z Temsaman : *khizzou* خزو «carotte».

KH S Bot'ioua, Temsaman : *thikhsi* تخسى «brebis».
  2° R' S Guélàia : *tir'si* تغنى «brebis».

KH S Temsaman : *ekhs* اخس «vouloir»; Guélàia, B. Saʿïd, *akhs* اخس «vouloir».

KH S (Zénaga : *takhsa* تخسا «foie».)
  2° S Temsaman : *thasa* تسا «foie».
  3° CH Bot'ioua : *thachoui* تشوى «foie».

KH S I (Zouaoua : *thakhsaith* تخسايت «courge».)
  2° KH S DJ Guélàia : *thakhsadj* تخساج «citrouille».

KH CH CH Guélàia et Kibdana : *akhach* اخش «prendre».

KH CH L (Zouaoua : *akhchelaou* اخشلاو «fétu».)
  2° KH CH I Temsaman : *akhchiou* اخشيو «fétu».

KH M Temsaman : *akhkham* اخام «maison».

KH M B. Saʿïd *kham* خام «consulter».

KH N S R Temsaman : *akhansour* اخنسور «pommette».

KH OU (Chelh'a : *khou* خو «salir».)
  2° KH B D Temsaman : *khebbed* خبد «salir».

D

D D Bot'ioua : *adda* ادا «père».

D D Guélàia : *eddou* ادو «aller».

D Z Temsaman : *dez* دز «piler».

D CH R Temsaman : *adachour* اداشور «sourd».

D'

D' Guélàia : *thid'ets* تذت «vérité»; B. Saʿïd : *tid'it* تذيت «vérité».
  2° D Temsaman : *thaidet* تيدت «vérité».

D' Guélàia : *ioud'an* يوذان «gens».

2° D Bot'ioua, Guélàia et Temsaman : *midden* مدن «gens».

D' B. Saʿïd : *d'ou* ذو «devenir».

D'R Guélàia et Temsaman : *thoud'erth* تودرت «vie».
  2° D R Guélàia : *eddar* ادار «vivre»; Temsaman : *der* در. *edder* ادر «vivre»; B. Saʿïd : *thadderth* تددرت «maison»; Bot'ioua : *thaddart* تدارت «maison»; Temsaman : *thaddarth* تدارت «maison».

D'R Bot'ioua : *d'er* ذر «s'habiller».

D'R R B. Saʿïd, Bot'ioua : *ad'rar* اذرار «montagne».

D'R R'L Guélàia : *ad'err'al* اذرغال «aveugle».
  2° D R R'L (Zouaoua : *sder'rel* سدرغل «aveugler».)
  3° D'R R'R Temsaman : *ad'err'er* اذرغر «aveugle». pl. *id'err'aren* يذرغارن.

D'S Temsaman, Bot'ioua : *ad'is* اذيس «s'approcher». a. *ioud'is* يوديس.
  2° D S Bot'ioua : *adis* اديس «être près». a. *ioudis* يوديس.

D'R' Guélàia : *ad'ar'* اذاع «chêne».

D'F B. Saʿïd, Temsaman : *ad'ef* اذب, a. *ioud'ef* يوذب «entrer»; 1ʳᵉ f. *sid'ef* سيذب «introduire».

D'F L (B. Menacer : *ad'fel* اذفل «neige».)
  2° D F L (Chelh'a : *adfel* ادفل «neige».)
  3° D'F R Temsaman : *ad'fer* اذفر «neige».

D'K (Zouaoua : *thid'ekth* تيذكت «lentisque».)
  2° D K (Bougie : *tidekth* تدكت «lentisque».)
  3° D'CH Temsaman : *thid'echth* تذشت «lentisque».

D'K L (Zouaoua : *d'oukel* ذوكل «être joint».)
  2° D K L (Chelh'a : *amdokel* امدكل «ami».)
  3° D K L (Gourara : *ameddoukel* امدوكل «ami».)
  4° D K DJ (Zénaga : *emdoukadj* امدوكاج «convenir ensemble».)
  5° D K R Temsaman : *doukar* دوكار «se réunir»; Guélàia. Temsaman : *ameddouker* امدوكر «ami». pl. *imeddoukar* يمدوكار; Temsaman : *tameddoukert* تمدوكرت «amie».

D'L (Zouaoua : *d'el* ذل «couvrir».)
  2° D L (Bougie : *del* دل «couvrir».)
  3° D'R Guélàia : *d'er* ذر «couvrir».

D' M Guélàia. Kibdana. Temsaman : *id'amen* يدّامن «sang».

D' M Temsaman, B. Saʿïd : *oud'em* وذم «visage», pl. *oud'maouen* وذماون.

D' M R Kibdana. Guélàia : *id'maren* يدّمارن «poitrine».
  2° D N M R (Djerid : *idmaren* يدمارن «poitrine».)
  3° DH M R B. Ouriar'en. Botʿioua, Temsaman : *idhmaren* «poitrine».

D' OU F Temsaman : *thad'ouft* ثدّوفت «laine».
  2° D OU F (K'çour : *tadouft* تدّوفت «laine».)
  3° DH OU F Botʿioua : *thadhouft* تضوفت «laine».

D' L Botʿioua : *thid'i* ثيذى «sueur».

R

R Guélàia et Kibdana : *thasarouth* ثساروث «clef», pl. *thisoura* ثسورا.

R Temsaman : *ter* تر «vouloir» : Guélàia : *tar* تار «demander» : B. Saʿïd : *ettar* اتّار «demander».

R Temsaman : *ieri* يرى «cou».

R B. Saʿïd : *rou* رو «pleurer». 5° f. *trou* ترو ; Botʿioua et Temsaman : *crou* ارو «pleurer». 5° f. : *trou* ترو.

R Botʿioua. Temsaman : *ari* ارى «écrire». 3° f. *tsouari* تواري «être écrit» ; Guélàia et Temsaman : *thira* ثيرا «écrit».

R TS Botʿioua : *aritsou* ارتو «lit».

R D' B. Saʿïd et Guélàia : *iard'en* يردّن «blé» : Temsaman : *ierden* يردّن «blé» : Botʿioua : *ird'en* يردّن «blé».

R D' (B. Menacer : *arrad'* ارّاذ «vêtement».)
  2° R D (Taroudant : *ierdan* يردّان «vêtements».)
  3° R DH Temsaman : *erdh* ارض «s'habiller» : 1ʳᵉ f. *siredh* سيرض «habiller» : 5° f. (pas.) *tairidh* تيريض : Botʿioua et Temsaman : *aroudh* اروض «vêtement», pl. *aroudhan* اروضان.

R D' Botʿioua : *sired'* سيرذ «laver» : Temsaman : *sirid'* سيريد «laver».

R D' M Botʿioua : *rid'em* ريذم «beurre» (ar. الدحن؟).

R R Temsaman. Botʿioua et Guélàia : *err* رّ «rendre, repousser, rétablir, répliquer».

R R Guélàia, Temsaman : *irar* يرار «jouer».

R Z B. Saʿïd : *arz* ارز «lier».

R Z Temsaman : *erz* ارز. a. *irza* يرزا «briser, casser»; 4ᵉ–7ᵉ f. *tserza* تسرزا : Boṭioua : *arz* أرز «briser».

R Z Guélàia : *erz* ارز; a. *irzou* يرزو «interroger».

R Z Z Boṭioua : *erizzou* اريزو «pouiller».

R Z G Temsaman : *amerzag* أمرزاك «amer».

R Z M Temsaman : *erzem* ارزم «ouvrir, délier»; 3ᵉ f. *touarzem* توارزم; Boṭioua et Guélàia : *arzem* ارزم «ouvrir»; 3ᵉ f. *touarzem* توارزم.

R S Temsaman et Boṭioua : *ers* ارس «descendre, se placer, être placé»; a. *irsa* يرسا; 1ʳᵉ f. *sers* سرس «placer»; 3ᵉ–1ʳᵉ f. *touasers* تواسرس «être placé».

R CH CH Boṭioua et Temsaman : *thirechcha* ترشا «filets».

R R' Temsaman et Boṭioua : *thirr'i* ترغي «chaleur»; *thiarr'et* تيرغت «chaleur».

R F Temsaman : *ourouf* وروب «renvoi».

R F Guélàia et Kibdana : *d'irfen* ذيربن «beau».

R K (Ahaggar : *tarik* •:O+ «selle».)
  2° R K N (Ahaggar : *arekkoun* l•:O «bàt».)
  3° R CH *thirichin* ترشين. pl. «selles».

R K S (Zouaoua : *arkas* اركاس «chaussure».)
  2° H R K S Boṭioua : *aharkous* احركوس «chaussure». pl. *iharkas* يهركاس et *iharkousen* يهركوسن.

R G (Zouaoua : *argou* اركو «rêver».)
  2° R J Guélàia et Temsaman : *thirja* ترزا «songe».

R G Boṭioua : *tharga* ترگا «canal».
  2° R I (B. Menacer : *tharia* تريا «ruisseau».)
  3° R J Guélàia : *tharja* ترگا «canal».

R G Z (Chelh'a : *argaz* ارگاز «homme».)
  2° R I Z Guélàia, Boṭioua, Kibdana, B. Saʿïd, Temsaman : *arias* ارياز «homme». pl. *iriazen* يريازن.

3° R J Z (Mzab : *arjaz* ارزاز «homme».)

4° R G CH (Ahaggar : *ergeeh* ⊐TO «marcher».)

5° R DJ Z (Sergou : *ardjez* #IO «homme».)

6° R G'Z (Chelh'a : *arg'az* اركاز «homme».)

7° R J H (Taïtoq : *erjeh* ⫶IO «marcher».)

8° I Z B. Ouriar'en : *aïz* ايز «homme».

R G G (Bougie : *ergigi* اركيكى «trembler».

  2° R J J Bot'ioua : *erjij* ارزيز «trembler». 4° f. *tserjij* ژرزيز; 5° f. *terjiji* ترزيژ; Guélàia : *arjij* ارزيز «trembler; Temsaman : 5° f. *terjiji* ترزيزى «trembler»; *tharjajacht* ترررٵشت «tremblement».

  3° R Z Z Guélàia, Kibdana : *aiarziz* ايرزيز «lièvre»; Temsaman : *taierzist* تيرزيزت «lièvre».

R N Temsaman : *erni* ارنى «s'accroître»; 2° f. *merni* مرنى «être abondant».

R N Guélàia, Temsaman : *aren* ارن «farine».

R OU Guélàia, Temsaman : *aru* ارو «enfanter»: a. *thourou* ثورو; Temsaman, B. Sa'ïd, Guélàia, Bot'ioua : *tharoua* ثروا «enfants, postérité».

R OU L (Doubdou : *erouel* اروِل «fuir».

  2° R OU R Bot'ioua, Guélàia, Temsaman : *arouer* ارور «fuir».

R OU I Guélàia : *aroui* اروى «porc-épic», pl. *arouiin* اروين; Temsaman : *aroui* اروى «porc-épic», pl. *ouarouin* وارويين.

R I Guélàia : *ari* ارى «halfa».

R I L (Zouaoua : *ariel* اريِل «démon».)

  2° R I *ariou* اريو «ogre».

Z

Z Guélàia et Temsaman : *izi* يزى «mouche», pl. *izan* يزان.

Z Bot'ioua : *azou* ازو «écorcher».

Z D R (Zouaoua : *ezd'er'* ازدغ «habiter».)

  2° Z D R Guélàia, Bot'ioua, Temsaman : *ezder'* ازدغ «habiter»; Temsaman : 1° f. *sezder'* سزدغ «faire habiter»; *thazdair'th* ثزدايغث «habitation».

Z D G (Zouaoua : *zed'ig* زذيك «être pur».)

  2° Z D G Temsaman : *amezdag* امزداك «pur», pl. *imezdouga* يمزدوكا.

Z D' I (Zouaoua : *thazd'aith* ثزذايث « palmier ».)
2° Z D I (Dj. Nefousa : *tazdit* تزديت « palmier ».)
3° Z Z I (Ahaggar : *tazzait* +ꖼ#+ « palmier ».)
4° G Z D I Bot'ioua : *tigzdait* تكّزدايت « palmier nain », pl. *tigzdain* تكّزداين.

Z R Bot'ioua, Guélâia, B. Sa'ïd, Kibdana, Temsaman : *zer* زر « voir », a. *izra* يزرا.

Z R Bot'ioua : *zouzzer* زوزر « vanner »; *thazzarth* ثزارث « van ».

Z R B. Ouriar'en, Temsaman : *azerou* ازرو « pierre », pl. *izera* يزرا.

Z R (Mzab : *zer* زر « précéder ».)
2° Z' R (Ahaggar : *iz'z'aren* IOX « d'abord ».)
3° Z OU R Temsaman : *zouer* زور « précéder »; Guélâia : *amzouarou* امزوارو « premier »; Temsaman : *amzouar* امزوار « premier », pl. *imzouar* يمزورا.

Z R B. Ouriar'en, Temsaman : *thaziri* ثزيرى « lune ».

Z R Bot'ioua et Temsaman : *azarou* ازارو, pl. *izouran* يزوران « racine ».

Z R Temsaman : *thizarth* ثزارث « figuier »; B. Ouriar'en : *thazarth* ثزارث « figuier »; Guélâia : *tazart* تزارت « figue ».

Z R CH Temsaman : *azarchi* ازرشى « buisson ».

Z Z Guélâia et Temsaman : *azezzou* ازرو « genêt épineux ».

Z Z Guélâia, Kibdana, Bot'ioua, Temsaman : *thizizouith* ثزيزويث « abeille ».

Z Z Temsaman : *izzou* ازو « planter ».

Z Z I Guélâia : *thazziouth* ثزيوث « panier », pl. *thizziaouin* ثزيواوين.

Z CH R Temsaman : *thizchari* ثزشارى « oiseaux » pl. cf. $\sqrt{\text{S K R}}$

Z DH Temsaman : *zoudh* زوض « secouer ».

Z R' Temsaman : *azar'* ازاغ « se dessécher », a. *iouzar'* يوزاغ.

Z R' Guélâia, Temsaman : *thizer'ouin* ثزغوين pl. « terrasses ».
2° Z K' Guélâia, Temsaman : *thazek'k'a* ثزقا « terrasse ».

Z R' (B. Menacer : *zour'* زوغ « terrasse ».)
1° Z R' R Bot'ioua : *zour'er* زوغر « conduire », 3° f. *tsouazour'er* توازورغ.

Z R' L (Dj. Nefousa : *izer'el* يزغل « chaud ».)

1° Z I L (B. Menacer : *azil* ازيل «chaleur».)

2° Z L (Zouaoua : *azal* ازال «midi».)

3° Z K′ L (Bougie : *zek′k′el* زڤل «être chaud».)

4° H L (Ahaggar : *ahel* ⵂⵍ «jour».)

5° Z′ L (Ghat : *az′el* ⵂⵝ «jour».)

7° N Z R R Guélàia et Kibdana : *anzarar* انزرار «chaleur».

8° D′ R′ N B. Saʿid : *ad′r′an* اذغان «midi».

Z K (Taroudant : *zik* زيك «jadis».)

2° Z X B. Menacer *zix* زيك «de bonne heure».

3° H K (Ahaggar : *hik* •ⵉⵌ «bientôt».)

4° CH K (Aouelimmiden : *achikke* •ⵉⴹ «demain».)

5° Z CH B. Saʿid : *zich* زيش «autrefois».

6° D TCH (Chaouia : *adetcha* ادجا «demain».)

7° I TCH (B. Menacer : *aitcha* ايجا «demain».)

8° J G (Zénaga : *taijgen* تيزكن «demain».)

9° DJ G (Zénaga : *tidjigoun* تجيكون «demain».)

10° S K (Tazeroualt : *askia* اسكيا «demain».)

11° CH CH Boʿioua : *iouchcha* يوشا «demain»; Guélàia, Kibdana.
B. Saʿid, Temsaman : *thiouchcha* تيوشا «demain».

Z G B. Saʿid : f. h. *zougg* زوڭ «être, se trouver».

Z G D Boʿioua : *tazougda* تزوڭدا «plat».

Z G Z Boʿioua : *azigzaou* ازبڭزاو «bleu, vert».
2° Z I Z Kibdana, Guélàia : *azizaou* ازيزاو «bleu, vert».

Z G L (Zouaoua : *azaglou* ازاڭلو «joug».)

2° Z I L (B. Menacer : *zailou* زيلو «joug».)

3° Z I R Temsaman : *zairou* زيرو «joug».

Z L (Zouaoua : *azzel* ازل «courir».)

2° Z R Guélàia, Temsaman, Boʿioua : *azer* ازر «courir»; 5° f. *tazer* تازر;
Temsaman : *thazera* تزرا «course».

Z R (Zouaoua : *ouzzel* وزل «fer».)

2° Z R Guélàia, Temsaman, Ouriarʿen, Boʿioua : *ouzzer* وزر «fer».

Z L F (B. Iznacen : *azellif* ازليف «tête».)
2° Z D F B. Saʿid : *azdif* ازديف «tête».

3° Z DJ F Guélàia, Temsaman, Kibdana : *azdjif* ازجيب « tête », pl. *iz-djifen* يزجيبن.

Z L M DH (Zouaoua : *azelmadh* ازلماض « gauche ».)
 2° Z L M T' (Bougie : *azelmaï'* ازلماط « gauche ».)
 3° Z R M DH Temsaman : *azermadh* ازرماض « gauche ».

Z M Bot'ioua, Temsaman : *izem* يزم « lion », pl. *izmaouen* يزماون.

Z M R Temsaman : *ezmer* ازمر « pouvoir »; *thizemmer* ثزمر « puissance ».

Z M R Temsaman, Guélàia, Kibdana, Bot'ioua : *izmer* يزمر « agneau », pl. *izmaren* يزمارن.

Z M R Guélàia, Temsaman : *azemmour* ازمور « olivier ».

Z I Guélàia : *ezzai* ازاى « cause ».

J

J D' Temsaman : *ijedi* يزذى « sable ».
 2° J D Guélàia, Kibdana : *ijedi* يزدى « sable ».

J M N Guélàia, Kibdana : *ijiman* يزيمان « cou ».

J N Temsaman : *ijnaouin* يزناوين pl. « sourds ».

J OU N Bot'ioua : *ejiouen* ازيون « rassasié ».
 2° J OU M (Mzab : *jaoum* زاوم « rassasier ».)
 3° DJ OU N Temsaman : *sedjiouen* سجيون « rassasier »; Guélàia : *edjioun* اجيون « rassasié ».

S

S Temsaman : *issi* يسى pl. « filles ».

S B. Sa'ïd, Temsaman, B. Ouriar'en, Guélàia, Kibdana : *as* اس « venir ».

S T F Guélàia : *estef* استف, extraire.

S D KH Temsaman : *aseddakh* اسداخ « nœud ».

S D' N (Zouaoua : *soud'en* سوذن « embrasser ».)
 2° S D' M Temsaman : *soud'em* سوذم « embrasser ».

S R Bot'ioua : *tisira* تسيرا pl. « dents molaires ».

S R D Guélàia : *saard* سارد « dévorer ».

S R D' N B. Saïd : *asard'oun* اسردون « mulet », pl. *isard'ian* يسردیان ; Bot'ioua : *aserd'oun* اسردون, pl. *iserd'an* يسردن « mulet » ; Temsaman : *asard'oun* اسردون, pl. *isard'en* يسردن « mulet » ; f. *thasard'ount* تسردونت « mule ».

  2° S R D N Guélàia : *aserdoun* اسردون « mulet ».

S R R Guélàia : *thasrirouai* تسرروای pl. « caroubes ».

S R F Bot'ioua, Temsaman, Guélàia : *thaserafth* تسرافت « silo », pl. *thiserfin* تسرفين.

S J Guélàia : *sijj* سيژ « regarder ».

S S B. Saïd, Temsaman, Bot'ioua : *ass* اس, pl. *oussan* وسان « jour » ; Guélàia : *asouas* اسواس « jour », pl. *oussan* وسان.

S S Temsaman : *thassaouth* تساوت « lit ».

S S F Temsaman : *sousef* سوسب « cracher ».

S R' Temsaman : *sar'* ساغ « acheter ».

S R' OU Guélàia, B. Saïd : *sr'oui* سغوی « crier ».

  2° S R' Bot'ioua : *sr'a* سغا « crier ».

S F S Bot'ioua : *thisifous* تسيعبوس « paume ».

S K B. Saïd : *sik* سيك « envoyer ».

S K (Zénaga : *teska* تسكا « corne ».)

  2° CH CH Temsaman : *achaou* اشاو « corne » ; B. Ouriar'en : *achouaou* اشواو « corne » ; Bot'ioua : *ichchaouen* يشاون « cornes ».

S K D' B. Saïd : *skid'* سكيذ « charger ».

  2° S G D' Guélàia, Temsaman : *sged'* سكّذ « envoyer ».

S K R Bot'ioua, Guélàia : *thaskourth* تسكورت « perdrix », pl. *thizkari* ثزكارى.

S K R (Chelh'a : *asker* اسكر « ongle ».)

  2° CH CH R Bot'ioua, Guélàia, Temsaman : *ichcher* يشر « ongle », pl. *ichcharen* يشارن.

S K R (Bougie : *thiskerth* تسكرت « ail ».)

  2° CH CH R Guélàia, Kibdana : *thichcharth* تشارت.

S K S Bot'ioua : *seksou* سكسو «couscous».

S K M Guélàia, Kibdana : *askoum* أسكوم «asperge».

S G S Guélàia : *asouggas* أسوكّاس «année».

S G N Bot'ioua : *asegnou* أسكّنو «ami».

S L (Zouaoua : *sel* سل «entendre».)
  2° S R Guélàia : *ser* سر «entendre».
  3° S D Bot'ioua : *sed* سد «entendre».
  4° S DJ Temsaman : *sedj* ج «entendre»; 3° f. *touasedj* نواجّ.

S L Guélàia : *thislith n ounzar* ثيسليث نونزار «arc-en-ciel».
  2° S R Temsaman : *isri* يسرى «fiancé»; *thasrith* تسريت «fiancée».

S L M (Zouaoua : *aslem* أسلم «poisson».)
  2° S R M Temsaman : *asrem* أسرم, pl. *iserman* يسرومان «poisson».

S M Bot'ioua : *tsoummet* تسومت «coussin»; Temsaman : *thasoumet* تسومت «coussin».

S M DH Temsaman : *esmedh* أسمض «se refroidir»; *asemmidh* أسميض «froid».
  2° S M D' Bot'ioua : *asemmid'* أسميذ «froid»; Guélàia : *asommad'* أسماذ «froid».
  3° S M D B. Ouriar'en : *asommid* أسميد «vent».

S M DH Guélàia : *thesoumadh* تسوماذ pl. «bottes de paille».

S M R' Guélàia : *soumer'* سومغ «éloigner».

S M G (Chelh'a : *ismeg* يسمك «nègre».)
  2° S M R' Guélàia, Temsaman, B. Sa'ïd : *ismer'* يسمغ «nègre», pl. *isem-r'an* يسمغان.

S M M Temsaman : *semem* سمم «s'aigrir».

S N Bot'ioua : *sen* سن «savoir»; a. *issen* يسن; Guélàia : *essen* أسن «savoir»; Temsaman : *sen* سن «savoir» a. *issin* يسن; 3° f. (pas.) *touassen* نواسن.

S OU Guélàia : *sou* سو «boire»; Bot'ioua : *sou* سو «boire»; 1re f. *sessou* سسو «arroser»; Temsaman : *sou* سو «boire»; 1re f. *sesou* سسو «arroser»; 6° f. *sess* سس.

S OU D Guélàia : *souid* سويد «étourneau».

SOUR' Bot'ioua : *asouar'* أسواغ «bleu».

SOUN Bot'ioua : *tsiouant* تسيوانت «corbeau».

SOUN Guélàia, Kibdana : *tsaount* تساونت «roche».

SI Guélàia, Kibdana, B. Ouriar'en, Temsaman, Bot'ioua, B. Sa'id : *asi* أسى «porter».

CH

CHR Temsaman : *chir* شير «rester».

CHMRR Bot'ioua, Temsaman : *achemrar* اشمرار «blanc».

CHN Bot'ioua : *chen* شن «être droit»; *ichenan* يشنان «droit».

DH

DH Temsaman : *soudh* سوض «souffler».

DH (Zénaga : *toudh* توض «œil».)
  2° T Guélàia, Kibdana, Temsaman : *thit'* تيط «œil», pl. *thit'aouin* تيطاوين ; Bot'ioua : *tit* تيط «œil», pl. *tit'aouin* تيطاوين.

DHR Temsaman, Bot'ioua : *adhar* اضار «pied», pl. *idharen* يضارن.
  2° D'R (B. H'alima : *d'ar* ذار «pied».)
  3° DR (Ouargla : *dar* دار «pied».).
  4° ZR Guélàia : *izar* يزار «pied».

DHR Temsaman : *dhar* ضار «descendre».

DHS Guélàia : *aidhes* ايضس «sommeil».
  2° TS B. Ouriar'en, Guélàia, Bot'ioua, Temsaman : *et'as* اطاس «dormir».

DHDH Guélàia, Kibdana, Bot'ioua, Temsaman : *dhadh* ضاض «doigt», pl. *idhoudhan* يضوضان.

DHDH (Mzab : *asoudhedh* أسوضض «allaitement».)
  2° T DH (Ouargla : *et'edh* اطض «teter».)
  3° DD (Zénaga : *oudedd* ودد «allaiter».)
  4° TT (Bougie : *et'et'* اطط «teter».)
  5° T DH Temsaman : *tedh* تض «allaiter».

DH F (Taïtoq : *adhouf*]⊏Ⴈ « saisir ».)
  2° T'F Bot'ioua, Guélàia, Kibdana, Temsaman : *a't'ef* اطف « prendre, saisir » ; 3° f. pas. *tsouat't'ef* تواطف ; B. Sa'id : *at'f* اطف « saisir ».

DH F R Bot'ioua, Temsaman : *edhfer* اضفر « suivre ».
  2° D'F R Guélàia : *ed'fer* اذفر « suivre ».

DH K' R' Temsaman : *tadhk'ar'at* تضغاغت « furet ».

DH L (Chell'a : *adhil* اضيل « raisin ».)
  2° DH R Temsaman : *ad'ir* اضير « raisin ».
  3° D'R Guélàia, Kibdana : *ad'ir* اذير « raisin ».

DH N Temsaman : *iennidhen* ينيضن « autre ».

DH I R Bot'ioua : *dhir* ضير « nuit », pl. *dhiren* ضيرن.
  2° DJ I R Temsaman : *djirth* جيرث « nuit ».

T'

T S Temsaman : *at't'as* اطّاس « beaucoup ».
  2° T S Guélàia : *attas* اتّاس « beaucoup ».

T' K R (Taïtoq : *et'kar* O•:Ǝ « être rempli ».)
  2° T K R (Ahaggar : *etker* Ǝ•:+ « remplir ».)
  3° T CH R Guélàia : *etchar* اجّار « être rempli », a. *itchour* يجّور.
  4° CH R Temsaman : *char* شار « être rempli », a. *ichour* يشّور ; *thecharth* تشّارث « plénitude ».

ا

A D S Guélàia : *âddis* عدّيس « ventre », pl. *iâddisen* يعدّيسن ; Temsaman : *âddis* عدّيس « ventre », pl. *iâddas* يعدّاس et *iâddisen* يعدّيسن ; Bot'ioua : *thaâdist* تعدّيست « ventre ».

R

R' B. Sa'id : *ar'* اغ « prendre, acheter » ; Bot'ioua : *ar'* اغ « prendre », a. *ir'* et *iour'a* يوغا يغى.

R' Guélàia, Kibdana, Temsaman, Bot'ioua : *thr'at* تغات « chèvre », pl. *thir'attan* تغاتان.

R'D' (Zénaga : *thar'ed'iouth* « cardon ».)
  2° R'D (Zouaoua : *thar'diouth* تغدیوث « cardon ».)
  3° R'DJ Bot'ioua : *thar'adj* تغاج « bâton ».

R'D' Guélàia : *ir'ed'* یغد « cendre ».
  2° K'D' Guélàia : *ek'k'ed'* افذ « allumer ».

R'D' Temsaman : *ir'aid'en* یغیذن pl. « chevreaux ».

R'R (Taroudant : *r'ar* غر « crier ».)
  2° K'R Temsaman : *ek'k'ar* افار « appeler ».

R'R (Mzab : *tar'ri* تغری « tige ».)
  2° R Guélàia : *thiart* ثیارت « branche ».

R'R D' (Zouaoua : *ar'erd'a* اغرذا « rat ».)
  2° R'R D Bot'ioua : *ar'erda* اغردا « rat ». pl. *ir'arden* یغردان.

R'R D'R Bot'ioua : *ar'roud'ar* اغرودار « cheville ».

R'R S Guélàia : *r'ers* غرس « fendre » ; Temsaman : *r'ers* غرس « égorger » :
    3° f. *touar'ers* توأغرس.

R'R S Guélàia : *thir'erasin* تغراسین pl. « ruches ».

R'R DH (Zouaoua : *thir'ardhin* تغرضین. pl. « os de l'épaule ».)
  2° R'R D' Haraoua, Temsaman : *thir'ard'in* تغرذین « épaules ».
  3° R'R D Temsaman : *thir'ardin* تغاردین « épaules ».

R'R F Guélàia : *ar'eraf* اغراب « plat ».

R'R M Temsaman, B. Ouriar'en. B. Saʿid : *ar'eroum* اغروم « pain ».

R'Z R Guélàia : *ir'zar* یغزار « fleuve ». pl. *ir'ezran* یغزران ; Kibdana et Tem-
    saman : *ir'zar* یغزار « fleuve ». pl. *ir'zaren* یغزارن ; Bot'ioua : *ar'zar*
    اغزار et *ir'zar* « ruisseau. fleuve ». pl. *ir'zaren* یغزارن.

R'Z Temsaman : *er'z* اغز « creuser ». a. *ir'za* یغزا.

R'Z Z Temsaman : *ar'ziz* اغزیز « grincement ».

R'S Temsaman : *ir'san* یغسان « os ».

R'S D S (Haraoua : *ar'esdis* اغسدیس « côté ».)
  2° R'Z D S Temsaman : *ar'ezdis* اغزدیس « côté ».

R'F Temsaman : *ir'f* یغف « tête ».
  2° K H F B. Saʿid. Temsaman : *ikhf* یخف « tête ».

R'F D I Guélàia : *r'ifdia* غبديا «écuelle».

R'L (Zouaoua : *ir'il* يغيل «bras».)

  2° R'R Guélàia. Kibdana : *ar'ir* اغير «bras»; Bot'ioua : *r'ir* غير «bras» : *thar'irth* تغيرت «colline»; Temsaman : *ar'ir* اغير «coudée».

  3° R'D Guélàia : *ir'adden* يغادن pl. «bras».

R'L (Chelh'a : *ar'ioul* اغيول «âne».)

  2° R'R Bot'ioua, Guélàia, B. Ouriar'en. Temsaman : *ar'iour* اغيور «âne», pl. *ir'iar* يغيار.

  3° R'CH B. Ouriar'en : *thar'ioucht* تغيوشت «ânesse».

  4° R'TCH Temsaman : *thar'ioutch* تغيوج «ânesse».

  5° R'T' Temsaman : *thar'iout'* تغيوط «ânesse».

R'L S (Zouaoua : *ar'ilas* اغيلاس «panthère».)

  2° R'R S Guélàia, Bot'ioua : *ariras* اغيراس «panthère». pl. *ir'irasen* يغيراسن.

R'M Temsaman : *ar'imi* اغيمى «place».

  2° K'M Guélàia : *k'im* فم «s'asseoir».

R'M R Temsaman : *thir'marin* تغارين pl. «angles».

R'M S Bot'ioua : *ir'mes* يغمس «branche».

R'M S Temsaman, B. Ouriar'en, Kibdana. Guélàia : *thir'mest* تغمست «dent», pl. *thir'mas* تغماس; Bot'ioua : *tir'mas* تغماس «dent».

R'N (Taitoq : *our'oun* ⵏⵏ «ligature».)

  2° K'N Guélàia : *k'en* فن «attacher»; Temsaman : *ek'k'en* افن «fermer, attacher»; 3° f. *touak'k'en* توافن (pas.).

R'N DJ Bot'ioua : *thar'endjaith* تغنجايت «cuiller», pl. *thir'endjain* تغنجاين.

R'N M B. Ouriar'en, Guélàia, Kibdana : *ar'anim* اغانيم «roseau». pl. *ir'animen* يغانيمن; Guélàia : *r'anim* غانيم «flûte»; Bot'ioua. Temsaman : *r'anim* غانيم «roseau».

R'OU Bot'ioua : *thar'ouith* تغويت «voix, parole».

R'OU Temsaman : *ar'oui* اغوى «grive».

R'I CH Guélàia, Kibdana : *thar'iecht* تغيشت «noix»; Temsaman : *thar'iechth* تغيشت «frêne».

F

F (Chelh'a : *tafat* تفات « clarté ».)

  2° FOU (Ahaggar : *effou* ⵉ « faire jour ».)

  3° FOUK Temsaman : *thefaoukth* تفاوكت « lumière ».

  4° FOUT B. Ouriar'en, Bot'ioua : *thfouith* تفويت « soleil ».

  5° FOUCH Guélàia, Temsaman, Kibdana : *thefouchth* تفوشت « soleil ».

F B. Sa'id, Bot'ioua, Temsaman : *af* اف « trouver », a. *ioufa* يوفا.

F TH Temsaman : *fithou* فثو « branche », pl. *ifithouen* يفيثون.

F D' Bot'ioua, Guélàia, B. Ouriar'en, Temsaman : *fad'* فاذ « avoir soif ».
  a. *ifoud'* يفوذ.

F D' Guélàia, Kibdana, Bot'ioua, Temsaman : *fad'* فاذ « genou ».
  2° F D Guélàia, Temsaman : *ifadden* يفادن pl. « genoux ».

F R Guélàia *ifara* يفار pl. « feuilles »; Bot'ioua : *thafrioui* تفريوى, pl. *thifriouin* تفريوين « feuille »; Temsaman : *thifradj* تفراج « feuilles ».

F R Bot'ioua, Temsaman : *ifri* يفرى « caverne », pl. *ifran* يفران,

F R B. Sa'id : *fer* فر « cacher ».

N R Guélàia et Kibdana : *thifarin* تفارين pl. « racines ».

F S Guélàia, Kibdana, B. Ouriar'en, Bot'ioua, Temsaman : *fous* « main »,
  pl. *ifassen* يفاسن « main, aile »; Temsaman : *khafousi* خفوسى « à droite »;
  afousich افوسيش « droite ».

F S Temsaman : *efsou* افسو « s'enfuir précipitamment ».

F S S Temsaman : *efsous* افسوس « être léger »; *tefsoust* تفسوست « hirondelle ».

F R' Temsaman, Guélàia, Bot'ioua : *effer'* افغ « sortir »; Temsaman : 1ʳᵉ f.
  soufer' سوفغ « expulser », f. h. *tsoufer'* تسوفغ; B. Sa'id : *effour'* افوغ
  sortir », 1ʳᵉ f. *soufer'* سوفع.

F R'R Bot'ioua : *fir'ar* فغار, pl. *ifair'eran* يفيغران « serpent, vipère »; Temsaman : *fir'ar* فغار « serpent », pl. *fir'arioun* فغاريون.

F K R Guélàia : *ifker* يفكر « tortue ».
  2° X F R Botioua : *ixfer* يكفر « tortue ».

F N S Guélâia, Kibdana, Temsaman, Bot'ioua. B. Ouriar'en : *afounas* ابوناس «bœuf», pl. *ifounasen* يبوناسن.

k'

K'Z N Guélâia, B. Ouriar'en : *ak'zin* افزين «petit chien».

K'S Guélâia : *ek'k'es* افس «piquer».

K'S Temsaman : *ak's* افس «être malade».

K'CH L (Zouaouia : *thak'chalt* تغشالت «menu bois».)
  2° K'CH DH (Chelh'a : *ak'choudh* افشوض «bois».)
  3° K'CH D' Temsaman, B. Ouriar'en, Guélâia : *ak'choud* افشود «bois», pl. *ak'choud'en* افشودن,

K'L CH (B. Menacer : *ak'louch* افلوش «cruche».)
  2° K'D CH Guélâia, Kibdana : *ak'douch* افدوش «cruche».)

K'M M Bot'ioua : *ak'moum* اغموم «bouche», pl. *ik'moumen* يغمومن.
  2° K'M S Bot'ioua : *ak'ems* افس «bouche».
  3° G M M Guélâia : *agemmoum* اگموم «bouche», pl. *igemmoumen* يگمومن.

K

K SH M (Zouaoua : *akthoum* اكثوم «chair».)
  2° K S M Temsaman : *aiksoum* ايكسوم «viande».
  3° CH TH M Guélâia : *aichthoum* ايشثوم «viande».
  4° CH S M Temsaman : *achsoum* اشسوم «viande».

K R (Zouaoua : *aker* اكر «voler».)
  2° CH R B. Sa'ïd : *achar* اشار «voler»; Temsaman : *acher* اشر «voler».
  3° K R DH Temsaman : *toukerdha* توكرضا «vol».

K R (Chelh'a : *kera* كرا «chose».)
  2° CH R B. Sa'ïd : *achchar* اشار «chose, quelque chose»; Temsaman : *chera* شرا «chose».

K R R (Zouaoua : *ikerri* يكرى «mouton».)
  2° X R R Temsaman : *χerri* كرى «mouton», pl. *aχraren* اكرارن : Bot'ioua. B. Ouriar'en : *iχerri* يكرى «mouton».

3° CH R R Temsaman : *icharri* يشرى « mouton ».

K R Z (Zouaoua : *kerez* كرز « labourer ».)
  2° CH R Z Guélàia : *charez* شرز « labourer »; 6° f. *charrez* شرز .

K R F (Taroudant : *kerf* كرف « lier ».)
  2° CH R F Temsaman : *echref* اشرف « lire ».

K J Temsaman : *thkijja* تكزا « crâne ».

K S Temsaman : *ameksa* امكسا « berger », pl. *imeksaouen* يمكساون .

K S Temsaman : *ekkes* اكس « ôter »; Guélàia : *ekkis* اكيس « ôter »; Temsaman : *kes* كس « enlever »; 2°-10° f. *mieksi* ميكسى ; 3°-10° f. *tsouaksi* تواكسى ; 5° f. *teks* تكس ; B. Saʿid : *taks* تكس « prendre ».
  2° CH S Guélàia : *echs* اشس « enlever ».

K S Guélàia, Kibdana, Boťioua : *kes* كس « couper ».

K S Boťioua : *iouksa* يوكسا « beaucoup ».

K S DH (Chelh'a : *kesedh* كسض « craindre ».)
  2° K S D (Taroudant : *eksoud* اكسود « craindre ».)
  3° KH CH D' (Zénaaga : *khachoud'* خشود « craindre ».)
  4° K D (Chelh'a : *taouakda* تواكدا « crainte ».)
  5° G D' Temsaman : *ouggid'* وكّيد et *ouggouid'* وكّويد « craindre »; *thiougd'i* تيوكّدى « crainte ».
  6° G D Guélàia : *ouggid* وكّيد « craindre ».

K CH Boťioua, Temsaman, B. Saʿid : *oukch* وكش « donner »; Temsaman : 2° f. *moukch* موكش ; 3° f. *touakch* تواكش ; Temsaman : *thimekcha* تمكشا « don ».
  2° OU CH Guélàia, Kibdana, B. Saʿid : *ouch* وش « donner ».

K CH R Temsaman : *akechchar* اكشار « chauve ».

K CH DH Temsaman : *akchoudh* اكشوض « poutre ».

K F L (Chelh'a : *ikfil* يكعيل « oignon sauvage ».)
  2° F L (Syouah : *effilin* افيلين pl. « oignons ».)
  3° KH F L (Zouaoua : *ikhfil* يخعيل « scille maritime ».)
  4° X F L (B. Menacer : *aiχfil* ايكعيل « scille maritime ».)
  5° CH F R (Temsaman : *ichfir* يشعير « scille maritime », pl. *ichfiren* يشعيرن .

K F I (Chelh'a : *okfaï* أكڭاى «lait».)

  2° F K I (Zouaoua : *aifki* ايڢكى «lait doux».)

  3° CH F I Bot'ioua. Guélàia. Temsaman : *achfaï* اشعاى «lait doux».

K K Temsaman : *ekka* اكّا «s'en aller».

K L (Taroudant : *kel* كل «parcourir».)

  2° TCH L (Ouarsenis : *titchli* يچلى «marche».)

  3° X L (B. Menacer : *χel* «marcher».)

  4° K N B. Sa'ïd : *imsaouken* يمساوكن pl. «voyageurs».

K L (Chelh'a : *akal* أكال «terre».)

  2° CH L (Chaouia : *chel* شل «terre».)

  3° CH R Temsaman : *cher* شر «terre».

  4° X R B. Ouriaï'en : *χer* كر «terre».

K N (Zouaoua : *iken* يكن «jumeau».)

  2° X N Bot'ioua : *iχniouin* يكنيويين «jumeaux».

K N F (Zouaoua : *eknef* أكنڢ «rôtir».)

  2° X N F (Ouarsenis : *χanif* كانيڢ «rôtir».)

  3° CH N F B. Sa'ïd : *thachnift* تشنيڢت «galette».

χ .

X S B. Sa'ïd : *aχs* أكس a. *iouχsa* يوكسا «frapper».

X M R Temsaman : *χmer* كمر «brûler».

G

G Bot'ioua : *eg* اڭ «faire»; Temsaman : *eg* اڭ «faire»; 5° f. *tig* تيڭ; B. Sa'ïd : *egg* اڭ «faire». v° f. *tig* تيڭ.

G (Tazeroualt : *eg* اڭ «être, devenir».)

  2° G' (Chelh'a : *eg'* اڭ «être, devenir».)

  3° DJ Bot'ioua : *edj* اج «être».

G (Chelh'a : *egma* أڭّما «frère».)

  2° OU Bot'ioua. Guélàia. Temsaman : *ouma* وما «frère». pl. *aithma* ايثما.

G D B. Sa'ïd : *iougda* (aor.) يوڭدا «il tomba».

G D D (Taroudant : *agdid* اڭديد «oiseau».)
  2° J D D (Mzab : *ajeddid* أزديد «oiseau».)
  3° J D DH (Ouargla : *ajdidh* أزديض «oiseau».)
  4° J D'DH Temsaman : *ajd'idh* ازديض «oiseau».

G D R (Chelh'a : *agadir* اڭدير «roche».)

DJ D R B. Ouriar'en : *adjdir* اجدير «rocher».

I D'R Temsaman : *thaid'arth* ثيدارت. — On est tenté de rapprocher
  cette racine, qui se rencontre fréquemment dans l'onomastique géo-
  graphique du Maghreb (Agadir du Maroc, Agadir de Tlemcen), du
  mot arabe جدار et du punique. Mais il faut remarquer que, dans cette
  dernière langue, *gadir* signifiait *haie* et non *rocher* (en arabe جدار
  «mur»). Cf. Pline l'Ancien, *Hist. nat.*, IV, 36 : «Nostri Tartesson ap-
  pellant. Pœni *Gadir*, ita punica lingua *sepem* significante».

G D'R (Zonaoua : *igid'er* يڭيدر «aigle».)
  2° DJ D R (Bougie : *idjider* يجيدر «vautour».)
  3° DJ D'R Guélàia et Kibdana : *djid'ar* جيذار «aigle».

G D'R (Zonaoua : *thigd'erth* ثڭذرت «épi».)
  2° I D'R Temsaman : *thid'rin* ثيذرين pl. «épis».
  3° Z R Guélàia et Kibdana : *thazera* ثزرا «épi», pl. *thizerin* ثزرين; Temsaman : *thazera* ثزرا «épi».

G R B. Saïd : *ougour* وڭور «partir»; Temsaman : *aggour* اڭور, aor. *iggour*
  يڭور «s'en aller».
  2° I R Bot'ioua, Guélàia, Temsaman : *oujour* وزور «s'en aller», aor. *iou-
  jour* يوزور; Temsaman : 1ʳᵉ f. *soujour* سوزور «faire partir».

G R (Zonaoua : *aggour* اڭور «mois».)
  2° I R Temsaman, B. Ouriar'en : *aiour* ايور «lune, mois», pl. *iaren*
  يارن; Guélàia, Kibdana, Bot'ioua : *iour* يور «mois».

G R Temsaman : 3ᵉ f. *msaigar* مسيڭار «se rencontrer».
  2° J R Guélàia, Temsaman, Bot'ioua : *jerou* زرو «rassembler»; Bot'ioua :
  ajerou ازرو «foule».

G R (Ahaggar : *agerou* ⵔ «grenouille».)
  2° J R Bot'ioua : *ajerou* ازرو «grenouille», pl. *ijerouen* يزرون; Guélàia :
  ajarou ازرو «sauterelle», pl. *ijarouan* يزاروان.

G R Temsaman : *angarou* انكارو «dernier», pl. *ingoura* ينكورا.

G R TH L (Zouaoua : *agerthil* اكرثيل.)

  2° J R TH L (Ouarsenis : *ajerthil* ازرثيل «natte».)

  3° J R T L (K'çour : *ajertil* ازرثيل «natte».)

  4° J R TH R B. Ouriar'en, Bot'ioua, Guélâia : *ajarthir* ازرثير «natte».

G R S Guélâia : *thagersa* ثكرسا «hiver», pl. *thigersiouin* ثكرسيوين.

G Z Zouaoua : *agazou* اكازو «grappe».

  (?) 2° Z K N Bot'ioua : *azkoun* ازكون «grappe».

G J L (Zouaoua : *agoujil* اكوزيل «orphelin».)

  2° I J L (K'çour : *aioujil* ايوزيل «orphelin».)

  3° I DJ L (Achacha : *aioudjil* ايوجيل «orphelin».)

  4° I J R Temsaman : *aioujir* ايوزير, pl. *ioujiren* يوزيرن «orphelin»; *tha-ioujirth* ثيوزيرث «orpheline», pl. *thioujirin* ثيوزيرين.

G S B. Sa'id : *egges* اكس «faire».

G G (Chelh'a : *igig* يكيك «tonnerre».)

  2° DJ DJ Guélâia : *adjadj* اجاج «tonnerre».

G G (Taroudant : *eggog* اككك «s'éloigner».)

  2° G J B. Sa'id, Temsaman : *eggouj* اكوز «être loin, s'éloigner».

G L (Zouaoua : *agla* اكلا «bien».)

  2° I L (Zouaoua : *aila* ايلا «bien».)

  3° G R (Temsaman : *aigra* ايكرا «bien».)

G L D' (Zouaoua : *agellid'* اكليذ «roi».)

  2° G L D (Taroudant : *agellid* اكليد «roi».)

  3° J L D' (B. Menacer : *ajellid'* ازليذ «roi».)

  4° J L D (K'çour : *ajellid* ازليد «roi».)

  5° DJ L D (Ghdamès : *adjlid* اجليد «roi».)

  6° J D D B. Ouriar'en, Bot'ioua, Guélâia : *ajeddid* ازديد «roi».

  7° J DJ D Temsaman : *ajjedjid'* ازجيذ «roi».

  8° J DJ D' B. Sa'id : *ajedjid'* ازجيذ «roi».

  9° D' DJ Temsaman : *thad'djith* ثذجيت «reine».

  10° Z J D' Temsaman : *azejid'* اززيذ «roi», pl. *izajid'en* يززيذن.

  11° D' J D' Temsaman : *id'ejad'en* يذزاذن «rois» pl.

  12° D' DJ D' B. Sa'id : *ad'edjid'* اذجيذ «roi».

G L Z M (Zouaoua : *agelzim* اكلزيم «pioche».)

  2° I L Z M (Haraoua : *aielzim* ايلزيم «pioche».)

  3° J L J M (Gourara : *tajeljimtch* تولزيج «pioche».)

  4° I Z M Boťioua : *iizim* يزيم «hache».

G L M (Djerid : *aglim* اكلم «peau».)

  2° DJ L M (Mzab : *adjlim* اجلم «peau».)

  3° G᷾ L M (Haraoua : *ag᷾lim* اكلم «peau».)

  4° J L M (Chaouia : *ajlim* ازلم «peau».)

  5° I L M (Achacha : *ailim* ايلم «peau».)

  6° G᷾ R M (Bougie, *ag᷾rim* اكريم «peau».)

  7° I R M Guélàia, Boťioua : *irim* يريم «peau».

  8° R᷾ R M Temsaman : *ir᷾rem* يغرم «peau».

G M R (Taroudant : *goumer* كومر «chasser».)

  2° I M R Temsaman : *d animar* دانيمار «chasseur».

  3° DJ M R Boťioua : *indjemarin* ينجمارين «chasseurs, pêcheurs».

  4° M R B. Sa'ïd : *anemar* انمار «chasseur».

G M DH (Zouaoua : *agemmadh* اكماض «rive».)

  2° J M DH Boťioua et Temsaman : *ajmadh* ازماض «rive».

G N (Taroudant : *gen* كن «coudre».

  2° J N F (Mzab : *tisejneft* تسزنعت «aiguille».)

  3° N F Guélàia, Temsaman : *thisineft* تسنعت «aiguille», pl. *thisinaf*
تسناف .

G N D Z Boťioua : *agendouz* اكندوز «veau», plur. *igendouzin* يكندوزين .

G N F Boťioua : *genfa* زكنعا «être guéri»; 1re f. *:genfa* زكنعا «guérir»;
Temsaman : *genf* كنف «purifier»; 1re f. *:genfa* زكنعا «guérir»; 3e f.
tsonagenfa نواكنعا «être guéri».

G N N (Chelh'a : *igenna* يكنا «ciel».)

  2° G᷾ N N (Ahaggar : *ag᷾enna* ·IX «ciel».)

  3° DJ N N (Ghdamès : *adjanna* اجنا «ciel».)

  4° J N N Boťioua, B. Ouriar'en, Guélàia, Temsaman : *ajenna* ازنا «ciel»,
  pl. *ijennathen* يزناتن .

  5° CH N N (Guanche de Ténériffe : *achano* اشان «année».)

  6° CH M N (Guanche de Ténériffe : *achaman* اشمان «Dieu».)

  7° S N N Temsaman : *asinnou* اسنو «nuage».

G I Bot'ioua et Temsaman : *agi* أكّى "refuser". a. *ioughi* يوكّى.

G I D Guélàia et Kibdana : *igiadet* يكّيادت "plaine".

L

L (Bougie : *thili* ثيلى "ombre".)
  2° R B. Sa'id, Bot'ioua : *thiri* ثيرى "ombre".

L (Zouaoua : *mselai* 2°-1re-7e f. مسلاى "parler".)
  2° OU L (Zouaoua : *aoual* اوال "parole".)
  3° OU R Bot'ioua, Guélàia, Temsaman : *aouar* اوار "parole", pl. *aouaren* اوارن ; B. Sa'id, Bot'ioua, Guélàia, Temsaman : *siouer* سيور "parler" ; B. Sa'id : *themseriachth* تّمسرياشت "chose" ; Temsaman : *themserachth* تّمسراشت "parole".
  4° OU D B. Sa'id : *sioued* سيود "parler".

L (Zouaoua : *thala* ثلاً "fontaine".)
  2° R B. Ouriar'en, Temsaman : *thara* ثرا "fontaine" ; Bot'ioua, Guélàia : *ouari* وارى "voir" ; 3° f. pas. *touari* توارى.
  3° DH Bot'ioua : *thadja* "fontaine", pl. *thadjiouen* ثجيون.

L (Zouaoua : *ili* يلى "être".)
  2° R Temsaman : *iri* يرى "être" ; f. hab. *tiri* تيرى.
  3° D Bot'ioua, Guélàia : *idda* يدّا (aor.) "il fut".

L Z (Zouaoua : *laz* لازْ "faim".)
  2° D Z B. Ouriar'en, Bot'ioua, Guélàia : *douz* دوزْ "avoir faim".
  3° DJ Z B. Sa'id, Temsaman : *djaz* جازْ "avoir faim".
  4° R Z Temsaman : *raz* رازْ "faim".

L S (Taroudant : *ils* يلس "langue".)
  2° R S Bot'ioua, Temsaman : *ires* يرس "langue".

L S (Bougie : *thallest* ثلست "ténèbres".)
  2° DJ S Bot'ioua : *thesadjist* تساجيت "ténèbres" ; Temsaman : *tsadjest* تساجست "ténèbres".

L R' (Dj. Nefousa : *allar'* الاغ "pied d'une montagne".)
  2° DJ R' Temsaman : *adjar'* اجاغ "profond".

L R' M (Zouaoua : *alr'oum* الغوم "chameau" ; cf. arabe لغم.)
  2° L M (Gourara : *aloum* الوم "chameau".)

3° R R' M Bot'ioua, Temsaman : *arr'am* ارغام «chameau».

4° R R' N Guélàia : *arr'an* ارغان «chameau».

L F (Zouaoua : *ilef* يلف «sanglier».)

2° R F Bot'ioua, Guélàia, Kibdana : *iref* يرف «sanglier», pl. *irfan* يرفان ;
Temsaman : *iref* يرف «sanglier», pl. *irfaoun* يرفاون .

L F S (Zouaoua : *talefsa* تلفسا «vipère».)

2° R F S Guélàia : *tharefsa* ترفسا «vipère».)

L K' K' (Zouaoua : *alek'k'ak'* الغاق «tendre».)

R K' R' Temsaman : *arek'k'ar'* ارفاغ «fin».

L K (Zouaoua : *thilkets* تلكت «pou».)

2° L CH (Zouaoua : *thillichth* تليشت «pou».)

3° L I (K'çour : *tilli* تلى «pou».)

4° I CH Guélàia : *thiichchith* تيشيت «pou», pl. *thiichchin* تيشين .

L L (Zouaoua : *illi* يلى «fille».)

2° D D B. Ouriar'en, Guélàia : *iddi* يدى «fille».

3° DJ B. Sa'id, Temsaman : *idji* يجى «fille».

L L (Zouaoua : *ilili* يليلى «laurier-rose».)

2° R R Guélàia, Kibdana : *iriri* يريرى «laurier-rose».)

L M (Zouaoua : *alim* الم «paille».)

2° R M Bot'ioua, Temsaman : *aroum* اروم «paille»; B. Ouriar'en :
iaroum ياروم «paille»; Guélàia : *iroum* يروم «paille».

L M S R (Zouaoua : *almesir* المسير «peau de mouton».

2° R M J Temsaman : *armesou* ارمسو «outre».

L I (Zouaoua : *ali* الى «monter».)

2° R I Bot'ioua : *ari* ارى «monter». a. *iouri* يورى ; 1ʳᵉ f. *siri* سيرى ; Guélàia : *ari* ارى «monter»; f. h. *tari* تارى .

M

M B. Ouriar'en, B. Sa'id, Bot'ioua, Guélàia, Kibdana, Temsaman : *aman*
امان «eau».

M (Zénaga : *emmi* امى «mourir».)

2° M TH Bot'ioua, Temsaman : *emmouth* اموث «mourir»; B. Sa'id :
emmeth امت «mourir».)

3° M T Guélàia : *emmout* اموت «mourir».

M DJ Guélàia : *tamdja* تنجا «violon».

M D (Zouaoua : *thamdith* ثمديت «soir».)
  2° M D R (B. Menacer : *thamdirth* ثمديرت «soir».)
  3° DJ R B. Sa'id, B. Ouriar'en, Temsaman : *djirth* جيرت «nuit».
  4° DH R Bot'ioua : *dhir* ضير «nuit», pl. *dhiran* ضيران.
M R Guélàia : *themarth* ثمارت «barbe».
  M R R' Bot'ioua : *themourr'i* ثمورغى «sauterelles» pl.

M Z Guélàia : *amza* امزا «ogre».

M Z R' Bot'ioua, Temsaman : *amzour'* أمزوغ «oreille», pl. *imezzour'en*
يمزوغن ; Guélàia : *amezzour'* أمزوغ «oreille», pl. *imezzour'en* يمزوغن.
M Z I Temsaman : *emzi* امزى «être étroit»; Guélàia, Temsaman : *amezzian*
امزيان «petit»; Temsaman : *thimzi* ثمزى «jeunesse».

M J J Bot'ioua : *thmijja* ثمزا «gosier».

M S (Zénaga : *oumas* وماس «chat».)
  2° M CH Guélàia, Kibdana : *mouch* موش «chat», pl. *imouchchoun*
يموشون ; B. Ouriar'en, Temsaman : *mouch* موش «chat», pl. *mouchouen*
موشون.

M S Guélàia, B. Ouriar'en : *thimsi* ثمسى «feu»; Temsaman, Bot'ioua :
thimessi ثمسى «feu».

M S R Bot'ioua : *amsir* امسير «cuisse», pl. *imesraouen* يمسراون.
M DH L (Zouaoua : *medhel* مضل «enterrer».)
  2° M T' L (Bougie : *ent'el* أمطل «enterrer».)
  3° M DH R Temsaman : *amdher* أمضر «tombeau», pl. *imedhran* يمضران
  4° M D' L (B. Menacer : *amd'al* أمذل «enterrer».)
  5° N T' L (Zouaoua : *ent'el* أنطل «enterrer».)
  6° N D R Bot'ioua, Temsaman : *ander* اندر «tombeau».
  7° N DH R Temsaman : *andher* أنضر «enterrer».

M T' B. Sa'id : *thamet't'outh* ثمطوت «femme»: Bot'ioua : *thamet't'ot* ثمطت
«femme».

M T' Temsaman : *thimmat'* ثماط «chardon».

M T' Guélàia : *imet't'aoun* يمطاون «larmes».

M R' R Temsaman : *amr'ar* أمغار «vieillard», pl. *imr'aren* يمغارن : B. Ouriar'en, Temsaman. B. Saʿid, Guélàia, Kibdana, *thamr'arth* تمغارت «femme, épouse», pl. *thimr'arin* تمغارين; Temsaman : *imr'er* يمغر «être vieux»; 1re f. *semr'er* سمغر «vénérer».

2° M K'R Temsaman, Boṭ'ioua : *amok'ran* امغران «grand»; Guélàia, Kibdana : *amok'k'eran* امغران «grand»; Temsaman, B. Ouriar'en : *amek'k'aren* امغارن «grand».

M R'R Temsaman : *thamr'era* تمغرا «noce».

M G R (Zouaoua : *meger* مكر «moissonner».)

2° M J R Temsaman, Boṭ'ioua : *emjer* امزر «moissonner»; Boṭ'ioua : *amjar* امزار «moisson».

M G Z Guélàia, Kibdana, Temsaman : *amgiz* امكيز «joue», pl. *imgizen* يمكيزن: Boṭ'ioua : *amgez* امكز «joue», pl. *imgeza* يمكزا.

M L (Zouaoua : *mel* مل «indiquer».)

2° M R Temsaman : *mer* مر «indiquer».

M L K (Ouargla : *emlek* املك «se fiancer».)

2° M L TCH (Mzab : *emmeltch* املج «se marier».)

3° M L CH (Mzab : *emlech* املش «se marier».)

4° M R CH Guélàia : *emrech* امرش «se marier».

M L L Kibdana : *amellal* امللل «blanc».

2° M D D Guélàia : *ameddad* امداد «blanc».

3° M D R Boṭ'ioua : *thimdirin* تمديرين «œufs» pl.

4° M DJ R Temsaman : *thimedjarin* تمجارين «œufs» pl.

M M Guélàia, Temsaman, B. Saʿid : *imma* يما «mère»; Boṭ'ioua : *iemma* يما «mère»; Guélàia, Temsaman : *emmi* امى l. *memmi* همى «fils».

M M Temsaman : *thament* تمّت «miel».

2° M N Boṭ'ioua : *thammint* تمنت «miel».

M N Guélàia : *thammiouin* تميوين «sourcils» pl.

M N Guélàia : *moun* مون «se réunir»; 5e f. *temoun* تمون.

M N B. Saʿid : *iman* يمان «personne».

M N D Guélàia, Temsaman : *imendi* يمندى «orge».

M N S KH Guélàia, Kibdana : *themensikht* تمنسيكت «avoine».

M OU R Temsaman. Guélàia. B. Sa'id, Bot'ioua : *thamourth* ثمورت «terre, pays».

M I N Temsaman : *amian* اميان «boue».

ن

N B. Sa'id, Bot'ioua, Guélàia, Temsaman, B. Ouriar'en : *ini* يني, a. *inu* ينا ; Temsaman : 3º f. *touenna* توانا.

N Bot'ioua : *thini* ثيني «datte».

N B R Temsaman : *anber* انبر «sabre». pl. *inberen* ينبرن ; B. Ouriar'en : *tenbert* تنبرت «sabre».

N B G (Zouaoua : *inebgi* ينبكى «hôte».)
   2º N F J (Ghdamès : *anefji* انعزى «hôte».)
   3º N OU J Bot'ioua, Temsaman : *anouji* انوزى «hôte». pl. *inoujiouen* ينوزيون.

N D R Temsaman : *ender* اندر «jeter»; 2º f. *mender* مندر.
   2º N T R Guélàia : *net't'er* نطر «jeter»; 7º f. *net't'ar* نطار.

N D M Bot'ioua : 5º f. *tsendem* تندم «se réunir».

N R Z (Mzab : *inerz* ينرز «talon».)
   2º N R J (Ouarsenis : *inirej* ينيرز «talon».)

N Z Bot'ioua : *enz* انز «être vendu»; Temsaman, Guélàia. Bot'ioua : 1ʳᵉ f. *zenz* زنز «vendre»; 1ʳᵉ-8º f. Temsaman : *zenouz* زنوز.

N Z R Bot'ioua, Guélàia, Temsaman : *anzar* انزار «pluie».

N Z R Bot'ioua : *thinzert* تنزرت «nez»; Temsaman : *inzer* ينزر «nez»; Guélàia : *inzaren* ينزارن pl. «nez».

N Z R R Guélàia, Kibdana : *anzarar* انزرار «chaleur».

N J B Temsaman : *anijbou* انزبو «fils»; Temsaman : *thanjibouth* تنزبوت «fille».
   2º N D J B Temsaman, Guélàia : *andjibou* انجبو «fils».
   3º N J B B. Sa'id : *iniba* ينيبا (pl.) «fils».

N S Bot'ioua, B. Sa'id, Temsaman : *ens* انس «passer la nuit»; Bot'ioua, Temsaman : 1ʳᵉ f. *sens* سنس «faire passer la nuit».

N S Temsaman : *tensa* تنسا « nœud ».

N DH Temsaman : *emedh* انض « parcourir »; 4ᵉ f. *tsennedh* تنّض.
  2° N T Guélàia. Temsaman : *nett* نطّ « s'approcher »; a. *inett'ou* ينطّو.

N T R Temsaman : *nett'er* نطر « être placé ».

N R' Guélàia : *enner'* انغ « enrouler ».

N R' Temsaman : *anr'i* انغى « tuer »; 2ᵉ f. *menr'* منغ « combattre »; 5ᵉ–2ᵉ f. *temenr'* تمنغ « se combattre »; Bot'ioua : 7ᵉ f. *nar'* ناغ « tuer »; Temsaman : *emenr'i* امنغى « combat ».

N F Temsaman : *thenift* تنيفت « pois ». pl. *thinifin* تنيفين.

N F Bot'ioua : 1ʳᵉ f. *snouf* سنوب « cocher ».

N F S Temsaman : *thinifest* تنيفست « cendre ».

N K R Bot'ioua, Temsaman : 1ʳᵉ f. *senker* سنكر « réveiller ».
  2° K K R Guélàia. Temsaman, B. Sa'id : *ekker* اكّر « se lever »; Guélàia : 1ʳᵉ–7ᵉ f. *sekkar* سكّار.

N OU Bot'ioua : *anou* انو « puits ». pl. *anouthen* انوثن.

N OU L (B. H'alima : *thanoualt* تنوالت « gourbi ».)
  2° N OU R Temsaman : *thinouarin* تنواربن « tentes ».

N I B. Sa'id : *eñi* « aller à cheval »; 1ʳᵉ f. *señi* سنى; Guélàia : *enia* انيا « aller à cheval ».

N I R Guélàia, B. Sa'id : *thaniarth* تنيارت « front ».

H

H B Ouriar'en *iouhou* يوهو (aor.) « il est sorti ».
  2° J H Temsaman : *ioujhoua* يوزهوا (aor.) « il est sorti ».

H R (Ahaggar : *tahouri* •O⫶+ « sorte de hyène ».)
  2° OU R Temsaman : *thiouarthiouin* توارتيوبن pl. « renards ».

H N CH Bot'ioua : *ahnouch* اهنوش « raton », pl. *ihnouchan* يهنوشان.

OU

OU (Ouargla : *aou* او « fève ».)
  2° B OU Guélàia : *ibaouen* يباون « fèves ».

OUTH Guélàia, Temsaman, Bot'ioua : *oueth* وت « frapper ».

  2° OUT Temsaman : *out* وت « frapper ».

  3° OUTS (Taroudant : *outs* وت « frapper ».)

  4° OUTCH (Tementit : *ouetch* وچ « frapper ».)

  5° OUT' (Djerid : *ouet'* وط « frapper ».)

  6° OUD (Aoudjila : *cioued* ايود « coup ».)

  7° OUKTCH (B. Menacer : *oukth* وكت « frapper ».)

  8° OU (Zénaga : *aoui* اوى « frapper ».)

  9° ITH Guélàia : *thiitha* تيتا « coup ».

  10° IT (Ouargla : *titi* تيني « coup ».)

  11° ID' (Zénaga : *tid'i* تيذى « coup ».)

  12° IKTH (B. Menacer : *thiikthi* تيكثى « action de frapper ».)

  13° IKT (Zénaga : *tikt* تيكت « douleur ».)

  14° ICHT (O. Rir' : *ticht* تيشت « coup ».)

  15° CHT (Mzab : *echchat* اشات « battre ».)

  16° CHTH Bot'ioua, B. Sa'id : *echchath* اشات « frapper ».

OURTH Guélàia, Bot'ioua : *thaonourth* ثورت « porte »; Temsaman : *tha-ouourth* ثورت « porte », pl. *thioura* تيورا ; B. Ouriar'en : *thaouggourth* ثوكورت « porte ».

OURTH Bot'ioua : *ourthou* ورثو « jardin », pl. *ourthan* ورثان.

OURKHS Guélàia : *ouarkhas* ورخاس « papillon », pl. *iouarkhasen* يورخاسن.

OURR Guélàia : *thaourirt* ثوريرت « colline ».

OURZ (Zouaoua : *aourez* اورز « talon ».)

  2° OURJ (Zénaga : *ourij* وريژ « talon ».)

  3° IRZ Bot'ioua : *irrz* يرز « talon », pl. *ierzaouen* يرزاون.

OURSR Bot'ioua : *thaonoursira* ثورسيرا « hyène ».

OURR' B. Ouriar'en, Temsaman : *ourar'* وراغ « or »; Guélàia, Temsaman, Bot'ioua, Kibdana : *aourar'* اوراغ « jaune »; Guélàia : *ouarar'* وراغ « or ».

OURN Bot'ioua : *thaouarna* « front », pl. *thaouarnaouen* ثورناون.

OURN Temsaman : *aouaren* اوارن « pàquerette ».

OUSR B. Sa'id : *aoussar* اوسار « vieux ».

  2° OUCHSR Temsaman, B. Ouriar'en : *aouchsar* اوشسار « vieux », *thaouchsart* توشسارت « vieille ».

OU CH Bot'ioua : *ouchcha* وشا «lévrier», pl. *ouchchaien* وشاين ; B. Saïd : *ouchcha* وشا «lévrier», pl. *ouchchan* وشان.

OU CH N B. Ouriar'en : *ouchchen* وشن «chacal»; Temsaman : *ouchchen* وشن «chacal», pl. *iouchchanen* يوشانن.

OU DH Temsaman : *aoudh* أوض «arriver»; 1re f. *sioudh* سيوض ; B. Saïd : *oudh* وض «arriver»; Bot'ioua : *aoudh* أوض «arriver».

OU DH F (Zouaoua : *thioudhfin* توضعين «fourmis».)
  2° OU T F (Bougie : *aout't'ouf* أوطوب «fourmi rouge».)
  3° OU T F (Zénaga : *toutfith* توتعيت «fourmi».)
  4° G DH F (Zouaoua : *thigedhfin* تكضعين «fourmis».)
  5° G T F (Dj. Mfousa : *tigret'fet* تكطعت «fourmi».)
  6° G D F (Ouargla : *tagdefit* تكدفيت «fourmi».)
  7° G T F (Chaouia : *agretfet* أكتعت «fourmi».)
  8° T T F (Ahaggar : *taït't'ouft* +][Ɛ≤+ «fourmi».)
  9° H T F (Taïtoq : *tahat't'oft* +][Ɛ⋮+ «fourmilière».)
  10° T T F (Timimoun : *titetfin* تتعين «fourmis».)
  11° K D F (Badrian : *tikedfin* تكدبين «fourmis».)
  12° K F F Guélàia et Kibdana : *thikeffin* تكبين «fourmis».

OU K (Zouaoua : *thaouka* توكا «ver».)
  2° K TCH (Dj. Nefousa : *takitcha* تكجا «ver».)
  3° CH CH Guélàia. Kibdana : *thichchouin* تشاوين «vers» pl.

OU G L (Zouaoua : *ougel* وكل «dent incisive».)
  2° OU G R Bot'ioua : *ouger* وكر «dent canine».)

OU L (Taroudant : *toual* توال «fois».)
  2° OU R Guélàia. Temsaman : *thouara* توارا «fois». pl. *thiouaraouin* توارأوين.

OU L (Dj. Nefousa : *oultem* ولتم «sœur».)
  2° OU R B. Ouriar'en, Guélàia : *ourtma* ورتما «sœur».
  3° OU DJ Bot'ioua : *oudjma* وجما «sœur».
  4° OU TCH Temsaman : *outchma* وجما «sœur». pl. *ouaitma* وايتما.

OU L (Zouaoua : *oul* ول «cœur».)
  2° OU R B. Ouriar'en. Bot'ioua. Guélàia. Kibdana. Temsaman : *our* ور «cœur». pl. *ouraoun* ورأون.

OU H R' Bot'ioua : *ouhar'* وهاغ «renard», pl. *ouhar'en* وهاغن.

OU OU Guélàia : 1re f. *souou* سو « faire cuire ».

OU I Bot'ioua, B. Ouriar'en, Temsaman, Guélàia, Kibdana : *aoui* اوى, a. *ioui* يوى « apporter, conduire ».

I

I B. Sa'id, Temsaman : *thaia* ثيا « négresse ».

I D' Bot'ioua, Guélàia, Temsaman : *thaid'a* ثيذا « pin ». pl. *thaid'iouin* ثيذيوين.

I R Guélàia : *thiart* ثيارت « branche »; Temsaman : *thiarth* ثيارث « souche ».

I R Temsaman : *ieri* يرى « cou »; Bot'ioua : *ieri* يرى « nuque ».

I Z DH N Kibdana, Guélàia : *iazidhan* يازيضان « coqs »; Temsaman : *iazidh* يازيض « coq ». pl. *iazidhan* يازيضان et *iazidhin* يازيضين.

  2° I Z T' Kibdana, Guélàia : *iazit'* يازيط « coq »; Guélàia, Temsaman : *thiazit'* ثيازيط « poule ».

I S Guélàia, Bot'ioua, Temsaman : *iis* يس « cheval ». pl. *iisan* يسان.

  2° I CH S Guélàia : *ichsan* يشسان. pl. « chevaux ».

I DH B. Sa'id : *idh* يض « nuit ».

I DH B. Ouriar'en : *aidhi* ايضى « chien ». pl. *iidhan* يضان.

  2° I D Bot'ioua, Guélàia : *aidi* ايدى « chien ». pl. *iedan* يدان.

  3° I D' (Zouaoua : *aid'i* ايذى « chien ».)

  4° I T Temsaman : *it'an* يطان pl. « chiens ».

  5° I T Guélàia : *ittan* يتان « chiens ».

I L (B. Menacer : *ailou* ايلو « sac ».)

  2° I G (Zénaga : *eigith* ايكيت « sac ».)

  3° I D D' Bot'ioua : *aiddid'* ايدديذ « sac, outre ».

I N S Bot'ioua : *insi* ينسى « hérisson ». pl. *insiaouen* بنسياون.

APPENDICE.

LE DIALECTE DES BOT'IOUA (OU BOQIOUA) DU VIEIL ARZEU.

Ce dialecte est parlé par la population indigène du Vieil
Arzeu ou Saint-Leu, dans le département d'Oran. Il présente
tous les caractères du rifain, ce qui s'explique par la tradition
suivante : D'après Moh'ammed bel Hadj Daoud, cheikh des
Boqioua d'Arzeu en 1857, cette tribu serait venue du Maroc,
où elle habitait à une journée de Melilla, il y a cent ans (au
milieu du xviii° siècle). Elle s'établit d'abord près de Mostaganem.
Le bey Moh'ammed el Kebir installa les émigrants au Vieil
Arzeu en leur faisant échanger leurs terrains contre ceux des
Bordjia[1]. La liste de mots qui suit et la traduction de deux
fables de Loqmàn[2] me fut dictée à Saint-Leu, en juin 1883,
par une femme du nom d'Aslia bent Kourtit.

PRONOMS ISOLÉS.		COMPLÉMENTS D'UN NOM.	
moi	nek نك	ma main	fous inou فوس ينو
toi	m. chek شك	ta main (m.)	fous ennech فوس أنش
	f. chem شم	ta main (f.)	fous ennem فوس أنم
lui	netta نتا	sa main	fous ennes فوس أنس
elle	nettath نتات		
nous	nechchin نشنين	nos mains	ifassen ennar' يعاسن اناغ
vous	chenniou شننيو	vos mains	ifassen ennouem يعاسن أنوم
eux	nithnin نثنين	leurs mains (m.)	ifassen ensen يعاسن أنسن
		leurs mains (f.)	ifassen ensent يعاسن أنسنت

NOMS DE NOMBRE.

« Un » ijjen يزن، ijj يز : ijj oufous يز وفوس « une main »; ijjen ouargaz يزن
وركاز « un homme ».

<hr>

[1] Berbrugger, *Ruines du Vieil Arzeu* dans la *Revue africaine*, t. II, 1857-1858,
p. 177.

[2] Cf. mon *Loqmàn berbère*, Paris, 1890, in-12, p. 11, 16.

«Deux» *thnain* تناين.

«Trois» *thlatha* ثلاثة, etc., comme en arabe.

	AORISTE AVEC PARTICULE. Verbe *egg* اكّ «faire».	AORISTE SANS PARTICULE. Verbe *ari* أرى «écrire».
SING. 1re pers. com.	*ad'eggar'* اذاكاغ	*ourir'* وريغ
SING. 2e pers. com.	*atseggid* اتكيد	*thourid* ثوريد
SING. 3e pers. masc.	*ad'ig* اذيك	*iouri* يورى
SING. 3e pers. fém.	*athegg* اتك	*thoura* ثورا
PLUR. 1re pers. com.	*anegg* انك	*noura* نورا
PLUR. 2e pers. com.	*atheggim* اتكيم	*thourim* ثوريم
PLUR. 3e pers. masc.	*ad'eggin* اذاكين	*ouran* وران
PLUR. 3e pers. fém.	*ad'eggint* اذاكينت	*ourant* ورانت

ABEILLES (pl.) *thizizoua* ثزيزوا.

ACIER *ijhen* يزهن.

AIL *thichcharth* تشارت.

ALLER *addou* ادو; *ekka* اكّا.

AMI *ameddouker* امدوكر.

APPELER *k'ar* فار. Ils l'appellent : *ek'k'arenas* افارناس.

ARGENT *anouk'orth* انوفورث.

AVOINE *thamensikhth* تمنسيخت.

BLANC *d'amejjid* ذامزيد.

BLÉ *ierd'en* يرذن.

BLEU *d'aziza* ذازيزا.

BOEUF *afounas* افوناس, pl. *ifounasen* يعوناسن.

BOIS *ek'choud'en* افشوذن.

BON *d'asebli'an* ذاسبحان.

BOUCLES D'OREILLE (pl.) *thiouinas* ثويناس.

BREBIS *thir'si* نغسى.

BROUSSAILLES *azir* أزير.

CAROUBIER *thasr'ir'oua* ثسغيغوا.

CE QUE *main* ماين.

CHAMBRE *arkham* ارخام.

CHACAL *ouchchen* وشن.

CHARRUE *asr'ar* اسغار.

CHASSEURS (pl.) *inimar* ينيمار.

CERISIER *ad'mam* اذمام.

CHÈVRE *thar'at* تغات.

CORAIL *thfifah'* ثفيعاح.

CORNES *achchoun* اشون.

COURT *d'ak'k'od'ad'* ذافذاذ.

COUSCOUS *thiichthou* ثيشثو.

COUVERTURE *aâd'aou* اعذاو.

CRIBLE *thadjount* ثجونت. pl. *thadjounin* ثجونين.

GRILLER *thar'endjath* تعنجات.

DATTE *thiini* نينى.

DE (gén.) *u* ن.

DIRE *ini* ينى. a. *inna* ينا.

DONNER *oukch* وكش.

Eau *aman* أمان.

Écrire *ari* ارى.

Enfants *tharoua* ثروا.

Entre *djar* جار.

Entrer *ad'ef* أذب, a. *ioud'ef* يوذب.

Épis (pl.) *iseffen* يسزفين.

Étoile *ithri* يثرى. pl. *ithran* يثران.

Faire *eg* اك.

Farine d'orge grillée *thazoummith* ثزوميت.

Fenêtre *thabeurjth* تبورزت.

Fer *ouzzaj* وزاز.

Feuilles (pl.) *ir'aroual* يغرواذ.

Fèves (pl.) *ibaouen* يباون.

Figue (de Barbarie) *thahendecht* تهندشت.

Fille *iedji* بجى. pl. *iedjith* بجيت.

Fils *memmis* مميس.

Fois *thouaja* ثوازا. *thouara* ثوارا.

Fontaine *thara* ثرا.

Frapper *has* هاس.

Frelon *thar'rast* تغراست. pl. *thir'aresin* تغراسين.

Frère *ouma* وما.

Fuir *erouej* اروز; *erouer* ارور.

Gamelle *thafedna* ثعدنا.

Gazelle *thir'id'et* تغيذت.

Genet *azzou* أزو.

Genévrier *amerzi* أمرزى.

Glace *thisith* ثيسيت. pl. *thisithin* ثيسيتين.

Grand *amek'k'eran* امغران.

Groseille *ad'ir n ouchchen* اذير نوشن.

Hérisson *iinsi* ينسى. pl. *iinsien* ينسين.

Hyène *ifis* يعيس.

Image *thiri* ثيرى.

Jaune *d'aourar'* ذاوراغ.

Laisser *ejj* أز.

Lion *airad'* ايراذ.

Lit *thassous* تسوس.

Long *d'azirar* ذازيرار.

Lorsque *mi* مى.

Lumière *thfaouth* ثفواث.

Lune *thaziri* ثزيرى.

Maigre *d'ajd'ad* ذاژذاذ.

Maison *thaddarth* تدارث.

Marmite *thaiddourth* ثيدورت.

Méchant *ouarihji* واريهجى.

Mépris *thimechrai* ثمشراى.

Mépriser *cher* شر.

Mère *imma* يما.

Miel *thamemt* ثممت.

Mois *iiour* يور.

Montagne *ad'rar* أذرار.

Mouton *icharri* يشرى. pl. *ichraren* يشرارن.

Natte *ajarthir* ازرثير.

Ne pas *our* ور.

Noir *d'aberchan* ذابرشان.

Voix *souach* سواش.

Oignon *thabeçodj* تبصج (ar. بصل).

Olivier sauvage *azemmour* ازمور.

Or *ourar'* وراغ.

Outre *aiddid'* ابديذ.

Paille *djoum* جوم.
Pain *ar'eroum* اغروم.
Palmier *thizdait* ثزدايت.
Passoire (de couscous) *thajsouth* ثرسوث.
Père *baba* بابا.
Petit *amezzian* امزيان.
Pied *adhar* اضار. pl. *idharen* يضارن.
Pin *thaid'a* ثيذا.
Plafond *thazek'k'a* ثزقا. pl. *thizer'ouin* ثزغوين.
Planche *thajjouith* ثزويث.
Plat *thabk'achth* ثبقاشت.
Plomb *ikhfif* بخفيف.
Pois (pl.) *thinifin* ثنيفين.
Porc-épic *aroui* اروى.
Porte *thaonourth* ثورت.
Poussière *chaj* شاز.

Racines (pl.) *izouran* يزوران.
Raisin *ad'ri* اذير.
Renard *achâb* اشعب.
Réunir (se) *moun* مون.
Roi *ajedjid* أزجيذ. pl. *ijidjan* يزجان.

Rouge *d'azouggar'* ذازوكّاغ.
Sac *thachcharth* ثشارث: grand —. *thr'anchet* ثغنشت.
Saisir *et't'ef* أطب.
Savoir *essin* اسين.
Semence *imendi* يمندى.
Soc *thaiersa* ثيرسا.
Soeur *outchma* وجما.
Soif (avoir) *effoud'* ابوذ.
Soleil *thfouchth* ثعوشت.
Son *iouzan* يوزان.
Sortir *effour'* ابوغ.

Terre *thamourth* ثمورت.
Tremble *thimendjith* ثنجيت.
Trouver *af* أب. a. *ioufa* يوبا.
Tuer *enr'* انغ. a. *inr'i* ينغى.

Vache *thafounast* ثعوناست.
Veau *aiendou:* ايندوز.
Verger *ourthou* ورثو. pl. *ourthan* ورثان.
Vigne *dzaiarth* دزيارث.
Voir *zer* زر. a. *izra* يزرا.
Vouloir *ekhs* أخس.

ÉTUDE

SUR

LA TOPONYMIE BERBÈRE

DE LA RÉGION DE L'AURÈS,

PAR

M. GUSTAVE MERCIER.

I

En jetant successivement les yeux sur des cartes de différents pays, on ne tarde pas à remarquer que chaque région possède un type particulier de noms géographiques : c'est une phonétique spéciale, un ensemble de caractères communs, un rythme, qui les rendent facilement reconnaissables et leur donnent pour ainsi dire à tous un air de famille. Bien peu de ces noms s'offrent à notre esprit avec une signification; ce sont à proprement parler des noms propres, qui ne représentent rien en dehors de la localité particulièrement désignée. Cependant on ne peut nier qu'ils n'aient, au point de vue linguistique, une importance quelquefois très grande. Émanations directes d'un peuple, d'une race, ils en représentent intimement le génie au même titre que la langue elle-même, et souvent avec certains caractères archaïques que celle-ci a perdus. Toujours en voie de transformation, sujette de mille influences venant du dehors, la langue peut varier, dans une période relativement courte, de façon considérable, et cela sans que la race se soit sensiblement modifiée. Les noms géographiques, sans doute, changent eux aussi; mais on ne peut nier cependant qu'ils n'aient une fixité bien plus grande. Ce sont de véritables témoins du passé qui nous représentent un état de la langue plus ou moins ancien.

Il est d'autres circonstances où ils deviennent plus précieux encore. A la suite de certaines invasions, le peuple conquis peut être détruit ou absorbé, sa langue disparaître ou tomber dans l'oubli : or le conquérant n'apporte généralement dans les lieux où il s'établit qu'un petit nombre de dénominations nouvelles; la grande masse des désignations anciennes subsiste, plus ou moins modifiée, pour s'adapter au génie des vainqueurs, et les radicaux de la langue primitive, dont ils sont quelquefois les seuls documents, ne tardent pas à se révéler aux yeux de l'observateur. Il n'en est pas ainsi quand une dénomination artificielle est imposée par ordre de l'autorité, comme on le voit journellement en Algérie où, sous l'empire d'un sentiment plus patriotique qu'éclairé, les noms de *Richelieu*, *Pasteur*, fort *Lallemand* et combien d'autres, ont été substitués à ceux beaucoup plus africains de *Romerian*[1], *Seriana* et *H'asi-Belk'eiran*. Mais il faut avouer qu'on trouve peu d'exemples de semblables transformations dans l'histoire. Telle n'était pas, notamment, la coutume des Romains, à part de très rares exceptions : Constantine, par exemple, substitué à *Cirta*, ou encore l'épithète *Caesarea* adjointe au nom ancien *Iol*. La désignation des localités n'est presque jamais affaire de mode ni d'arbitraire.

Nul doute qu'à l'origine les noms propres aient tous eu leur signification. Robinson arrivant dans une île qu'il ne connaît pas ne saurait en désigner les différentes parties que par des noms communs, rappelant le plus souvent une particularité

[1] Nous suivons pour la transcription en français le système du général Hanoteau, légèrement modifié par M. Basset.

locale. Or il arrive chez les peuples primitifs qu'à la suite d'un usage continuel, le sens des noms géographiques tend à perdre tous ses caractères généraux et communs pour se particulariser de plus en plus, s'identifier pour ainsi dire avec l'objet spécial et unique que ces noms déterminent, en dehors duquel ils ne représentent bientôt plus rien. Comme nous l'avons remarqué ci-dessus, ils acquièrent ainsi une fixité plus grande, et l'idiome national changeant par la suite, le souvenir de leur sens primitif finit quelquefois par se perdre complètement.

Sans doute, il est fort difficile de déterminer actuellement quelle a été la signification première de la plupart de nos termes géographiques, tels que Nièvre, Alpes, Garonne, etc. Nous avons affaire ici à tant d'idiomes superposés et à des langues qui ont tellement varié dans le cours des siècles, que la critique la plus rigoureuse, à défaut d'autre guide, serait impuissante à découvrir la vérité. Mais il n'en est pas de même pour les langues sémitiques et en particulier, chose bizarre, pour les idiomes vulgaires. Ceux-ci n'ont point subi d'évolutions analogues à celles de nos langues européennes si précises et si perfectionnées. Ils ont traversé les siècles sans éprouver les atteintes du temps, immuables comme les populations qui les parlent, et sont encore aujourd'hui dans leurs parties essentielles tels que nous les montrent les plus anciens documents laissés par l'antiquité. C'est ainsi que l'historien des langues sémitiques a pu dire sans exagération qu'un sémite du temps d'Abraham mis en présence d'un bédouin de nos jours pourrait se faire comprendre de lui, le fond du langage étant resté le même.

Ce qui est vrai de l'arabe l'est aussi du berbère. Entre les dialectes des Zenaga, descendants des nomades Sanhadjiens, et ceux des montagnards de la Kabylie; entre le chelh'a du Sous et le chaouïa de l'Aurès, il y a moins de différences qu'entre le français et l'espagnol, par exemple, qui sont toutes deux des langues latines de formation récente; ou, si l'on veut, infiniment moins qu'entre le patois picard et le provençal. Du Nil à l'Océan, c'est une même grammaire, un même vocabulaire : les lois de la phonétique et des permutations de consonnes étant rigoureusement déterminées, on peut passer d'un dialecte à l'autre sans secousse, par une série de transitions insensibles. Or, comme nous sommes en présence de populations qui, depuis des milliers d'années, ont eu peu ou point de rapports entre elles et n'ont pu exercer aucune influence les unes sur les autres, il faut en conclure : ou bien que la langue est restée la même depuis une assez haute antiquité, ou bien que ces idiomes ayant changé, ils ont évolué d'une manière parallèle. Cette seconde hypothèse est difficile à admettre pour une aussi grande étendue de pays, présentant des contrastes frappants dans la configuration du sol, et des conditions climatologiques si diverses. Nous en concluons donc que le berbère, comme l'arabe vulgaire, — deux langues qui ne s'écrivent pas, — a subi peu de modifications dans le cours des siècles. Nous faisons abstraction, bien entendu, de l'influence exercée sur lui par l'islamisme dans les temps modernes.

Ces préliminaires admis, il est évident qu'une étude attentive des noms géographiques de l'Afrique du Nord doit conduire à quelques résultats. Sans doute, tout n'est pas explicable, et bien des termes resteront toujours obscurs. Et puis le champ de l'hypothèse est si vaste et les erreurs étymologiques sont quelquefois si vraisemblables, qu'il est bien difficile de les éviter entièrement. Nous n'avons pas ici l'intention de mener à bien un pareil travail, mais simplement d'en tracer une rapide esquisse en ce qui concerne la région de l'Aurès qu'il nous a été donné de parcourir pendant deux années. Cette région a été jusqu'ici peu étudiée, sans doute en raison de son éloigne-

ment et de la difficulté des communications. C'est cependant
une des plus intéressantes de l'Afrique du Nord, tant par les
souvenirs historiques dont elle est pleine, que par le caractère
nettement berbère de ses habitants et de la langue en usage.

II

Nous constatons, à la première inspection de la carte, que les
noms français n'ont pas encore fait leur apparition. Les quelques
vocables qui aient acquis une certaine notoriété dans notre langue,
tels que Batna, Khenchela, Biskra, ne sont que la reproduction
exacte de vocables indigènes. Nous nous trouvons donc en présence d'une masse de noms bien africains, dont il s'agit de rechercher l'origine.

Un petit nombre sont purement arabes et facilement reconnaissables. Ainsi : *El-Qantara* القنطرة « le pont »; *Djebel Ah'mar
Khaddou* جبل احمر خدّه « (la) montagne (qui a) sa joue rouge »;
Beni Bou Slimane, « les fils d'Abou Slimane »; *El-Oued El-Abiodh*
الوادي الابيض « la rivière blanche », etc. Cette langue est assez
connue pour qu'il nous soit inutile d'insister.

Il faut se garder de confondre avec ces noms ceux qui affectent
une forme arabe, mais sans nous présenter de sens intelligible
et sans pouvoir se rattacher à aucun radical arabe connu. Tels
sont : *Biskra* بسكرة; *R'asira* غسيرة; *Medrona* مدرونة, etc. Cette
apparence arabe, le plus souvent simplement caractérisée par
un ة final, masque une forme plus ancienne et véritablement
indigène, que les habitants du pays n'emploient qu'entre eux,
réservant l'autre pour les étrangers, Arabes ou Européens. C'est
ainsi que Biskra correspond chez eux à *Bisχerth*; Medrona à
Hamdrount. On voit par ces exemples que le ة arabe représente
la caractéristique berbère *th* du féminin. Cependant il n'en est
pas toujours ainsi : R'asira correspond à *Ir'asiren*.

D'autres fois, et c'est le cas le plus fréquent, un mot arabe est accollé à un vocable étranger. Ainsi *Aïn Tamellalt* عين غَـلّالت. *Djebel bou Ir'ial* جبل أبو إغيال. *Theniet tisiouanin* تنية تسيوانين, etc. Quelquefois les deux noms, arabe et indigène, ne sont que la traduction l'un de l'autre, comme dans *Oued Souf*, *Djebel Taourirt*. On trouve même sur nos cartes de triples superpositions d'un même sens : *source d'Aïn Thala*.

Tel est, sommairement exposé, le contingent fourni par la langue arabe à la toponymie locale.

Ce contingent peut paraître considérable : il l'est moins cependant qu'on pourrait le croire. Chaque fois qu'ils s'adressent à des étrangers, les indigènes s'efforcent de caser dans leurs discours le plus grand nombre de mots arabes possible, croyant ainsi nous être agréables en nous rendant leurs paroles plus facilement intelligibles. Lorsqu'il s'agit de toponymie, il leur arrive même très fréquemment de traduire d'une manière complète le vocable indigène en un ou plusieurs mots arabes correspondants : c'est ainsi que *Souf Amellal* devient l'*oued El-Ibiodh*. D'où une dualité dans un grand nombre de désignations locales; d'où encore ce fait, que la carte peut nous paraître surchargée de dénominations arabes, alors qu'à côté et indépendamment de cette toponymie il en existe une autre : c'est celle que nous avons l'intention d'étudier ici. Son caractère berbère est indiscutable et, le plus souvent, ne laisse prise à aucun doute. Ce sont bien les mêmes noms que l'on retrouve en Kabylie, dans l'Ouarsenis, au Maroc, dans le Touat et le Sahara central, jusque sur les bords du Niger et jusqu'aux rives du Nil. Quels sont les principaux caractères de cette toponymie?

III

En berbère, comme en arabe. les noms de lieu sont du genre féminin. Cette forme est caractérisée :

Au singulier, par l'addition d'un *th* (ou *t*) au commencement ou à la fin du mot. souvent à l'un et à l'autre. Ex. : *Thaderr'alt* village de la fraction de R'asira; *Aïn Thaber'a*, source de l'Ahmar Khaddou; *Djebel Tafi ent*, montagnes de l'Ahmar Khaddou, du Dj. Chechar. etc. [1] :

Au pluriel, par le *ti* initial et la terminaison *in*. Ex. : *Theniet Thizouggar'in*, col (B¹ bou Slimane); *Djebel Thir'ard'in*, montagne (Dj. Chechar); *Hak'lidth en tir'animin*, village (Ouled Daoud): *Djebel bou Telar'min*, montagne (Oued Abdi). etc. [2].

Nous ne voulons pas multiplier les exemples. qu'on trouve en assez grand nombre ci-après. dans notre vocabulaire. Mais il importe de remarquer que telle est la caractéristique générale des noms de lieu berbères. le critérium qui permettra. trois fois sur quatre, de les reconnaître. Voyons maintenant quelle est la limite de cette règle et quelles en sont les exceptions.

1° Il y a d'abord toute une catégorie de noms géographiques dont nous n'avons pas voulu parler. parce qu'ils ne sont pas. à vrai dire. des noms propres. Ce sont les termes d'un usage très général qui servent à désigner les accidents de terrain. les cours d'eau. etc.. véritables noms communs qui se trouvent disséminés. et toujours les mêmes sur toute l'étendue de l'Afrique du Nord, tels que *ad'rar* « montagne ». *ourir* « colline », *ikhf* « pic » (propr. tête), *ich* « pic » (propr. corne). *thizi* « col », *ir'zer*

---

[1] Et hors de l'Aurès : *Touggourt, Tiaret, Tabelqouza* (Gourara). *Taroudant* (Sous). *Timboktou, Silet* (dans le Dj. Ahaggar). etc.

[2] Hors de l'Aurès : *Thit't'aouin* (Tétouan). *Timassinin* (dans l'Oued Ir'arr'ar). etc.

« rivière », *thit'* « source », etc. Comme on le voit, peu de ces noms présentent les caractères du féminin. Quelques-uns, dont le sens s'est spécialisé dans une localité, ou a été mal interprété par des populations étrangères qui sont venues s'implanter dans le pays, sont devenus de véritables noms propres. Ex. : *Ich*, qçar du Sud oranais; *Ad'rar*, nom d'une région montagneuse du nord du Sénégal. Plus souvent, ils entrent dans la composition de noms propres. Ex. : *Ich em oul* « la corne du cœur » (montagne des Oued Daoud); *Ras taourirt*, montagne (B¹ bou Slimane).

Ces noms communs sont trop connus pour qu'il nous soit nécessaire d'insister. Il en est un cependant qui nous paraît mériter une mention spéciale, c'est le radical *OUR*, que l'on retrouve précédé de la formation -*m*- dans le mot *Thamourth*, mot généralement usité dans tous les dialectes berbères pour désigner la *terre*, le *pays*. C'est dans la même racine qu'il faut chercher l'origine du kabyle *ourthou* « verger » [1]. Enfin elle entre dans la composition d'un certain nombre de noms propres : *Ourmellal* (Dj. Chechar) « la terre blanche »; *Ouarsenis*, composé de *our* et de la racine *SNS* que l'on retrouve chez les *Beni Snous*, et peut-être *Ouargla* (Our-Djelan) [2].

2° Un assez grand nombre de noms géographiques affectent la terminaison *ou* : oued *Agradou*, rivière (Dj. Chechar); Djebel *Galat'ou*, montagne (B¹ bou Slimane); *Mellagou*, plaine et rivière (B¹ Oudjana), etc. [3]. Bien peu de ces substantifs peuvent

[1] Au Mzab, Dj. Nefousa, *ourt'ou* « verdure, pâturages ». Ce mot ne dériverait donc pas de *hortus* comme le voulait Masqueray.

[2] Un grand nombre d'ethniques berbères cités par Ibn Khaldoun commencent également par ce préfixe *our-* : *ourset't'if*, *ourtandja*, *ourfeddjouma*, etc. Dans ce dernier cas, il s'agit très probablement de la racine *ara*, *arou* « enfanter », qu'il faut se garder de confondre avec la précédente.

[3] Hors de l'Aurès : *Akfadou*, *Sebaou*, en Kabylie : *Sersou*, *Sebdou*, *Aflou*, dans

être rattachés à des racines encore en usage, ce qui porterait
à leur attribuer une certaine ancienneté. Cependant cette terminaison est tellement dans le génie de la langue berbère,
qu'elle s'applique encore de nos jours à des noms arabes. Ainsi
Aqbou n'est qu'une altération de l'arabe قبّة «dôme».

3° Font encore exception à la règle, les noms géographiques
formés à l'aide de noms d'hommes. Ex. : *Aïn Oubezza* «la fontaine de Bezza»; *Ras Babar* le sommet de Babar; *Ilizi en Ferkous*
«le col de Ferkous». Cependant le nombre des désignations
ainsi formées est assez restreint, et l'on ne doit admettre les explications fournies à cet égard par les indigènes qu'avec une
grande prudence. Ceux-ci restent rarement à court lorsqu'on
les interroge sur une étymologie, et s'empressent de l'expliquer
avec un nom propre lorsqu'ils ne trouvent rien de plus plausible.

4° Certains noms de lieux empruntés aux plantes, tels que
Aïn Ourmes «la fontaine du *guet'af*» (*atriplex halimus*, ar. قطف);
Ideles (dans le Sahara central), le *diss*, *ampelodesmos tenax*; *Aïn
Leblabin* «la fontaine des lierres». Il est à remarquer que le
nom de la plante mis au féminin désigne l'endroit où cette
plante croît en abondance, comme chez nous les mots *palmeraie*,
saussaie, *olivette*, désignent les lieux complantés de palmiers,
de saules, d'oliviers. Ex. : *Thizi en taremmast* «le col où pousse
le *guet'af*». D'autres fois, le féminin sert à désigner simplement
un seul individu de l'espèce. Ex. : *Qçar Tarmount* «le qçar du
grenadier».

<hr>

l'ouest de l'Algérie: Dj. *Sar'erou*, au Maroc; Dj. *In Ilkakou* (pour *in zizaou*), chez
les Touareg Kel Ahnet; *Asiou*, sur la route de l'Aïr, etc. Cette même finale se retrouve dans un certain nombre de tribus anciennes: les *Beni Ouemannou*, ancienne
tribu de race zénète; les *Ouarr'ou*, fraction des Ifren, etc.

5° Enfin certains noms géographiques empruntés aux couleurs rejettent la forme féminine. Le plus souvent, les noms des couleurs remplissent le rôle d'adjectifs et s'accordent en genre et en nombre avec les noms auxquels ils se rapportent[1]. Ex. : *Souf Amellal* en arabe الوادي الابيض «la rivière blanche»; '*Aïn Tamellalt* «la source blanche»; et hors de l'Aurès : *Oullan melloulin* «les sources blanches» (dans l'Adrar Ahenet); *Id'rar Seffouf* «la montagne noire» (près du cap Blanc). Quand le nom de la couleur est exprimé seul, tant au singulier qu'au pluriel, il est toujours du féminin. Ex. : *Thizouggar'in* «les rouges»; *Tamellalt* «la blanche», etc.

Notons pour terminer que certains noms présentent les caractéristiques du féminin berbère, alors qu'eux-mêmes sont étrangers, le plus souvent arabes. Le contact des deux langues est si intime depuis des siècles, qu'il s'est produit une sorte de pénétration réciproque; et, de même que des radicaux berbères ont revêtu une forme arabe, on trouve des mots purement arabes encadrés dans les désinences du berbère. Ex. : *Takroumt*, village de l'Oued Abdi, berbérisation de l'arabe كرومة «la nuque»; *Thizi en tmesloukht* «le col de l'écorchée», en arabe المسلوخة; *Tifert'asin*, pluriel féminin berbère de l'arabe برطاس «chauve», etc.

IV

Nous devons reconnaître qu'il y a un assez grand nombre de noms locaux qui n'entrent dans aucune des catégories ci-dessus énumérées et n'offrent en berbère aucune signification plausible. Il faut en conclure qu'ils se rattachent à un radical dont la signification s'est perdue, ou qu'ils ont subi eux-mêmes des

[1] Voir à ce sujet un intéressant mémoire de M. Basset, *Les noms des métaux et des couleurs en berbère* : Paris, 1895.

modifications assez importantes pour rendre leur origine difficile
à reconnaître. Mais on est en droit de se demander également
s'ils ne proviennent pas d'une langue étrangère au berbère, s'ils
ne représentent pas les vestiges d'une toponymie antérieure à la
toponymie actuelle. Cette question nous amène naturellement
à traiter des noms géographiques de l'antiquité qui sont par-
venus jusqu'à nous.

Nous avons déjà dit plus haut que les Latins n'avaient im-
planté dans l'Afrique du Nord qu'un nombre relativement restreint de termes géographiques. Dans la grande majorité des
cas, ils se sont contentés de latiniser des noms préexistants.

Quels pouvaient être ces noms? Les Carthaginois possédant
de nombreux comptoirs sur le littoral et dans la Tunisie actuelle,
il est possible, probable même qu'un certain nombre soient
d'origine punique. Gesenius a donné ainsi un nombre considérable d'étymologies tirées de la langue phénicienne [1]. Hâtons-
nous d'ajouter que très peu, d'ailleurs, sont acceptables. Et puis
l'occupation carthaginoise a été restreinte à quelques points du
littoral et à une bande de terre en Tunisie qui est devenue ensuite la province romaine de l'Afrique propre. Il est donc peu
probable que des points situés assez avant dans l'intérieur aient
jamais porté un nom punique. Il est vrai que la langue phénicienne était fort répandue dans le pays, où elle a progressé
même sous la domination romaine. Les nombreuses stèles pu-
niques découvertes dans ces dernières années en sont un écla-
tant témoignage; mais nous doutons fort que cette langue
soit jamais arrivée jusqu'à l'Aurès, j'entends à être parlée et
comprise du peuple, comme il est nécessaire pour qu'elle ait pu
former une toponymie.

En règle générale, ce n'est donc pas dans la langue punique

---

[1] Dans son grand ouvrage : *Scripturæ linguæque Phœniciæ monumenta* ; Leip-
sig, 1837, p. 415 et suiv.

que nous chercherons l'étymologie des anciens noms géographiques. *A priori*, nous sommes en droit de supposer que ces noms sont berbères, puisque la race berbère couvrait l'Afrique du Nord depuis les temps les plus reculés de l'histoire; et comme, d'autre part, nous avons des raisons de croire que la langue berbère a varié relativement peu depuis l'antiquité, il importe de rechercher si les règles rapidement esquissées ci-dessus peuvent se vérifier sur les noms qui nous ont été légués par les auteurs anciens ou les inscriptions.

Or nous ne tardons pas à reconnaître qu'un grand nombre de ces noms nous présentent la caractéristique du féminin berbère : *Thagaste*, *Thala*, *Thapsus*, *Tingis* «Tanger», *Thysdrus* «El Djem». *Tacape*, *Thamugadi*, *Tipaza*, et combien d'autres[1]. Une particularité qui se présente dans un certain nombre de dialectes berbères de nos jours consiste à substituer dans certains cas au *th* initial une légère aspiration[2]; on a même voulu y voir un signe d'usure propre à des dialectes en voie de décomposition. Or le même fait se produisait dès l'antiquité, puisque nous voyons exister concurremment les formes *Tacape* et *Cape*, *Tamazaco* et *Mazaco*, *Thelepte* et *Leptis*, de même que de nos jours on dit *Hizougar'in* pour *Thizougar'in*.

Quelquefois même le nom actuel n'est autre que le nom berbère antique arabisé par la terminaison en ة. Ex. : *Tébessa* تبسّة qui correspond à l'antique *Thereste*, mot qui devait se prononcer réellement *Thebbest*.

Le pluriel en *en*, *in*, semble plus rare. On peut le voir dans le nom des îles *Kerkinna*, dans *Kartennae* «Tenès»; mais il est probable que ces deux noms sont d'origine phénicienne. Cependant on retrouve bien le pluriel berbère dans le nom des

---

[1] Ce *t* initial ne provient donc pas, comme le croyait Gesenius, de la finale du mot בית *bit*.

[2] Voir notre *Chaouïa de l'Aurès*, p. 2 et 6.

Causini, en grec Καυσινοι, peuple de la Maurétanie tingitane que Ptolémée place entre les Salinses et les Bakouates; dans celui des *Biliani*, tribu de la Maurétanie césarienne, et dans beaucoup d'autres ethniques. Enfin tous les noms en *aï*, *eï*, tels que *Bar'ai, Thabudeï*[1], sont des pluriels infidèlement transcrits dans la langue des vainqueurs. Quelquefois le nom ancien nous révèle la véritable prononciation berbère que les auteurs arabes nous ont transmise altérée. C'est ainsi qu'une inscription découverte au col de Fdoulès et publiée par la Société archéologique de Constantine[2] nous donne le nom *Ucutaman gens*; il s'agit évidemment de la grande tribu berbère des Ketama d'Ibn Khaldoun, dont le vrai nom devait être : *Ikoutamen*.

Nous avons noté parmi les exceptions à la règle du féminin les noms à terminaison *-ou*. Cette finale a également existé dans l'antiquité, où nous la retrouvons dans *Simittu* (Chemtou). *Chullu* (Collo), etc. De même qu'elle s'applique actuellement à des mots d'origine arabe, comme *Igbou*, elle paraît s'être ajoutée, dans l'antiquité, à des vocables d'origine phénicienne comme *Rusucurru* (Dellys).

Telles sont les remarques générales qu'il nous est donné de faire sur la toponymie ancienne. Il en ressort la confirmation éclatante du fait que nous avons énoncé plus haut, à savoir que cette toponymie est berbère, presque exclusivement berbère. Le temps nous manque pour entreprendre maintenant une étude détaillée des noms que l'antiquité nous a laissés; d'ailleurs, une pareille étude n'ajouterait rien aux résultats généraux indiqués ci-dessus et aboutirait, les trois quarts du temps, à des étymologies hasardeuses. M. Vivien de Saint-Martin[3] a déjà

[1] Pour *Thibar'aïn, Thibudeïn.*
[2] Tome III du recueil, planche II.
[3] Dans son bel ouvrage : *Le nord de l'Afrique dans l'antiquité.*

donné une série d'identifications de noms modernes avec les désignations anciennes, identifications pour la plupart très ingénieuses.

En ce qui concerne l'Aurès dans l'antiquité, nous possédons très peu de renseignements, et un très petit nombre de désignations anciennes sont parvenues jusqu'à nous. Les indigènes ont dû subir une certaine empreinte latine dont ils n'ont pas absolument perdu le souvenir[1]; mais la véritable colonisation romaine s'arrêtait à cette ligne de villes et de postes qui bordaient la plaine de Lambèse à Khenchela. Le gros massif montagneux de l'Aurès, comme celui de la Kabylie, est resté en dehors du mouvement qui romanisait l'Afrique. C'est ce qui explique pourquoi les noms antiques qui ont pu être reconstitués sont si peu nombreux. En voici les principaux :

Lambessa (Lambèse). On a beaucoup discuté sur le sens de ce préfixe *lam-* que l'on retrouve dans un si grand nombre de noms topiques[2]. La signification n'en est pas encore déterminée d'une façon certaine. Quant au *b*, que l'on retrouve dans *Lambdia*, *Lambafudi*, nous croyons qu'il provient tout simplement d'un redoublement de l'*m*. Il est possible que la véritable prononciation du mot ait été *Thalemmast*. Chaouïa *alemmas* «le milieu» (?).

Thamugadi. Faut-il rattacher ce mot à la racine *ougged* «craindre»? Thamugadi serait alors une sorte de بلاد الخوف «pays de la peur»?

Baghaï ou *Bar'aï*. Ce mot est évidemment le pluriel de *ta-*

---

[1] Il faut se garder de prendre à la lettre de prétendues traditions suivant lesquelles certaines familles affirment descendre de colons romains, ainsi que semble l'avoir fait Masqueray dans ses *Traditions de l'Aurès oriental* (*Bulletin de correspondance africaine*, 1885, p. 92).

[2] Voir à ce sujet Masqueray, *Bulletin de correspondance africaine*, 1882, p. 21, qui donne plusieurs étymologies de noms en *lam-*. Il convient de remarquer que *Lambiridi* n'est pas formé, comme il l'a dit, de *ar'edi* «chevreau», mais de *ird'en* «froment».

ber'a « ronce », très usité actuellement encore dans l'Aurès, où l'on trouve une source qui porte le nom d'*Tin Taber'a*. Le pluriel est *thibr'aïn*.

Zerboulé, Toumer, Petra Geminiana, toutes localités de l'Aurès oriental, ont fait l'objet d'une étude approfondie de M. le commandant Rinn[1], qui a cherché avec assez de sagacité à les identifier à des localités actuelles correspondantes.

Biscera, actuellement Biskra بسكرة. Le nom berbère *Bisχerth* nous paraît représenter avec assez d'exactitude la prononciation du nom ancien, ainsi que le prouve l'adjectif *Vesceritanus* qui en est tiré. Ptolémée dit *oueskether*, par métathèse du *th* et de l'*r*.

Ad Badias, actuellement *Bades*.

[1] *Revue africaine*, 1893, p. 297.

V

VOCABULAIRE.

B ﺏ

BaBaR. *Ras Babar*, montagne. *Foum babar*, col (Ouled Rechaïch, cercle de Khenchela). *Babar*, nom d'homme [1].

TaBaBouCHt. *Ikhf en Tebaboucht* ou *Ras Tababoucht*, montagne (Ahmar Khaddou).

TiBouDJeRin, village (Ahmar Khaddou). Féminin pluriel de la racine *oudjer* « être grand, surpasser ». Le *b* est ici venu s'intercaler entre les deux voyelles *i* et *ou*, cette dernière étant toujours prononcée avec une certaine emphase, et sert ainsi à en adoucir l'hiatus.

A la racine *oudjer* (*ouger*), il faut peut-être rattacher l'étymologie du mot *Touggourt*, qui signifierait ainsi « la plus grande » [2].

BouDeR, nom de lieu (Ahmar Khaddou).

---

[1] Voir, au sujet de cette localité, Masqueray, *Traditions de l'Aurès oriental*, p. 78.

Le nom de Babar est inusité actuellement chez les Chaouïa. Ceux-ci savent cependant qu'il n'est autre qu'un nom d'homme, remontant probablement à une haute antiquité. Une inscription libyque, découverte par le général Faidherbe, dans une nécropole berbère, à Kifan Beni Feredj (*Collection complète des inscriptions numidiques*, n° 9), est ainsi libellée.

$$\begin{matrix} \text{8} & \text{O} \\ \text{I} & \odot \\ \odot & \odot \end{matrix}$$

En lisant de bas en haut et en commençant par la droite, ainsi qu'il faut procéder pour la plupart des inscriptions libyques, on voit que le premier mot est formé des trois consonnes B, B, R. Quant au mot suivant BNS, on le retrouve dans un grand nombre d'inscriptions du même genre, entre autres les n°° 3, 4, 5, 6, 13, 19, etc., du même recueil du général Faidherbe. Le S final est le pronom possessif de la 3ᵐᵉ pers. Reste un radical BN, que l'on retrouve dans l'inscription de Tugga, partie phénicienne : אבנם « les pierres sépulcrales, les tombeaux », et, dans le tamacheq moderne, sous la forme *Adebeni* « tombeau préhistorique ». Le mot BNS a donc le sens de « tombeau de lui », et par suite le premier mot, BBR, serait bien le nom propre *Babar*.

[2] Voir sur le sens de cette racine, *Le chaouïa de l'Aurès*; Paris, Leroux, 1896, p. 20.

BERDJAS. *Hizi em Berdjas*, en arabe تنمية ابرجاس. col (Beni bou Slimane). — *Berdjas*, ancien nom d'homme (?) au dire des indigènes.

BERDOUD, *Ikhf em Berdoud*, ar. كاوِ, بردود, montagne (Ahmar Khaddou).

BERDOUN, montagne (Beni bou Slimane). *Aberd'oun*, village (Oued Abdi).

BIRAZ, rivière (Ahmar Khaddou). — La racine BRZ se retrouve dans le nom des Braz, tribu près de Miliana.

BERSEN. *Hit'em Bersen*, ar. عين برسن, source (Oued Abdi).

BARIKA, montagne (Ahmar Khaddou). Racine BRK «être noir (?)». *Barika* est aussi le nom d'un grand village du Hodna, chef-lieu d'annexe dépendant de la subdivision de Batna.

ouBEZZA. *Hit' Oubezza*, source, rivière (Djebel Chechar). *Bezza*, nom d'homme, encore usité chez les Chaouïa. Ce vocable existe également comme nom d'homme chez les Touareg, mais le *z* s'est changé en l'explosive correspondante *d* : *Bedda*.

BEZZAZ, montagne (Beni Oudjana, commune mixte de Khenchela). — Cette racine se rattache peut-être à la précédente.

TABALIT, village (R'asira). — Féminin singulier de la racine arabe بعل, qui sert à désigner un endroit uniquement arrosé par l'eau des pluies, et non irrigable.

THABER'A, *Hit' en taber'a*, source (Ahmar Khaddou). Le mot *Thaber'a* sert à désigner diverses variétés de ronces, ar. علاف *Aïn taber'a* «la source des ronces».

ABELKHOUKH, rivière (Ahmar Khaddou).

BELK'ouCHEN, nom de lieu (Oued Abdi). Pluriel de *Abelk'ouch* «moucheron».

TouBOUNT, montagne (Dj. Chechar). *Tebbount*.

TABENTOUT, village (Ouled Daoud). Nom de lieu (Ahmar Khaddou).

TEBOUIA AHMED, village (Djebel Chechar).

T ت

TATKOUT, montagne (Ahmar Khaddou). كاب تتنكوت.

TH ث

ATHLETH, village (Oued Abdi).

ATHELTHEN, nom de lieu (Beni bou Slimane), peut-être le pluriel du précédent?

DJ ج

DJEBROUNT, montagne, rivière (Ouled Fedda).

TADJERA, village (Ouled Daoud). Source (Djebel Chechar). Racine DJR ou ZR. *Azrou* "rocher" [1] (?). Ou encore *oudjer* "être élevé, surpasser".

TADJEROUIN, nom de lieu (Beni bou Slimane). Pluriel féminin du précédent.

DJERMAN, nom de lieu (Ouled Daoud).

TADJERNIT, rivière (Beni bou Slimane).

TADJEMOUNT, village (Ahmar Khaddou), "le mamelon". — Ce vocable sert à désigner un grand nombre de noms de lieux disséminés sur tout le territoire de l'Algérie : *Tadjemount*, kçar près d'Aïn Madhi (dép. d'Alger). — *Tagnemmount El-Djedid*, chez les Aïth Sedk'a, en Kabylie, etc.

DJEMINA, village (Ahmar Khaddou). La *guelaā de Djemina*, perchée sur un rocher à pic de 120 mètres de hauteur, est une des plus curieuses de l'Aurès. M. le commandant Rinn y voit la *Petra Geminiana* dont parle Procope, dans son récit de l'expédition du général Salomon à travers l'Aurès [2]. Le vocable *Djemina* ne serait alors qu'une altération du latin *Geminiana*. Bien que cette supposition n'ai rien d'invraisemblable *a priori*, nous pensons pour notre part que Djemina est une dérivation arabe de la même racine berbère que le mot précédent *Tadjemount*. Peut-être les Romains ont-ils tiré leur Geminiana d'un nom berbère analogue, toujours dérivé de la racine DJMN.

[1] Zerkechi, dans sa *Chronique* (traduction Fagnan, *Bulletin de la Société archéol. de Constantine*, 1894, p. 22), et El Khatib (copie du capitaine Boissonnet, p. 11) mentionnent un lieu dit *Tadjera*, près de Gabès, où le général almohade Abou Mohammed battit Ibn K'amà le Majorcain. De même, Ibou Khaldoun, II, 99, 221, 286.

[2] *Revue africaine.*

H' ح

TH'AMMAMIN, sources (Beni Oudjana), «les sources tièdes». Pluriel féminin berbère de l'arabe حمام. Il existe également sur la route de Guelma à Soukahras un village dit *Aïn Tahamimin*.

KH خ

KHABIT, montagne, source (Beni Oudjana). Ar. *khabia* «cuve» خابية. — *Adrar en tkhabith* «la montagne de la cuve».

IKHELOUFEN, nom de lieu (Ahmar Khaddou). Pluriel du singulier *akhelif* «le chêne vert», *Quercus ilex* (Cupulifères). Ar. كرّوش.

THALA EM ouKHELIF (Dj. Chechar) «la mare du chêne vert» (voir le mot précédent). Le mot *thala*, qui dans d'autres dialectes signifie «source», a en chaouïa le sens de «mare». Source se dit exclusivement *Hit'* «œil», pl. *Hit't'aouin*.

D د

TiDDARTH, rivière (Beni bou Slimane). Altération de l'arabe الدار «la maison» : *Souf en tiddarth* «la rivière de la maison».

iDiR (Oulad), village (R'asira). *Idir*, nom d'homme en berbère. La racine de ce nom propre paraît être la même que celle du mot *edder* «vivre» (Chaouïa, Oued Rir', Ouargla, Tamacheck', Beni M'zab, Ouarsenis, etc.). Il existe des *Ouled Idir* dans différentes régions de l'Afrique du Nord, notamment dans le caïdat des Zlass, contrôle civil de Kairouan.

Ce même mot a servi à former le nom du dieu antique Baal Iddir, le Baliddir de l'époque romaine[1], que l'on peut ainsi traduire par : «le dieu vivant[2]». — De même le nom du cap Rusaddir, dans la Maurétanie Tingitane.

DeLTeN, *Theniet Bou* (Ahmar Khaddou).

ADeLS, montagne (Oued Abdi). *Adels* «le *diss*» (*Ampelodesmos tenax*)[3] *Kef en adels* «la montagne du *diss*».

[1]. *C. I. L.*, 5279, 19121, 19123.
[2]. Comp. l'expression arabe الله الحيّ القيّوم.
[3]. La même plante a donné son nom à *Ideles*, localité de l'Ahaggar.

D' ﺩ

THAD'ERR'ALT, village (Rasira). Féminin de *Aderr'al* «borgne» ou «aveugle». D'après les indigènes, cette petite oasis aurait été ainsi nommée parce que, encaissée entre les montagnes, elle est privée de lumière et s'aperçoit difficilement au loin.

TOUD'EMIN (Oued Bou), rivière (Rasira), «la rivière aux visages», plur. de *oud'em* «visage».

ID'MAMEN (Ras Bou), montagne (Beni bou Slimane). Peut-être le mot *id'mamen* est-il un pluriel irrégulier de *oud'em* «visage», dont l'usage est perdu? *Ikhf en id'mamen* serait «la montagne aux visages».

TID'MAMEN, *Hiï ent ar'ith ent Id'mamen* (Dj. Chechar), «la source de la gorge des visages». Voir le mot précédent.

TAD'OU NT (Kef), montagne (Dj. Chechar). *Ikhf ent ad'ount* «la tête de la graisse».

R ﺭ

TERBINT (Aïn), source (Ahmar Khaddou). *Hiï en tarebint.*

RADJOU, nom de lieu (Ouled Daoud).

TARAR, montagne (Dj. Chechar). *Ikhf en Tarar* «la tête de Tarar».

TRARET (Ras), montagne (Ouled Moumen).

TIRIOURIN, montagne (Beni Oudjana). Pluriel féminin dont la signification échappe. *Ad'rar en tiriourin.*

ARRIS, village (Ouled Daoud).

Les nombreuses terres de culture et les jardins qui avoisinent ce centre, formé de trois ou quatre gros villages très voisins les uns des autres, en font un des plus importants de l'Aurès. De nombreuses ruines romaines, pour la plupart informes il est vrai, témoignent également de son importance dans l'antiquité. On y voit notamment, représenté sur une stèle, un personnage coiffé de la mitre et tenant en main une crosse, qui peut passer pour un évêque. Arris aurait donc peut-être été autrefois le siège d'un évêché. Le nom lui-même n'a pas une physionomie berbère très prononcée. Peut-être faut-il y voir la corruption d'un ancien nom latin, *ad Aras*, par exemple?

Aux anciens évêques d'Arris ont succédé maintenant les Pères blancs des missions d'Afrique, qui y ont élevé un hôpital très fréquenté des indigènes; il est à remarquer que ceux-ci n'ont pas pour ces sortes d'établissements et pour la médecine européenne la répulsion ordinaire des Arabes.

TIRZIOUIN, montagne et rivière (Dj. Chechar), «les cassures» (pluriel féminin). racine *Erz casser*. Cette racine, que l'on retrouve dans tous les dialectes berbères (Ouled Rir', Ouargla, Tamachek', Beni Mzab, Ouarsenis, Bel H'alima), paraît avoir servi à former un certain nombre de noms de lieu : Taourzout, près de Frenda (dép' d'Oran); Arzou (Arzeu). etc.

ARES, village (Ouled Daoud), rac. *ers* «descendre».

IRKAKEN (Bou), village (Ouled Moumen).

TARGOUT, montagne et rivière (Ahmar Khaddou). Source (Djebel Chechar).

TIRGAN, oued (Beni Ferah). *Souf en tireggan*. Sans rien préjuger sur la signification de ce vocable, notons qu'en tamachek' *areg'g'an* ⵉⵅⵓ signifie «chameau de selle».

OURMES, source (Ahmar Khaddou). *Hit' em ouremmas*. Le mot *aremmas* désigne la plante nommée فطس *guet'of* par les Arabes, *Atriplex halimus*, plante très commune dans le Sud, et particulièrement estimée des chameaux. Cette même racine a servi à former le nom de *Timermasin* ou *Tibermasin*, pour *Tiremmasin*, localité de l'Ahmar Khaddou.

TIRMEST (Theniet), col (Oued Abdi). *Hizi en taremmast*. Le féminin *taremmast* désigne l'endroit où pousse l'*Atriplex halimus*. Voir le mot précédent.

THARIA, village (Ahmar Khaddou). *Tharia* «le canal, la rigole».

Z ز

OUZRA (Bou), montagne (Ouled Daoud). *Azerou* «rocher». *Ad'rar en ouzra* «la montagne des rochers».

TIZERIBIN, village (Oued Abdi). Pluriel féminin de l'arabe *zeriba* الزّريبة

« la clôture, la barrière » et aussi « le village ». Ce mot sert à désigner plusieurs villages de la région : زربية حامد. زربية الوادي.

ZERD'OUN (Aïn), source (Oued Abdi). *Hit' en Zerd'oun.*

TAZEROUD, montagne (Oued Abdi). *Tazerouth* « le rocher ».

ZERGOUN (Bou), nom de lieu (Ahmar Khaddou).

IZIZOU (Oued), rivière (Mechounech). *Ir'zer en zizoua* (?) « la rivière des abeilles ». Ou bien : *ir'zer azizaou* « la rivière bleue ».

TIZZERT (Theniet), col (Beni bou Slimane). *Hizi en tizzerth* « le col de la fourche ».

IZZOUZEN, village (Ahmar Khaddou).

TEZZOULT, nom berbère et arabe de Lambèse, près de Batna; *Lambæsis* des Romains, siège de la IIIᵉ légion Augusta. Le mot *tazzoult* paraît être le même que *Touzzalt* (*Fraxinus dimorpha*), arbre très commun dans l'Aurès.

ZALAT'OU, montagne (Beni bou Slimane). *Ad'rar en zalat'ou.*

TIZOUGAR'IN, col (Beni bou Slimane). Pluriel féminin de *azougar'* « rouge ». *Hizi en tizougar'in* « le col des terres rouges ».

Cette racine a servi à former un grand nombre de noms géographiques[1]. On trouve notamment dans les environs de Ténès une tribu berbère qui porte le nom de Zouggar'a.

AZLEF, montagne, village, rivière (Oued Abdi). *Azlaf* « le jonc », *juncus maritimus.*

TAZENA, village (Ouled Daoud).

ZAOUAG (Ras), montagne (Beni bou Slimane). *Ikhf en Zaouag.*

<h2 style="text-align:center">S س</h2>

SEBDA, montagne (Dj. Chechar). *Ikhf en Sebda.*

Aïn SEBDOU (Dj. Chechar). Comp. Sebdou, ville de la province d'Oran.

TISIDET, montagne (Oued Abdi). *Taseddath* « la lionne » (?).

TISDAÏN, village (Ahmar Khaddou). *Thiseddaïn*, plur. d'*asedda* « lionne ».

____

[1] De nombreux exemples en sont donnés par M. Basset, *Les noms des métaux et des couleurs en berbère* (*Mémoires de la Société de linguistique de Paris*, t. IX, p. 75 et suiv.).

TISRED, nom de lieu (Beni Oudjana).

ASERDOUN (Ras), montagne près Khenchela. *Ikhf en ouserd'oun* «la tête de mulet».

SARAT'OU, nom de lieu (Ahmar Khaddou).

TISERGELT, oued (Beni bou Slimane). *Isergelt* «entrave en fer, carreau, chaîne». *Ir'zer en tisergelt.*

OUESSAF (Bir), puits (Ahmar Khaddou). *Assaf*, nom d'homme (?).

SAR'IDA, village (Rassira).

ASR'ER, village (Ahmar Khaddou). *Asr'er* «le bois».

TASR'ORT, montagne (Oued Abdi). Même sens que le précédent.

ASR'ER EM OUAMAN, nom de lieu (Ahmar Khaddou). «le bois de l'eau».

TISK'IFIN, village (Oued Abdi), «les toitures, plur. féminin berbère de la racine arabe سقف.

TOUSILT, source (Dj. Chechar). *Thâouint en Tousilt* «la fontaine de Tousilt» (nom de femme?).

TASSILI Aïch, village (Beni bou Slimane). *Tassellia n Elláich* «le petit canal d'El Aïch», n. pr. ar. العايش. *Tassellia* désigne un canal de petites dimensions, *tharia*, un conduit un peu plus grand, et enfin *ar'elan*, un canal.

ASLEF, village (Oued Abdi); montagne (Ahmar Khaddou). Ce mot désigne l'insecte vulgairement appelé «pou de bois» (Psoque). *Hak'liath en aslaf* «le village des pous de bois». Ar. الغرابة.

TISLAFIN (Ras), montagne (Dj. Chechar). Pluriel féminin du précédent.

SAMER. Nom de tout le versant de l'Ahmar Khaddou, long de 80 kilomètres, exposé au sud-est. Très répandu en Kabylie, ce nom désigne le versant des montagnes exposé au soleil, par opposition à *Malou*, plur. *Imoula*, qui désigne le versant exposé à l'ombre.

SAMSAMEN, montagne (Dj. Chechar). *Ad'rar en asemmamen*, pluriel de *asemmamouth* «oseille sauvage», rac. *asemmam* «aigre». *Mers asemmamen* «le parc des oseilles», localité de l'Ahmar Khaddou.

SANEF, village (Ouled Daoud); nom de lieu (Ahmar Khaddou). *Hak'-liath en Sanef.*

Sennarin, col (Dj. Chechar). *Thizi en sennarin* «le col des carottes». Ar. سنارية.

Tisiouanin, col (Ahmar Khaddou). *Thizi en tisiouanin* «le col des milans». Sing. *asiouan*.

CH ش

Ich, corne, plur. *achchaoun*; entre dans la composition d'un grand nombre de noms de montagnes et devient alors l'équivalent de notre mot *pic*.

Ichmoul, montagne (Ouled Daoud). *Ich em oul* «le pic du cœur».

Chemoulmin, montagne (Ouled Daoud). *Ich em ouimin* «le pic des bouches». *Imin*, pl. de *imi* «bouche», a ici le sens de «tête de vallée».

Ichouar, montagne (Ahmar Khaddou). *Ich em ouar* «le pic du lion».

Achougazit', montagne (Dj. Chechar). *Ich ougazit'* «le pic de la poule».

Ichmerzou, montagne (Dj. Chechar). *Ich em oumerzou* «le pic du lévrier». *Amerzou* désigne l'animal appelé سلوقي, plur. سلاقى en arabe.

Ichazouggar', rivière (Dj. Chechar). *Ir'zer en ich azouggar'* «la rivière de la corne rouge».

Ichtamedda, montagne (Ahmar Khaddou). — ICH en Tmedda «la corne du vautour». *Thamedda* désigne l'oiseau appelé en arabe رخمة.

Chabora, source (Ahmar Khaddou).

Chetma, nom de lieu (Oued Abdi). Oasis près Biskra. — Les indigènes donnent à ce nom une origine arabe et le font dériver de مشتامات. — المشتا est l'endroit où l'on passe l'hiver; cette dénomination viendrait de ce que l'on trouve à Chetma des sources d'eaux chaudes. Cette étymologie ne nous paraît point satisfaisante, et d'ailleurs ne conviendrait pas au Chetma de l'Oued Abdi. Nous sommes plutôt portés à attribuer à ce vocable une origine berbère.

Chir, village (Oued Abdi). Ce nom, dont la signification reste inconnue, s'applique à différentes localités. On trouve chez les Ouled Moumen un *Chir em ouzenaïa*.

CHECHAR, vaste région montagneuse et aride à l'est de l'Ahmar Khaddou [1].

TiCHeTat. oued, village (Oued Abdi); village (Ahmar Khaddou).

TéCHeLt, village (Dj. Chechar). *Hak'hâth en tichchelt.*

CHaLMi, rivière (Ahmar Khaddou).

CHeLia, montagne, point culminant de l'Aurès. Ce nom est peut-être
d'origine arabe; en tout cas, il nous apparaît comme relativement récent.
Dans l'antiquité, le *Chélia* était désigné sous le nom de *Mons Aspis.*

CHaMeN (Bou), montagne (Beni Oudjana). *Ichamen* désigne la plante
appelée en arabe كمون, *nigella sativa* (Renonculacées).

CHouMeDRi, montagne (Oued Abdi). *Ich em.....?*

CHeNNaouRa, village, oued (Beni bou Slimane). La tradition locale
raconte que ce nom est celui d'une femme ayant habité le pays et fondé
le village.

TaCHeNTouRet, montagne (Dj. Chechar). *Ad'rar en tachent'ouret* «la
montagne du chignon». Le mot *tachent'ouret* désigne la mèche du sommet
de la tête appelée قطوشة par les Arabes.

CHeMGoRa (Kef), montagne (Beni Oudjana).

CHeHDRi, montagne (Ouled Daoud). *Ad'rar en Chehdri*, nom d'homme (?).

CHaOURa, montagne (Beni Oudjana).

Ç ص

CeRa, plateau au nord de l'Ahmar Khaddou. Le mot صرا a la signifi-

<hr>

[1] Voir, au sujet de cette région, Masqueray, *Traditions de l'Aurès oriental* (*Bulletin de
correspondance africaine*, t. III, 1885).

Les Arabes dépeignent en quelques mots l'aspect du pays, dans un dicton qui ne
manque pas de couleur locale :

جبينا على جبل تشار

لقينا لا حشيش لا بوسات عشار

لقينا الغنادة يدفدفوا بى الحجار

«Nous avons aperçu le Djebel Chechar;
«Nous n'y avons trouvé ni pâturages, ni juments pleines;
«On n'y voyait que des *goundis* entre-choquant les pierres.»

cation générale de « plateau » et s'applique à un grand nombre de localités en Algérie.

T ط

TuiT. source, fontaine.

TiT'AOUEN (Aïn), source (Beni Oudjana). « les sources ».

T'OUR, village (Oued Abdi).

ʿA ع

ᴦʿACHouCHT, montagne (Dj. Chechar). Diminutif berbère de l'arabe عشة « petite tente », proprement « nid ». C'est de la même racine arabe que dérive probablement le mot ʿAchach, porté par de nombreuses tribus ou fractions de tribus dans l'Afrique du Nord.

R' غ

THaR'ITH « la gorge ». On trouve dans l'Aurès beaucoup de noms composés du mot Thar'ith :

TAR'IT BENI BOU SLIMANE, village des Beni bou Slimane situé près des gorges de Tir'animin.

TAR'IT OULAD HELAL, village de la fraction de R'asira.

TAR'IT EN ZIDAN « la gorge de Zidan », village (Ouled Daoud).

TAR'IT SIDI BELKHEÏR, village (Oued Abdi).

TAR'IT EL BACHA, village, gorges (Ouled Daoud).

TAR'EDA, montagne (Oued Abdi), « le javelot ».

KEF BOU IR'ED, montagne (Ahmar Khaddou), « le pic de la cendre ».

R'iREN, village (Oued Abdi).

TAR'ERARIST, col (Ahmar Khaddou).

HAR'EROUT AMOR, nom de lieu (Ouled Daoud). « l'épaule d'Amor » tharerout « épaule », pl. thir'ard'in.

TAR'ERD'IT, montagne (Ahmar Khaddou), « la petite épaule ». Diminutif du précédent.

TiR'aRD'iN, montagne (Dj. Chechar). «les épaules».

TiR'ezZa, village (Beni bou Slimane). «la parcelle». Le mot *Tir'ezza* désigne généralement une enclave de terre cultivable, entourée soit de forêts, soit de parties incultes ou de rochers. Le sens correspond à peu près à celui de l'arabe الولجة, ou du kabyle *Tar'zout*.

TiR'ezza em Ouferradj, village (Dj. Chechar). «la parcelle d'Aferradj» (nom d'homme).

TiR'ezza em Bersi, rivière (Dj. Chechar), «la parcelle de Bersi (nom d'homme).

R'ezDiS, montagne (Dj. Chechar). *Ikhf ent R'ezdis* «la tête de la côte, de la montée».

iR'ZeR (Oulad), tribu (Ahmar Khaddou), «les enfants de la rivière».

iR'aSiReN, ar. غسيرة, tribu importante de la vallée de l'Ouad el-Abiod.

R'eSKiL, nom de lieu (Ahmar Khaddou).

TiR'ouR'a, village (Ahmar Khaddou).

R'ouFi, village (R'asira). Rac. *r'ef* «sur». Le village de R'oufi étant situé au sommet d'une falaise à pic, haute de plus de 300 pieds, il est d'autant plus probable que son nom exprime une idée de hauteur, d'élévation.

aR'iL, village (Oued Abdi). *Hak'liàth em our'il* «le village du bras de montagne».

GueRN teR'aLiN, montagne (Ahmar Khaddou). «la corne des crêtes».

Boc iR'iaL, rivière, col (Oued Abdi), pluriel de *ar'ioul* «âne».

R'eLBouN, rivière (Dj. Chechar).

R'eLLiS, montagne (Ahmar Khaddou). Ar. غليس, endroit uni et sans végétation, proprement «crépi».

TaR'eLiSiya, village (Ahmar Khaddou). Voir le mot précédent.

aR'eLaN (Aïn), source (Beni Oudjana). *Ar'elan* «le canal», comp. *tha-ria*. — *Hit' en tar'elan* «la source du canal».

R'eLaNin, montagne (Dj. Chechar), pluriel du précédent. *Ikhf en tir'elanin* «le pic des canaux».

R'aNiM, nom de lieu (Oued Abdi). *R'anim* «roseau», *Arundo communis* (Graminées).

TiR'aNiMiN, village (Ouled Daoud); gorges (Beni bou Slimane). Pluriel féminin du précédent.

F ف

TiFeDJeDJ (Aïn), source (Dj. Chechar). *Afejjajt* «bûche». *Hit' en tafejjajt* «la source de la bûche».

FeDJiR (Aïn), source (Ouled Daoud). *Fejjir*, nom d'homme (?).

FeRDJaNa, montagne (Ouled Daoud). Ce même radical se retrouve dans diverses localités de l'Algérie, sous la forme *Fergane : Beni Fergane, Fergana*. C'est probablement le même mot, par suite de l'adoucissement du *g*, que Feriana (Tunisie). Peut-être faut-il y voir un pluriel. Le radical FRDJ se retrouve dans le nom d'un village du Djebel Chechar : *Tir'ezza Iferradj*. Peut-être faut-il lui donner une origine sémitique.

FouRaR (Ras), montagne (Dj. Chechar). *Adr'ar en Fourar*, montagne (Ahmar Khaddou); *Oulad Tifourar*, tribu (Dj. Chechar). La signification de ce radical nous échappe.

TiFeRT'aSin, localité de la tribu des Oulad Daoud. Pluriel fém. berbère du mot arabe برطاس «chauve». Ce nom s'applique sans doute à un groupe de mamelons dénudés.

TaFReNt, localité de la tribu des Oulad Daoud. Rac. *efren* «trier, choisir; ou bien *effer* «cacher». Ce nom sert à désigner un très grand nombre de localités dans toute l'Algérie, et s'applique généralement à des points où l'on trouve de bonnes terres de labour. Nous ignorons sa signification exacte. On trouve dans l'Aurès : *Tafrent Oulad Aïcha*, terres de culture dans la tribu des Oulad Daoud; *Tefrent*, montagne (Dj. Chechar); *Tafrent*, montagne au nord-est de Khenchela, etc.

TiFRan, rivière et village (Ouled Fedala). Pluriel de *afri* «caverne». Rac. *effer* «cacher». *Thizi en tifran en ichek'k'af*, col (Ahmar Khaddou). Le mot *ichek'k'af* est un pluriel berbère de l'arabe شقف, qui, chez les musulmans des villes, désigne un tesson, un pot cassé. Chez les Bédouins de la campagne, le pluriel شقوب désigne des morceaux de pain. La traduction serait alors : «le col des cavernes aux morceaux de pain».

FaRÀouN (Djebel), montagne (Amamra), «la montagne de Pharaon»[1].

ForRK (Aïn), source (Oued Abdi).

FeRKouS (Oued), rivière (Oulad Daoud). *Ferkous*, nom d'homme. On trouve dans l'Ahmar Khaddou un col qui porte le nom de *Theniet Sidi Ferkous*.

TaFRaOUth (Aïn), source (Ahmar Khaddou), «la gouttière», ar. الميزاب.

TaFeZa (Oued), rivière (Mechounech). *Thafesa* «le grès». On trouve près de Tébessa, sur la frontière tunisienne, une source qui porte également le nom d'*Aïn Tafeza*.

AFZiL, montagne, rivière (Ahmar Khaddou).

TaFeSSat (Oued), rivière (Ouled Daoud). *Thafessat* «rempli, comblé». Rac. *afes* «remplir».

TFiSt (Djebel), montagne (Beni Oudjana). *Adr'ar en tfist* «la montagne de l'hyène».

FouCHi (Djebel), montagne (Ouled Seyam); montagne (Ouled Daoud).

TaFeCHNa (Aïn), source (Dj. Chechar).

TiFKeNt, localité de la tribu des Oulad Fedala.

TiFeLFaL, village (R'assira). Les indigènes s'empressent de faire dériver ce nom de l'arabe vulgaire فلفل «poivron». Peut-être faut-il simplement le rattacher à la racine berbère *fell* «sur, au-dessus».

FouNt (Ras), montagne (Dj. Chechar). *Ikhf en Fount.*

K ⇔ (et χ)

TKout, village (Beni bou Slimane). La prononciation véritable est *Tχ ouχth*. Ce radical se retrouve dans Koukou, ancienne ville de la Kabylie. Peut-être faut-il le voir également dans Tiout, qçar du Sud oranais. Nous en ignorons la signification.

---

[1] Cf., au sujet de ce mot, *Le chaouia de l'Aurès*.

KiKouNa (Djebel), montagne (Mechounech). — *Adr'ar en Kikonina.*

KaBou, montagne (Dj. Chechar).

TaKRouMt, village (Oued Abdi). Berbérisation de l'arabe كرومة «la nuque», nom qui s'applique fréquemment à des montagnes.

KeRiMt (Bou), localité de la tribu des Beni bou Slimane. Diminutif du radical précédent.

TiKSeRaouin (Theniet), col (Ahmar Khaddou). Pluriel féminin tiré de la racine arabe كسر «casser». — *Thizi en tikseraouin* «le col des cassures».

TiKSeLt, localité du Djebel Chechar. — *Thixselt* «la panthère».

iKouR'aL (Djebel), montagne (Beni Maafa). Radical inconnu. *Ad'rar en ikour'al.*

KLeMBou, montagne (Oued Abdi). — *Ad'rar en Klembou.*

KiMeL (Oued), rivière, douar de la tribu de l'Ahmar Khaddou. Signification inconnue.

KeMaLou (Bled el), localité de la tribu des Oulad Mounien. Même radical que le précédent.

aKeNi (Aïn), source (Dj. Chechar); *Axeni* «jumeau». — *Hit en axeni* «la fontaine du jumeau».

G ق

GouaGiCH (Oued), rivière (Ahmar Khaddou). Ar. فَاقْش, plur. قَوافِش, branches de palmier situées à côté du Djerid. — *Ir'zer en gouagich.*

TaGeDait (Djebel), montagne (Dj. Chechar). — *Ad'rar en tgeddaïth.*

GeRaouen, localité de l'Ahmar Khaddou. *Igraouen* ou *iyraouen*, pluriel de *iyri*, partie supérieure de l'épaule. Comp. tamacheq *Iri* Oⵦ, plur. *iraouen* O:I «nuque». Il existe également dans le Sahara un massif montagneux qui porte le nom d'*Iraouen.*

aGRaDou, rivière (Dj. Chechar). *Ir'zer en agradou.* — *Tizi en tagradou*, col (Oued Abdi). Signification inconnue.

oGRaïN (Ras), montagne (Ahmar Khaddou). *Goraïn*, nom d'homme. *Ikhf en Gorain.*

GeRNiZ (kef) «pic», (Beni bou Slimane). *Gerniz* «chardon», ar. قرنيزة. *R'ill en gerniz* «la crête du chardon».

Tagoust, village (Oued Abdi). — *Tagroust* « la parcelle » désigne un grand nombre de localités de l'Afrique du Nord. Le *g* s'adoucit fréquemment en *i* : *thaïoust*. — *Ir'zer en taïoust tar'oggalt*, oued (R'assira), « la rivière de la parcelle rouge ». Le berbère *thagroust* correspond exactement à l'arabe القلعة. — *Ir'zer en taïoust en tr'etten*, rivière (R'assira), « la rivière de la parcelle des chèvres ».

Tagsid (Aïn), source (Dj. Chechar). — *Aouint en tagessit*, signification inconnue.

Gechtan (oued), rivière (Ahmar Khaddou).

Gelfen, village (Oued Abdi). Peut-être faut-il rapprocher ce radical de l'arabe جلب, qui désigne un terrain arrosé uniquement par l'eau des pluies; ou encore du berbère *azelaf* « jonc », dont il serait un pluriel. Le *z* devient G par les transformations suivantes : *z*, *z* mouillé, *d* mouillé, *dj*, G.

Agelman (Oued), rivière (Beni Oudjana). — *Agelman* « citerne ». On retrouve dans la seconde partie de ce mot le radical *aman* « eau ». — *Ikhf en tigelman*, montagne (Dj. Chechar), « le pic des citernes ».

Gouna (Kef), pic (Mechounech). — *Ikhf en Gouna*.

L J

Thalalath, localité de l'Oued Abdi; l'endroit où croissent les lauriers roses. *Alili* (*Nerium oleander*). — *Ras Thaoulilith*, montagne (Beni bou Slimane), « le pic où croissent les lauriers ».

Taoulilath (Ras), montagne (Ahmar Khaddou). Même racine que le précédent.

Leblabin (Aïn), source (Ahmar Khaddou). — *Leblab* « lierre », *Hedera helix* (Auréliacées). — *Thàouint ent Leblabin* « la fontaine des lierres ».

Telouzi (Aïn), source (Oued Abdi). Rac. *Louz* « faim » (?).

Talechin, localité de l'Oued Abdi. — *Thalechchin*, pluriel féminin de signification inconnue.

Oulr'an, localité de la tribu des Beni Oudjana.

LeR'LaR', localité de l'Ahmar Khaddou. Ar. vulgaire غَلَق, endroit où l'eau séjourne après les pluies[1].

TeLaR'MIN (Bou), montagne (Oued Abdi). Pluriel féminin de *alr'em* «chameau». La «montagne aux chamelles», ainsi appelée, disent les gens du pays, en raison de sa conformation particulière[2].

ILeF (Djebel Bou), montagne de la tribu des Beni Ferah. — *Ilef* «sanglier»[3]; *Oued bou Ilfan* (Dj. Chechar) «la rivière aux sangliers».

TeLGaGeT (Aïn), source (Beni Oudjana). — *Hil' en taleggageth*. Signification inconnue.

M م

TMAOUN, localité de l'oued Abdi. Rac. *Imi* «bouche».

TaMeMAïT (Aïn), source (Dj. Chechar). — *Thamemmaχth* «tamaris»; *Hil' en tmemmaχth* «la fontaine du tamarix». En tamacheq, *Tamemaït*[4].

MOUDJI, plateau et village (Oued Abdi). — *Moujji*, plur. *imejjan* «oreille». *Moudjen*, autre forme de pluriel, est le nom d'une montagne de la tribu des Oulad Daoud.

MeDDOuR (Kef), montagne (Beni Oudjana). — *Meddour*, nom d'homme[5]. *Ikhf em Meddour* «le pic de Meddour».

TIMDeRT (Oued), rivière (Oued Abdi). — *Timeddert* «la vie», rac. eD-DeR.

MeDRoNA, village (Oued Abdi) arabisation du berbère Hamdrount.

---

[1] Il y a là une onomatopée assez curieuse, imitant le bruit des sabots du mulet marchant dans la boue.

[2] Selon M. Basset, le berbère *alr'em* serait un dérivé du sémitique لغم, action du chameau en rut, lorsqu'il fait sortir une partie de son œsophage en produisant un bruit *sui generis* dont le mot لغم est une onomatopée.

Cette racine se retrouve dans un certain nombre de noms de lieux : *tilr'emt*, dans la chebka du Mzab: *Telar'ma*, nom arabisé d'une tribu au sud de Constantine, régulièrement اِنْتِلَغَّتِيّون (les hommes originaires du lieu dit : تِلَغَّت).

[3] Comp. l'arabe حلوف.

[4] Un autre nom berbère de la même plante est *Tazemalt*, qui a également donné son nom à plusieurs sources.

[5] Les Chaouïa ont une tendance à assimiler ce nom à l'arabe قَدّور.

TaMeRZout (Aïn), source (Oued Abdi). — *Hil' en tmerzouth* «la source du lévrier femelle»[1].

TaMRiCH (Aïn), source (Ouled Daoud).

TaMeZat, village (Oued Abdi). — *Thamza* «l'ogresse»(?). Cette racine sert à désigner un grand nombre de localités : *Mzeta* (Oued Abdi); *Time-zouath* (Oued Abdi); *Tamezat* (Oulad Daoud). — *Chaâbet Thamza* «le ravin de l'ogresse», rivière (Rassira); *Thamza* (oued), rivière (Beni Oudjana): *Ras Toumzeït*, montagne (Dj. Chechar), etc.

MeZBaL (Djebel), montagne (Ahmar Khaddou).

TiMZeRt (Kef), montagne (Beni Oudjana).

MeZLiKeCH, nom d'une fraction de la tribu des Beni Melkem, dans l'Ahmar Khaddou[2].

TMaSiKR, localité de l'Ahmar Khaddou. Rac. *Tmas en iker* «la moitié du mouton»(?).

TiMSeLLaDJ (Thizi en), col (Dj. Chechar).

TaMeSLouKHt (Thizi en), col (Oulad Daoud). Berbérisation de l'arabe مسلوخة «écorchée». *Thizi en tmesloukhth* «le col de l'écorchée».

AMeCHaR (Ras), montagne (Beni Oudjana). *Ikhf en amechar.*

MeCHouNeCH, oasis à 32 kilomètres à l'est de Biskra. — Les Arabes font dériver ce nom de أُمّ شوشة, le mot شوشة «calotte» désignant une forme particulière qu'affectent les montagnes du pays avoisinant. Nous croyons, pour notre part, que le mot *Mechounech* n'est qu'une altération arabisée du nom berbère *Iimsounin*, pluriel dérivé du radical MSN qui se retrouve dans un grand nombre de noms de lieux : les nombreux oueds *Masin* disséminés dans toute l'Algérie; *Masina*, état voisin de Tombouc-tou; *Temasin*, oasis à 10 kilomètres au sud de Touggourt; *Timasinin* (plur.), point d'eau du Sahara septentrional, etc.

TiMAMMeRt (Kef), montagne (Beni bou Slimane). — Berbérisation de l'arabe المعمرة.

MaKReZ, oued (Ahmar Khaddou).

----

[1] Le chaouia *Amerzou* désigne l'animal appelé en arabe السلوقي.

[2] Comp. ce nom avec celui de *Mellikech*, ancienne fraction des Zouaoua.

TiMeGDRiN, localité des Beni bou Slimane. Signification inconnue.

TaMeLLaLt (Aïn), source (Dj. Chechar). Féminin de la racine *amellal* «blanc»; entre dans la formation d'un grand nombre de noms de localités : *Thizi Tamellalt*, col (Dj. Chechar); *Beni Imloul*, tribu (Dj. Chechar); *Tamellalt*, oasis voisine de Temasin, près de Touggourt.

MeLKeM (Beni), tribu de l'Ahmar Khaddou. *Melkem*, nom d'homme.

MeLaN, montagne, rivière (Oulad Daoud). — *Imellalen* (?), pluriel de *amellal* «blanc».

MeLLouJa, oued, village (Oulad Daoud). — *Ir'zer en mellouja*.

MeLLaGou (Oued), rivière, douar (Beni Oudjana). Ce vocable est peut-être dérivé de l'arabe الملاقة «la rencontre (des rivières)»[1].

AMeNTHaN, village (Oued Abdi).

TaMeNDeLout, source (Dj. Chechar).

N ن

TiNeDJi, montagne (Oued Abdi); montagne (Oued Moumen[2]).

TaNDout, montagne (Dj. Chechar), pour *thadount* «la graisse» (?).

NaRa, village (Oued Abdi).

NeRDi (Oued), rivière (Oued Abdi). — NiRDi, terres de labour (Oued Abdi), à rapprocher du mot *ird'en* «froment» (?).

ANZeLTeN, localité de la fraction de R'assira.

ThiNeCH (Kef), montagne (Ahmar Khaddou).

NouR'iS, plaine des environs de Khenchela. — *Nour'isen*, pluriel du précédent, riche vallée des Beni bou Slimane.

TaNOUt, rivière (Ahmar Khaddou). — *Thanouth* «la citerne»; *Ad'rar en tanouth*, montagne (Beni Oudjana).

[1]. *Mellag* est aussi le nom d'un seigneur de l'Aurès, père de la Kahina. (El 'Adouani, traduction Féraud dans le *Recueil de la Société de Constantine*, p. 152: Masqueray, *Traditions de l'Aurès oriental*, p. 81.)

[2]. Cette racine est peut-être à rapprocher du tamachecq *endja* ⵏⵜⵌ «fleuve», qui se retrouve dans un certain nombre de noms de rivières : *Oued Endja*, affluent de l'oued Remel, environs de Constantine; *Oued Tindja*, près du lac de Bizerte. Peut-être faut-il y chercher l'étymologie de طنجة «Tanger» (*Tingis*).

H ه

TAHEZOUZEFT (Theniet), col (Ahmar Khaddou).

OU و

TAOUET (Aïn), source (Oued Abdi). — *Taout*, nom d'homme encore usité actuellement.

THAOURIA, localité de l'Ahmar Khaddou.

OURTEN NEFTA, localité du Djebel Chechar. — *Oureth en Nefta* « la terre de Nefta », nom de femme (?).

TAOURIRT (Ras), montagne (Beni bou Slimane). Rac. *ourir* « colline ». — Ce vocable s'applique à un grand nombre de localités : *Taourirt*, montagne (Ahmar Khaddou); montagne (Dj. Chechar), etc.

AOURÈS, montagne (Beni Oudjana); montagne (Bellezma). — Dans l'antiquité, *Aurasius Mons*, nom que nous avons appliqué à tout le massif. Signification inconnue [1].

THAOURICH, montagne (Oued Fedala).

TAOUZIRET, source (Oued Abdi). Forme berbère, au féminin, de l'arabe الوزير.

OUZEL (Oued), rivière (Mechounech). — *Irzer em ouzzal* « la rivière du fer ».

TIOUACH, montagne (Mechounech).

TOUGGER, montagne (Dj. Chechar). — Montagne près de Batna. Rac. ouDJR, « être grand, surpasser ».

OULAOUN (Djebel), montagne ('Amamra). Pluriel de *oul* « cœur ».

AOULACH, village (Ahmar Khaddou).

TIOUNZA (Djebel), montagne (Dj. Chechar).

TOUOUNT (Djebel), montagne (Dj. Chechar); pour *Toubount*, le *b* s'étant affaibli en *ou*.

---

[1] On a proposé de faire dériver ce nom de l'hébreu אֶרֶז « cèdre », en raison de la flore particulière du massif. Cette hypothèse, qui n'a rien d'invraisemblable *a priori*, mérite confirmation.

LE PRONOM AFFIXE

DE LA PREMIÈRE PERSONNE DU SINGULIER

EN HAOUSSA,

PAR

M. GALTIER.

Le révérend Schön donne dans sa grammaire [1] les formes suivantes pour le pronom de la 1re personne du singulier :

Pr. sujet : *na* (je); affixe : *ni* «me, moi, à moi», avec une préposition *mani, gareni* «à moi». Ex. : *Ka bâni* «tu me donnes»; *ka bada mani, ka bada gareni* «tu donnes à moi».

Le pronom affixe sert en haoussa, comme dans les autres idiomes sémito-khamitiques [2], à rendre l'adjectif possessif «mon, ton, son»; mais, tandis que le pronom suffixé au verbe ou à une préposition s'emploie sans distinction de genre pour le masculin et le féminin, ce même pronom affixé à un substantif aurait une forme particulière pour le masculin et une autre pour le féminin. Schön (p. 24) donne les formes suivantes :

1re pers. : masc. *na* (mon), *dokina* «mon cheval», *uwana* (?) «ma mère».

— fém. *ta* (ma) *dokia* (?) «mon cheval», *uwata* «ma mère».

[1] *Grammar of the Hausa Language*, by Rev. J.-F. Schön. London. 1862. 1 vol. in-8°, p. 22.

[2] Il n'est pas inutile de rappeler que le haoussa, comme le berbère et l'égyptien ancien, fait partie des idiomes khamitiques, comme l'a parfaitement vu M. R. Basset (*Manuel de langue kabyle*, Paris. 1887, in-12, § 1), et non, comme le dit Schön, du groupe sémitique; la plupart des mots qu'il cite (p. XII) pour établir la parenté de racines du haoussa et de l'hébreu sont d'ailleurs des mots empruntés à l'arabe, par exemple : *kama* (ar. ك). *makaranta* «école» (قرأ); *gona* «ferme» (جنة). *malaké* «ange» (ملكة). *haram* (حرم). *eblisi* (ابليس), *anabi* (النبى).

Il est vrai qu'il semble douter de l'existence de ces formes; cependant il écrit, § 3o « Le genre est distingué à chaque personne du singulier. — *Note.* Dans un petit nombre de cas, peut-être par inadvertance, les pronoms masculins de la 1re personne sont usités avec des noms féminins : ainsi *da-n-uwana* au lieu de *uwata*, *rigana* au lieu de *rigata*, etc. . . . »

Il y a ici une double erreur : la première consiste à croire que le possessif prend le genre, non du possesseur, mais de l'objet possédé (*da-n-uwana* au lieu de *uwata*); la seconde, à admettre une double forme pour l'affixe de la 1re personne.

Si l'on remarque en effet que le pronom réfléchi *kâina* « moi-même », *kanka* « toi-même » (= *ka-n-ka* « tête de toi », cf. arabe نفس, روح), ne distingue pas les genres à la 1re pers.; on aura un premier motif de douter de l'existence des deux formes *na, ta*; et quant à croire que, par inadvertance, on a employé parfois *na* au lieu de *ta*, les exemples suivants, relevés dans l'extrait des voyages de Dorgu[1] imprimé à la suite de la grammaire haoussa, montreront que *ta* et *na* ne s'emploient pas au hasard, mais suivant une règle précise que nous tâcherons ensuite de trouver :

(P. 215.) *Daga Dambanas obana ya samna tare da uwata* « Mon père et ma mère habitaient Dambanas ».

Sunan uwata Kande « Le nom de ma mère était Kande ».

(P. 216.) *Obana da uwata* « Mon père et ma mère ».

Na tše ga obana « Je dis à mon père ».

Amma uwata ta samna ga gidda « Mais ma mère demeura à la maison ».

(P. 217.) *Obana ya beri gona nan* « Mon père quitta cette ferme ».

Kanuata ba ta da lafia « Ma sœur était malade ».

Uwata ta kan taffi tare damu « Ma mère avait l'habitude de venir avec nous ».

---

[1] Je n'ai pu faire un relevé d'exemples plus probant, n'ayant pas en ce moment à ma disposition les textes publiés par Schön, sous le titre de *African Native Literature.*

Na gauni kanena daga bissa tudu [1] « Je vis mon jeune frère sur une colline ».

Uwata ta tše ge obana « Ma mère dit à mon père ».

Yaro nan ba kanuata ta tše « Cet enfant n'était pas ma sœur ».

(P. 219.) *Baya ga mutuan kanuata* « Après la mort de ma sœur ».

(P. 220.) *Giddan obana* « La maison de mon père ».

(P. 221.) *Na ganni kariata* « Je vis une chienne ».

(P. 224.) *Ya tše ga obana. Ba ni beri diata daga giddanka* « Il dit à mon père : Je ne laisserai pas ma fille chez toi ».

Ni da kanena « Moi et mon jeune frère ».

(P. 225.) *Ta kan zakka ga giddan obana* « Elle avait l'habitude de venir chez mon père ».

Obana ya si labari (ar. خبر) « Mon père apprit les nouvelles ».

(P. 226.) *Ya danki kanena* « Il emmena mon frère ».

Kada ka maida mani dana « Tu ne me rendras pas mon fils ».

Ina tšewa ga sutšiata « Je disais en mon cœur ».

(P. 229.) *Na tše ga matan obana... amma ba uwata ta ke* « Je dis à la femme de mon père... mais ce n'était pas ma mère ».

Da ni en danka kibiata « Laisse-moi porter mes flèches ».

Ta si maganata « Elle écoute mes paroles (les paroles de Dorgu) ».

Ina tamaha šiekarata ša daia « Je (Dorgu) pense que j'avais onze ans ».

(P. 230.) *Sutšiata tana raurawa* « Mon cœur battait fort ».

(P. 232.) *Kafata duka sai šinni* « Tous mes pieds étaient en sang ».

Si nous relevons maintenant tous les substantifs des passages cités, nous trouverons qu'ils se répartissent de la façon suivante :

[1] *Daga bissa tudu* manque à la traduction de Schön. Il est étonnant que Schön, qui est selon l'expression de Barth « a perfect master of the hausa language », traduise ses textes d'une façon incomplète ou inexacte. Ainsi p. 224 : *da ni da kanena muna kuka don andauketa uwamu daga giddan obamu* « et moi et ma sœur nous pleurâmes parce que notre mère était emmenée de la maison » n'est pas traduit ; p. 221 : *kariata* signifie « ma chienne » et non « my dog » ; p. 218 : *sai wuri enda ta kwanta duka ta tšikka du dalele*, n'a jamais voulu dire « I perceived that she had been very sick (!) ». Il ne serait pas difficile de dresser une longue liste d'inexactitudes pareilles.

SUBSTANTIFS FÉMININS.

uwata (p. 215. 216. 217) «ma mère».	Sans suffixe,		*uwa.*
kannata (p. 217, 219) «ma sœur».....	—		*kanua* (m. *kane*).
kariata (p. 221) «ma chienne»........	—		*karia* (m. *karre*).
šiekarata (p. 229) «mon âge» (coll. fém.).	—		*šiekara.*
sutšiata (p. 226, 230) «mon cœur».....	—		*sutšia.*
kibiata (p. 229) «mes flèches» (col. fém.)	—		*kibia*[1].
kafata (p. 232) «mes pieds» (coll.).....	—		*kafa.*
maganata (p. 229) «mes paroles»......	—		*magana.*
diata (p. 224) «ma fille»...........	—		*dia.*

SUBSTANTIFS MASCULINS.

obana (p. 216, 217, 220, 224, etc.) «mon père»..................	Sans suffixe.		*oba.*
kanena (p. 217. 224, 226) «mon jeune frère»....................	—		*kane.*
dana (p. 226) «mon fils»...........	—		*da.*

Dans tous les exemples, le possesseur est masculin; mais l'on remarquera que tous les noms féminins se terminent sans exception aucune par *ta* et que les noms masculins prennent tous l'affixe *na*. On peut encore ajouter à ces exemples le suivant, où le possesseur est féminin :

Ma tše ta tše; yarinia tata tana da keao, taki ba ta da keao ba «La femme dit : Ma fille est belle, la tienne ne l'est pas» (Schön, p. 108).

Si nous faisons maintenant l'analyse des formes masculines, nous les décomposerons de la façon suivante : 1° le substantif *oba*; 2° la particule *n* servant à l'expression du génitif : cf. *gidda n oba* «la maison de mon père». Cette particule se retrouve d'ailleurs en berbère et en égyptien ancien; 3° le pronom affixe *-a obana* «le père de moi».

[1] Cf. p. 107, *kabia namu su kaššie* «nos flèches ont tué».

Dans les formes féminines, la particule *n* manque; le pronom affixe se joint directement au substantif, mais *uvata* se décompose non point comme le croyait Schön en *uva-ta*, mais en *uvat-a* « le père de moi ». *Yarinia tata* de même doit être coupé en *yarinia tat-a* « la jeune fille celle de moi », où *ta* est le démonstratif; cf. *ta-ki* « la tienne celle de toi ». Quant au *t*, ce n'est pas autre chose que la caractéristique du genre féminin, qui ne se fait plus entendre quand le substantif n'est pas suivi du pronom, mais qui reparaît lorsque le pronom est affixé; le même phénomène a lieu dans l'arabe vulgaire, où le féminin se forme par l'addition d'un ة qui se prononce tantôt *et* et tantôt *a*, selon que le substantif est ou n'est pas suivi d'une voyelle. Quant à l'origine de cette particularité phonétique, elle est fort simple. L'arabe vulgaire et le haoussa nous offrent là les restes de ce qu'on appelle en hébreu l'état construit : הַנְּשָׁמָה « l'âme », mais נִשְׁמַת הַמֶּלֶךְ « l'âme du roi », et dont il reste plus de traces en arabe vulgaire qu'en haoussa, car là où l'Arabe dit encore كلبة الرجل *kelbet-erradjel*, le Haoussa se sert de la particule de possession et dit : *karia n mutum*. Dès lors, il faut supprimer de la grammaire haoussa ces deux pronoms *na* et *ta*, qui n'ont jamais existé, et les remplacer par un pronom affixe unique *-a*, qui ne diffère nullement du pronom analogue dans les autres idiomes proto- et deutéro-sémitiques.

NOTICE SOMMAIRE

SUR

LES PROGRÈS DE LA PHILOLOGIE
MÉDIO- ET NÉO-GRECQUE

DEPUIS LE CONGRÈS DES ORIENTALISTES DE GENÈVE (1894),

PAR

K. KRUMBACHER.

En acceptant la tâche de présenter aux membres du Congrès un tableau des progrès réalisés dans le domaine des études médio- et néo-grecques durant ces trois dernières années, je n'ai pu songer naturellement qu'à une indication tout à fait sommaire des résultats les plus importants; car l'activité dans ce domaine autrefois si négligé s'est accrue si puissamment dans les derniers temps, que la simple nomenclature des ouvrages publiés dépasserait de beaucoup les limites qui me sont assignées. Ceux qui désireraient se renseigner sur les recherches de détail trouveront des matériaux suffisants dans la *Byzantinische Zeitschrift*, dans la *Revue byzantine* russe, dans l'*Annuaire* d'Odessa, le Δελτίον τῆς ἱσλορικῆς καὶ ἐθνολογικῆς ἐταιρίας τῆς Ἑλλάδος (surtout dans la partie bibliographique des deux premières publications); dans les Rapports sur l'histoire byzantine, grecque moderne et sud-slave que Hirsch, Lampros et Jireček font paraître à Berlin dans les *Jahresberichte der Geschichtswissenschaft*, dans les *Theologische Jahresberichte*, dans les Rapports sur la philologie néo-grecque dans l'*Anzeiger der Indogermanische*

Forschungen, dans la rubrique «Moyen et néo-grec» du *Kritischer Iahresbericht über die Fortschritte der Romanischen Philologie*, dans la Bibliographie annuelle de la *Revue des études grecques*, etc.

Ce qui frappe tout d'abord dans l'histoire contemporaine des études byzantines et néo-grecques, ce sont certains faits extérieurs comme la fondation d'un Institut impérial russe d'archéologie à Constantinople, qui s'occupera surtout, comme l'indiquent les circonstances, de l'époque byzantine; l'extension systématique donnée aux études d'art byzantin par l'École française d'Athènes; l'ouverture d'un Département chrétien dans le Musée central d'Athènes; l'institution à l'Université de Budapest d'une chaire dont le professeur, à côté de la philologie classique, enseigne aussi la philologie grecque moderne et médiévale; la fondation sur les ressources provenant du don OEconomos (Trieste) d'un Séminaire grec médiéval et moderne à Munich; le don Therianos à l'Académie des sciences de Bavière pour l'encouragement des études paléo-grecques et byzantines, etc. Le concours ouvert autrefois par l'Académie des sciences de Bavière, sur un sujet relatif à la philologie byzantine (Édition de la Chronique de Morée), a abouti à l'ouvrage couronné de J. Schmitt; le nouveau concours ouvert par cette académie (Édition de Procope) est encore un encouragement pour les études byzantines. Un autre concours relatif à Byzance a été proposé par l'institut Lazarewsky de Moscou (*Les Arméniens à Byzance avant les Croisades*). Enfin une nouvelle preuve du vigoureux essor des études byzantines nous est offerte par ce fait, que deux Recueils de textes byzantins et textes orientaux relatifs à Byzance ont été récemment entrepris, l'un à Iéna par H. Gelzer, l'autre à Dublin par J.-B. Bury. De plus, les auteurs byzantins, autrefois trop souvent sans asile, ont trouvé droit de cité dans la *Bibliotheca Graeca* de Teubner à Leipzig.

Dans le domaine de l'histoire littéraire, il faut mentionner tout d'abord la seconde édition de l'*Histoire de la littérature byzantine* par K. Krumbacher (Munich, 1897). Toute une série de textes byzantins ont été ou bien édités pour la première fois, ou bien revus et corrigés avec soin (Kékauménos, Nicéphore Blemmyde, Chroniques, Poèmes de Théodore Métochite, Lettres de Manuel Paléologue, Procope, les *Géoponiques*, Constantin le Rhodien, etc.).

Le réveil subit du goût pour la littérature byzantine se trahit encore plus dans les nombreuses recherches de détail sur les sources, les rapports de parenté, la *crédibilité*, le caractère littéraire, la constitution du texte ou de la langue de tels ou tels auteurs, surtout des historiens et des chroniqueurs. Nombre de Byzantins auxquels on ne prêtait autrefois aucune attention sont devenus l'objet d'études approfondies et passionnées, réservées autrefois aux auteurs de l'époque classique. Et si, notamment dans le champ si obscur de la littérature des chroniques, autant de doutes ont été soulevés que satisfaits, la somme des aperçus nouveaux que ces multiples recherches de détail ont apportés n'en demeure pas moins considérable.

Signalons avec plaisir les progrès accomplis depuis trois ans dans la connaissance des manuscrits grecs, étude qui tombe pour les trois quarts dans le domaine de la byzantinologie. En particulier, les petits dépôts d'Italie, naguère à peu près inconnus, ont été en grande partie catalogués. Du grand *Catalogue des bibliothèques du Mont Athos*, élaboré par Sp. Lampros, le premier volume a paru, le second est attendu prochainement. Les riches trésors du Patriarcat de Jérusalem ont été inventoriés en majeure partie par Papadopoulos Kerameus. La Bibliothèque du Synode de Moscou nous est connue bien plus exactement qu'autrefois, grâce au catalogue très fautif, mais détaillé, de Vladimir. Enfin nous avons vu paraître récemment le second et dernier volume du *Catalogue des manuscrits grecs de Berlin*.

L'étude de la langue médio- et néo-grecque ne rencontre toujours que peu d'amateurs. Nous devons citer, il est vrai, quelques exposés d'ensemble sur la frontière de la grécité byzantine, nouvelle édition (par Schmiedel) de la *Grammaire* de Winer, *Grammaire du Nouveau Testament* par Blass, les quatre volumes de W. Schmidt sur l'*Atticisme;* mais, dans le domaine propre de la langue médio- et néo-grecque, la rareté des travailleurs se fait cruellement sentir. A défaut de la quantité, nous avons du moins la qualité dans les études néo-grecques, si riches en matériaux, de G. Meyer, et dans quelques excellentes monographies de Hatzidakis. Les grammaires néo-grecques de Pecz, Thumb et Pernot poursuivent surtout un but pratique; les deux dernières cependant ont une valeur scientifique.

Parmi toutes les branches de la philologie byzantine, la théologie était jusqu'à présent la plus négligée; nous avons enfin une base d'études dans l'exposé d'ensemble dû à A. Ehrhard (dans l'*Histoire* de Krumbacher). Les recherches de détail se sont surtout portées vers l'hagiographie : ici, ce sont les Bollandistes dont l'effort collectif a ouvert la voie. Indépendamment de plusieurs éditions de *Vies de saints* grecques, ils ont créé dans leur *Bibliotheca hagiographica* un guide bibliographique extrêmement utile, et sur cette base ils ont commencé à inventorier tous les manuscrits hagiographiques grecs. Le volume comprenant les manuscrits de Paris a paru, celui du Vatican va paraître. Parmi les autres travaux, mentionnons en tout premier lieu les recherches révélatrices de A. Ehrhard sur l'hagiographie grecque et de Stiglmayer sur Denys l'Aréopagite.

Dans le domaine de l'Histoire byzantine, qui trouve maintenant des amis même dans le grand public, plusieurs grands chapitres ont été éclaircis par de solides monographies : l'époque de Constantin par O. Seeck (*Histoire de la chute du monde antique*); l'Afrique byzantine, par le mémoire couronné de Ch. Diehl; l'époque féconde en événements dramatiques de Tzimiscès et de Basile le Bulgaroctone, par la brillante épopée byzantine de G. Schlumberger; le siècle suivant, par la délicate étude de C. Neumann sur la situation politique de l'empire byzantin avant les Croisades; enfin la période de 1204 à 1453, par l'ouvrage de P. Kalligas. Nous devons à H. Gelzer un exposé condensé, mais fondé sur une connaissance approfondie, de toute l'histoire byzantine dans la seconde édition du *Manuel* de Krumbacher. Consignons encore comme un indice réjouissant du réveil du goût pour les choses byzantines la nouvelle édition, par Bury, du livre classique de Gibbon. A ces grandes publications viennent se joindre d'innombrables travaux de détail.

La connaissance de l'art byzantin a reçu, dans ces dernières années, une vive impulsion : d'une part, par des exposés et des recueils d'ensemble (*Histoire de l'art chrétien*, par F. X. Kraus; *Archéologie de l'art chrétien*, par V. Schulze; *L'Art byzantin dans l'Italie méridionale*, par Ch. Diehl; *Mélanges d'archéologie byzantine*, par G. Schlumberger); d'autre part, par des monographies (comme celle de Lethaby et Swainson sur Sainte-Sophie) ou des publications monumentales (*Wiener Genesis*, par Wickhoff et v. Hartel; *Illustrations du Psautier*, par Tikkanen; *Miniatures du Vatican*, par Beissel, etc.). Le poème récemment publié, par E. Legrand et Th. Reinach, de *Constantin le Rhodien* nous renseigne sur les destinées de divers monuments de Byzance. Enfin la question byzantine a été fort avancée par les recherches de Strzygowski, Dobbert, etc.

Dans le domaine de l'épigraphie byzantine, nous ne voyons

à citer, comme grandes publications, que le *Recueil des inscriptions chrétiennes grecques de Russie*, par Latychev; le *Corpus inscriptionum Græcarum christianarum* en est encore à élaborer son plan; F. Cumont en a donné une utile préface dans son *Étude sur les inscriptions chrétiennes d'Asie Mineure*.

La science du droit byzantin a perdu son maître vénéré dans la personne de Zachariæ de Lingenthal. C'est une lacune qui n'est pas comblée en Allemagne. L'héritage de Zachariæ semble se partager entre le Français Monnier, le Suisse Nicole, les Italiens Ferrini et Brandileone et quelques Russes qui poursuivent son œuvre dans le même esprit. Ces derniers, l'infatigable Pavlov à leur tête, ont choisi comme spécialité le droit canon gréco-slave.

UNE

NOUVELLE INSCRIPTION BYZANTINE,

PAR

M. K. J. BASMADJIAN.

Permettez-moi d'appeler votre attention sur une inscription byzantine qui se trouve au Mehterhané ou Prison centrale de Constantinople.

La prison est située, je crois, sur les ruines de l'amphi-théâtre de Théodose.

L'inscription, écrite sur un morceau de marbre cassé de o m. 24 de largeur sur o m. 30 de longueur, est placée dans le mur ouest du jardin de Mehterhané, et représente la figure ci-dessous :

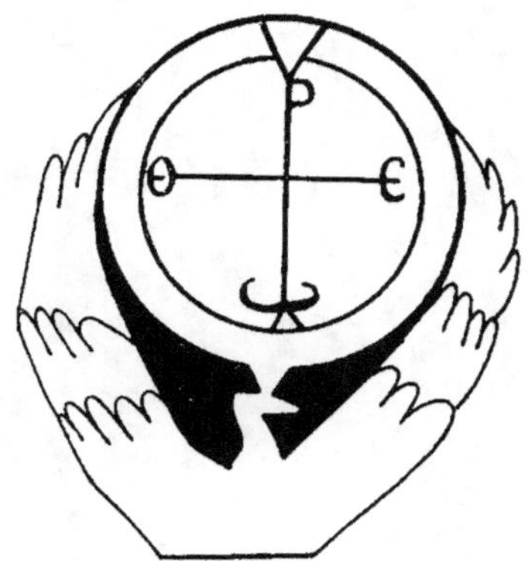

Le monogramme doit certainement se lire :

ΘΕ[Ο]ΔΩΡ[Ο]Υ

La pierre sur laquelle se trouve cette inscription provient

certainement d'un autre bâtiment ou d'une fouille accidentelle, car le mur où elle se trouve ne date que de vingt ans environ.

L'oiseau et le médaillon sont en relief, tandis que la croix et l'épigraphe sont gravées.

Le médaillon et la croix se trouvent sur la même pièce de marbre, ce qui constitue une rareté exceptionnelle, ainsi que l'a fait observer M. le professeur Strzygowski.

OBSERVATIONS

SUR

UNE CARTE MANUSCRITE DE L'ASIE MINEURE

DRESSÉE PAR M. KIEPERT.

PAR

M. BENLOEW.

Les noms des localités, montagnes, rivières que nous trouvons dans l'histoire même ancienne ne leur ont généralement pas été donnés par les populations qui nous en entretiennent les premières; ils renferment le plus souvent les plus anciens souvenirs des races primitives. M. de Humboldt, en soumettant à l'analyse grammaticale une foule de noms de localités espagnoles, a découvert que leurs premiers habitants avaient été des Ibères dont les Basques de nos jours sont les descendants. Beaucoup de noms de villes, villages et lieux de notre Bretagne ont conservé jusqu'à nos jours les formes celtiques par lesquelles ils ont été désignés jadis. Le même fait se reproduit dans l'Irlande, l'Écosse et même dans l'Angleterre, pour une foule de noms propres expliqués par les idiomes celtiques. C'est ainsi que M. Kiepert, ne rencontrant dans la géographie de la Grèce ancienne qu'un petit nombre de noms dont les racines de la langue grecque pouvaient rendre compte, s'est demandé si des populations entièrement disparues, selon les apparences, tels que les Lélèges et les Pélasges, n'auraient pas laissé dans ces noms des traces de leur passage. N'avait-on pas reconnu dans les monuments de Tirynthe, de Mycènes, d'Argos, d'Orchomène, les restes d'un art primitif, nullement hellénique? Un peu à mon instigation, M. Kiepert a donc dressé une carte de la partie orientale de la Grèce et aussi de l'Asie Mineure tout entière, où il s'est attaché à noter les endroits surtout dont les noms se terminent en *-anda*. Nous avons soumis ces derniers à un examen analytique des éléments dont ils sont composés, au Congrès des Orientalistes qui a eu lieu à Genève il y a trois ans. Puis M. Kiepert a noté sur cette carte les noms beaucoup plus nombreux qui ont pour désinences $-\alpha\sigma\sigma\sigma\varsigma$, $-\alpha\sigma\sigma\alpha$, $-\iota\sigma\sigma\sigma\varsigma$, $-\iota\sigma\sigma\alpha$, etc. Or le Dr Blau avait remarqué déjà qu'on rencontrait beaucoup de ces noms dans les districts méridionaux de l'Albanie actuelle, tels que *Modrissas, Lisso, Irbissa, Brissa, Kalissa, Trassa, Pliassa, Riniassa, Paljasa, Schalassi, Schiessi, Jaïssi*[1]. Movers jugeait que ces désinences n'étaient pas grecques : il les croyait *cariennes*. Il est certain que beaucoup d'endroits munis de ces désinences se trouvent dans la Carie et notamment dans tout le sud-ouest de l'Anatolie; il y en a aussi en Chypre. Il convient d'ajouter que l'idiome carien contenait, à l'origine, un fond sémitique.

Mais arrêtons-nous ici un instant, et, après avoir cité des noms de localités peu connues actuellement conservant des désinences si anciennes, voyons si nous n'en rencontrerons pas dans l'histoire ayant acquis une certaine notoriété. C'est ici que nous nous trouverons en face de la longue série des endroits — il y en a 13 — qui portent le nom de Larissa. Trois d'entre eux se succèdent à petite distance dans la Thessalie. La plus ancienne Larissa, située sur le Pénée inférieur où il se rapproche le plus du lac Nessonien, a gardé son ancien nom jusqu'aujourd'hui: une deuxième, située au delà du champ dotien, près des sources de l'Amyros, sur la pente occidentale de l'Ossa; puis beaucoup plus loin, vers le Midi, au point où

---

[1] *La Grèce avant les Grecs*, p. 95.

l'Othrys descend dans le golfe de Pagasai, il existait sur le sommet du roc une troisième Larissa. Le sens de ce nom aura été probablement indiqué par Duncker[1]. Il le fait venir de λᾶς «pierre», et il l'explique par «château fortifié, château de pierre». Remarquons qu'en albanais «amas de pierres» se dit τούρρεα; que les Pélasges primitifs, les émigrants de la Thessalie, de la Béotie, que les Minyens construisaient ces tours sur les promontoires du continent et sur les îles qu'ils avaient occupées, d'abord pour s'y abriter contre les attaques des tribus des Thraces, et même contre les établissements des Sémites, puis pour se livrer pour leur propre compte impunément à la piraterie. Ceux qui s'étaient établis sur les langues de terre de l'Athos portaient, à cause des tours bâties par eux, le nom de Tyrrhéniens. Il se trouvait aussi de ces tours sur la côte de la Carie. Là comme dans la Crète, où on en rencontrait pareillement, elles portaient l'ancien nom de Larissa. Il ne faut donc pas nous étonner si Hérodote, Thucydide et Sophocle (ce dernier cité par Denys d'Halicarnasse) considèrent Tyrrhéniens et Pélasges comme étant de même race[2]. Rappelons ici que la langue albanaise a pour le mot τούρρεα aussi celui de σκέπους, qui n'est autre que celui de Shkipetar même. Duncker a soin de faire remarquer que les Pélasges avaient été obligés d'élever des abatis et des monceaux de pierres pour mettre leurs femmes, leurs enfants, leurs bestiaux et leurs récoltes à l'abri des incursions des Doriens et des Perrhèbes, campés sur les pentes méridionales de l'Olympe, puis des Magnètes établis sur l'Ossa et le Pélion. Installés dans l'Argolide, les Pélasges avaient bâti une citadelle au-dessus de la ville d'Argos. C'était une autre Larissa qui contenait un temple de Jupiter. Il y avait une Larissa dans l'Attique, il y en

[1] *Geschichte des Alterthums*, III. p. 20.
[2] *Id.*, III. p. 390, note.

avait une dans la Crète près de Gyrton, il y en avait une sur
la frontière de l'Élide et de l'Achaïe (d'après Théopompe). Il y
en avait près d'Hamaxitos dans la Troade[1]; il y en avait sur
la côte de l'Éolide près de Cymé[2]. Il y en avait une près d'É-
phèse dans la plaine du Caystre, d'après laquelle un Ζεὺς Λα-
ρισσαῖος est nommé. Enfin il y avait une Larissa dans le Pont,
une autre dans la Syrie, sur l'Oronte, et — pour ne rien
omettre — Xénophon en trouve une qui est située sur le
Tigre dans l'Assyrie[3].

Est-ce un hasard qu'un si grand nombre de noms terminés
en -ισσα, -ισσος, -ασσος, -ησσος, etc., désignent des localités
fortifiées comme p. e. Πιμώλισα, citadelle qui se trouvait dans le
Pont, Λίβυσσα dans la Bithynie, Βαρβάλισσος sur l'Euphrate,
ou comme la ville bien connue d'Ἁλικαρνασός avec sa citadelle?
Si vous en détachez la désinence -ασσος, elle vous fera connaître un endroit à peu près inabordable. Ἄσσος, situé dans la
Troade dont l'escarpement était devenu un sujet de proverbe :
« Va à Assos si tu veux te casser le cou plus vite ». Or cette désinence est souvent employée pour désigner des montagnes : Παρ-
νάσος, Κόρησσος, Βρυλησσός[4], et probablement Ὑμηττός pour
Ὑμησσός. Le carien est une langue d'origine sémitique. Il se
pourrait donc que dans Ἄσσος, Πρίνασσος, Mylasa, Harpasa on
eût affaire à l'hébreu אש, et que le petit bourg d'Ἀσσησός situé
non loin de Milet fût l'exacte reproduction de l'hébreu אֲשִׁישִׁם
« bases, fondements ».

On peut comparer le mot archaïque latin *asa* comme se rattachant à la racine *ds* « être assis ». *Asa* ou *ara* ne signifie pas seulement « autel », mais toute base élevée, par exemple *ara sepulcri*.

[1] Thucydide, VIII, 101.
[2] Iliade, II, v. 840.
[3] Anabase, III.
[4] En albanais, *Trin* signifie « corne ».

Il est à remarquer que la désinence *-assus, -asus* sert souvent à donner du développement à une forme plus simple renfermant le radical seul. C'est ainsi que d'Imbros, nom d'une île située près de la côte de la Thrace, on a formé Imbrasos, nom d'une rivière de l'île de Samos, laquelle portait elle-même aussi le nom d'Imbrasos. A côté de Κρύη, ville de la Lycie, on trouve Κρύασσος, ville de la Carie; à côté d'Ios, petite île où l'on croyait qu'Homère était enterré, et d'*Ios*, petit fortin de la Laconie, *Iassos* ville de la Carie; à côté de Πριήνη, ville bien connue de la côte carienne, Πρίνασσος, ville aussi de la Carie. Si *Issos* s'explique par un mot carien, Ἴσσος, ville bien connue de la Cilicie, située près du mont Amanus, et l'île d'Issa près de la côte illyrienne tirent leur nom probablement aussi d'une racine pélasgique. Pourrait-on y rattacher le nom d'une ville Lissos qui se trouve dans la Dalmatie et dans la Crète?

S'il y a eu un grand nombre de Larissa dans la Grèce préhellénique, les *Pédasa* n'y manquent pas non plus. Ce nom est inséparable de la légende des Lélèges. Pédasos nous est présentée par Homère comme une ville habitée par des Lélèges, située au pied de l'Ida, sur le bord de Satnioeis. Elle était la résidence du roi Altès et elle fut ravagée par Achille[1]. Hérodote nous cite comme ancienne capitale des Lélèges une Πήδασα située pareillement dans l'Anatolie, en Carie, que Mausole réunit plus tard à Halicarnasse[2]. Distinct de ces deux villes était τὸ Πήδασόν, petit bourg situé aussi dans la Carie. Ce qui semble confirmer que le nom était d'origine lélège, c'est qu'il y avait encore une Πήδασός dans la Messénie. Or la Messénie était, comme on sait, anciennement, comme une partie de la Lélégie

[1] Iliade, VI, 20, 35.
[2] Hérodote, VIII, 104.

et cette Πηδασός s'est appelée plus tard Μοθώνη [1] : le sens du mot était vraisemblablement « plateau élevé ».

On peut, pour trouver ce sens, s'adresser aussi bien aux langues indo-européennes qu'aux langues sémitiques. La racine semble signifier *plaine*, terrain uni propice à l'agriculture. Dans la désinence *asa*, nous avons cru reconnaître plus haut le sens d'*élévation*, *colline*. C'est cette qualité qu'Homère (Iliade, XXI, v. 87) attribue à la Pédasos de la Troade :

Πηδασὸν αἰπήεσσαν ἔχων ἐπί Σατνίοεντα

(Voir Strabon, VIII, cap. 2, p. 530-2.)

En tenant compte des observations de Movers et en étudiant la carte de M. Kiepert, nous trouvons que la population qui affecte ces formes si caractéristiques aux noms de ses villes et de ses montagnes paraît être descendue du nord-est de la chaîne des Balkans, s'être répandue dans la Grèce dans la direction de l'ouest à l'est, avoir essaimé dans l'Asie Mineure et avoir atteint les frontières des pays caucasiques. Certes, nous ne prétendons pas que tous les noms cités par nous soient exclusivement d'origine albanaise : nous n'ignorons pas que, dans l'Anatolie, une foule de tribus se sont mêlées et même confondues dès la plus haute antiquité. Toutefois nous pouvons suivre les noms en -*issus* et en -*assus*, etc., jusqu'à l'Euphrate d'un côté et jusqu'au Pont-Euxin de l'autre. Des deux côtés, nous nous heurtons en même temps à des noms sémitiques. Sur la côte de la Paphlagonie, nous rencontrons des noms tels que Ἀϐονότειχος (probablement pour *Abotenuteddhus* la fortification de nos pères, de l'hébreu אֲבוֹת־בּנוּ), le promontoire Syrias et surtout Sinope, la célèbre métropole de Trébizonde. Sinope fut fondée une pre-

---

[1] Strabon, VIII, p. 359.

mière fois par des Sémites, comme son nom l'indique (אשנב, proprement : « treillis de fenêtre »). La langue de terre par laquelle
la ville disposait d'un double port excellent n'était large que
deux stades, et était barrée par la solide muraille de la cité.

Sur la limite de la Cappadoce, on trouve *Trabissos*, dont le radical nous apprend que nous avons affaire à un endroit habité
par des Sémites, auxquels Pélasges ou Grecs ont pu se mêler :
c'est ce qui semble indiqué par la désinence *-issos*. La ville
de Barbalissos ou de Barbarissos sur l'Euphrate avait très probablement des Sémites ou des Parthes pour habitants ou pour
garnisaires. Il n'est guère plausible que notre population semi-
grecque se fût appelée barbare elle-même. C'est ce que les
Romains faisaient pourtant avant d'être policés par la civilisation
hellénique. Ils s'appelaient eux-mêmes barbares. Les Albanais
Guègues désignaient les Allemands par le mot βαρϐαρες -ζι.
Nous supposons que par « Allemands » il faut surtout entendre
les Autrichiens, avec lesquels les Albanais avaient des rapports
plus intimes. Pourtant on emploie encore le mot Ἀλλαμάνι,
qui vient de France, et le mot slave *νεμιξι* qui signifie « muet ».
C'est par ce mot que les Russes désignent les Germains, parce
qu'ils ne peuvent pas converser avec eux. Est-il besoin d'ajouter
que, dans le mot Βαρϐάρισσος, il ne pouvait guère être question des Germains? Mais peut-être y a-t-il lieu de faire mention ici de quelques autres noms de villes situées dans les environs de Césarée, et dont les formes bizarres avaient frappé
M. Kiepert.

M. le professeur Kiepert a bien voulu me communiquer une
série de noms étrangers d'endroits situés dans les environs de
Kaisariéh en Cappadoce. On les lit sur une carte très rare que
je ne possède pas : elle s'appelle Πίναξ χωρογραφικὸς τῆς με-
γάλης ἀρχισατραπίας Ἰκονίου ὑπὸ τοῦ σαπιέρου καὶ ἐλλογίμου

μητροπολίτου Ἀδριανουπόλεως κυρίου Κυρίλλου ἐπιστασία Ἀνθί-
μου Γάζη ἐν Βιέννῃ, 1812 (en taille-douce).

Les noms évidemment ne sont pas grecs; pour s'en convaincre, on n'a qu'à les lire; M. Kiepert ajoute expressément qu'ils ne sont pas turcs. Les voici dans l'ordre où ils m'ont été transmis par le savant professeur : Γυαραπισόν, Ταβλουσόν, Ἀρλουσόν, Ἀδιλμοθόν, Διρμοσόν, Βάνισα, Σίνασόν, Σελεντί. Écartons d'abord les deux noms de Βάνισα et de Σελεντί, dont le premier pourrait bien rentrer dans la longue série des villes en -ασσος, -ισσος, -ισσα, etc., et dont le second doit être rangé, selon les apparences, dans le groupe des noms en -anda. Tâchons de nous orienter d'abord, autant que possible, dans la région où ces endroits sont censés être situés. Cette Kaisariéh ou *Cæsarea*, placée au pied du mont Argæus, est la ville désignée, dans Strabon, du nom de *Mazaka*. Elle a sans doute le surnom de Εὐσέβεια πρὸς τῷ Ἀργείῳ; en effet, elle était entièrement grécisée de son temps, et ses habitants se gouvernaient d'après les lois de Charondas, législateur des Chalcidiens de Catane. Mais antérieurement elle avait été occupée par des Sémites qui ont été maîtres de la Cappadoce pendant des siècles. On explique le mot Cappadoce par l'hébreu כָּפָה « côté » (c'est-à-dire « pays »), et *Duska*, nom d'une peuplade qui est peut-être identique avec les *Tusheti* ou *Tushi* de la Géorgie orientale, appelés *Dusi* par Moïse de Chorène (Mithridate, I, p. 429). Mais ce serait pousser trop loin la témérité que d'y voir une branche des Tosques albanais. *Mazaka* est certainement un mot sémitique : en hébreu, מַצֵּבָה veut dire « étai, colonne » (d'une racine נצב signifiant « établir, placer debout »). Strabon pense que cet endroit avait été choisi par les anciens rois pour leur servir de camp et de résidence. C'est que, dans la Cappadoce stérile et dénudée, Mazaka seul avait, dans son voisinage, des forêts et des carrières fournissant le bois et les pierres nécessaires aux

bâtiments. Il y avait aussi des pâturages pour nourrir le bétail.
Enfin il se trouvait tout autour beaucoup de collines très éle-
vées et, par conséquent, à l'abri des armes de trait. Là les rois
avaient établi des forts pour mettre en sûreté leurs personnes
et leurs trésors, ainsi que ceux de leurs amis (Strabon, l. XII,
Cappadoce, chap. ii).

Or la désinence *-ousoun*, *-oson*, *-ason*, qui caractérise des noms
propres signalés par M. Kiepert, ne nous paraît être autre chose
que le chaldéen אֲשִׁין, אֲשׁוּן « fort, ferme, dur », de la rac. אשׁן.
De là les noms de plusieurs villes fortifiées comme אֲשְׁנָה. Il y en
avait deux de ce nom dans la tribu de Juda; puis עָשָׁן (pareillement dans Juda). De là peut-être aussi le mot rare אֹשֶׁן « ténèbres »; car les châteaux forts pouvaient aussi servir de prison
et de cachette [1]. Le מ qui précède la désinence *-oson* dans *Idil-
moson*, *Dirmoson*, est le מ participiel, qui, dans les noms dérivés
des verbes, désigne volontiers l'endroit où une action se passe.
Le dictionnaire hébreu présente ici les deux formes מְשֵׁעָן et
מָשׁעֵן (même מִשׁעֶנֶת) « appui, soutien », etc. Le participe paal *mu-
shân* se rapprocherait davantage de notre désinence *-moson*. Quoi
qu'il en soit, il y a lieu peut-être de se souvenir ici que toute
une population caucasique, les *Mosynèques*, tiraient leur nom du
mot *moson* « tour », qui n'est pas grec. Encore aujourd'hui, *masys*
veut dire « tour » chez les Ossètes. Il se pourrait fort bien que
ce mot fût, en dernière instance, d'origine sémitique. Il ne serait
pas le seul qui se fût égaré dans les idiomes du Caucase (par
ex., *Idam* « l'homme »). On n'ignore pas qu'autour des sources
de l'Euphrate, Aryens, Caucasiens et Sémites se sont rencon-
trés souvent et mêlés longtemps. En se fondant sur ces données,
on pourrait peut-être faire encore un pas en avant dans la voie
des conjectures. Dans les fortins qui entouraient *Mazaka*, n'y

[1] אֹשֶׁן se rattache à אֵשׁ « base, fondement », plur. אֲשִׁין, rac. אֲשָׁשׁ. Comp.
aussi אֲשִׁישִׁי que Gesenius traduit *Gründe*.

avait-il pas eu des garnisaires soudoyés et n'appartenant pas à la race conquérante? Au moins dans *Tablouson* peut-on reconnaître les *Tabal* des inscriptions assyriennes. *Tablouson* serait la citadelle occupée par les Tibarènes. Dans *Sinason*, il y avait peut-être de la troupe ibérienne. En effet, les voyageurs qui nous entretiennent du Caucase, nous apprennent que le pays des Moschiens s'appelle aujourd'hui de son nom géorgien *Semo Kartweli*[1], et l'Ibérie (Iméréthie) *Tshina Kartweli*. N'oublions pas que la première syllabe de *Sinason* admet encore d'autres explications; que *Sin*, par exemple, était chez les Babyloniens le nom du dieu de la lune. Enfin, si la Cappadoce était habitée par des Sémites pratiquant la circoncision, *Arlouson* pourrait désigner une forteresse occupée par des soldats appartenant à des tribus qui ne la pratiquaient pas : עָרֵל *non præputiatus*[2]. De quelque manière qu'on juge ces résultats, on sera amené à la conclusion qu'il serait utile d'étudier, sur les lieux mêmes, les langues et le passé historique des populations de l'Anatolie orientale et du Caucase[3].

[1] *Fragmente über Asien von Prof. Dominikus in der Allg. Geogr. Ephem*, 1806. *Mithrid.*, IV, p. 135.

[2] עָרְלֹת, nom d'un endroit près de Gilgal, signifiant : «colline des prépuces».

[3] Un mot sur *Adilmoson* et *Dirmoson* : le premier semble se rattacher à la racine עָדַל «être juste, noble»; *Dirmoson* fait penser à *Dura,* nom d'une plaine dans la Babylonie, et à *dur* «cercle».

ARCHÉOLOGIE SINO-BACTRIENNE.

DOCUMENTS ARCHÉOLOGIQUES

RELATIFS

À L'EXPANSION DE LA CIVILISATION GRÉCO-BACTRIENNE

AU DELÀ DU PAMIR

ET À SON CONTACT AVEC LA CIVILISATION CHINOISE

DANS L'ANTIQUITÉ.

PAR

M. ÉDOUARD BLANC.

Pendant longtemps on a enseigné, dans les cours d'histoire, que les Séleucides avaient recueilli toute la partie orientale de l'héritage d'Alexandre, jusqu'à ses extrêmes limites du côté de l'Est, fait qui, d'ailleurs, sous plusieurs règnes, a été vrai, et que les bornes de leur puissance et de leur histoire, de ce côté, avaient été en même temps les bornes extrêmes de l'action grecque, portée jusqu'au cœur de l'Asie par l'épopée macédonienne. La conquête du royaume de Syrie par les Romains aurait mis fin, enseignait-on, à l'histoire grecque et à l'influence grecque du côté de l'Orient.

Toutefois, depuis un certain nombre d'années déjà, les érudits, sinon les écoliers, savent que plus loin vers le Nord-Est, dans les steppes et les montagnes du Turkestan actuel, un royaume d'origine hellénique, le royaume de Bactriane, fondé par des lieutenants d'Alexandre, a, pendant plusieurs siècles, maintenu et même porté fort loin la domination d'une dynastie grecque et l'influence de l'art grec, sans que les historiens latins paraissent l'avoir soupçonné, ou du moins sans qu'ils aient pris soin d'en parler. On se souvient de l'intérêt que soulevèrent les travaux de M. Raoul-Rochette à cet égard. Ils furent, à une date aujourd'hui déjà ancienne, il y a un demi-siècle, une révélation pour les historiens de l'antiquité. Bien plus tard, l'enseignement scolaire continua à passer sous silence l'existence de ce royaume, parmi ceux qui se formèrent des débris de l'empire d'Alexandre.

Depuis lors, les recherches numismatiques des savants anglais dans le nord-ouest de l'Inde, et celles des Russes en Turkestan, ont multiplié les documents que nous a laissés cet État, dont la vitalité s'est prolongée, avec diverses transformations, depuis le IIIe siècle avant J.-C. jusqu'au IVe siècle de notre ère.

Une très longue série de rois aux noms grecs, au visage également grec, perpétués par des monuments dérivant eux-mêmes de l'art hellénique, ont régné sur les bassins de l'Oxus et de l'Iaxartes. Depuis Andragoras et Sophytès, qui paraissent avoir été les fondateurs du royaume, les noms de Straton, de Ménandre, de Platon, d'Apollodote, de Démétrius, d'Euthydème, d'Hélioclès, d'Antimaque, etc., ont été portés par des souverains héritiers de la tradition macédonienne, dans des pays où nous aurions volontiers supposé que les chevaux de Tchinghiz-Khan et de Timour n'avaient foulé que les traces des Huns, et avant eux celles des Scythes ou des Massagètes, hordes nomades et complètement étrangères à l'histoire des peuples classiques.

Quelques-uns de ces rois grecs, vaincus par les Séleucides, en ont été les vassaux à deux ou trois reprises. C'est ce que nous démontrent quelques monnaies portant le nom d'Antiochus, associé ou non au type d'un roi bactrien. Mais ils n'ont

pas tardé à redevenir indépendants, et leur royaume, séparé
du monde romain et des États des rois de Syrie par l'empire
parthe, a survécu pendant des siècles à celui des Séleucides.

Le royaume bactrien n'a donc, en lui-même, rien de nouveau pour les archéologues. L'extension de l'héritage de la civilisation grecque au delà des limites orientales de l'empire
des Séleucides, au delà de celles qu'avait atteintes l'empire
d'Alexandre lui-même, le maintien de ce royaume bactrien, en
dehors de la sphère d'action du monde romain, qui semble en
avoir ignoré l'existence, séparé qu'il en était par l'empire des
Parthes et plus tard par celui des Sassanides, enfin sa fusion
avec la civilisation indienne, qui finit par l'absorber à peu près
totalement, après avoir pris peu à peu la place de l'élément
grec, tout cela est connu et ressort de l'étude de médailles
aujourd'hui nombreuses dans les collections européennes.

On savait aussi, vaguement, par la répartition des monnaies
et par leur aspect plutôt que par des textes formels, qu'à partir
d'un certain moment, les Bactriens ont étendu leur domination
sur une partie du nord de l'Inde et ont subi l'influence indienne,
à tel point que les derniers d'entre eux, dépossédés par les
Sassanides et par les Ephthalites de leurs possessions occidentales, ont fini par n'être plus que des rois indiens, d'où le nom
d'*Indo-Scythes*, sous lequel on les désigne généralement d'une
façon vague, eux ou leurs voisins.

Mais ce que l'on ignorait complètement, c'était l'extension
qu'avait pu prendre cette influence grecque au delà des hautes
montagnes du Pamir, dans le bassin du grand lac appelé *Lob-
Nor*, région qui fait aujourd'hui partie de l'empire chinois, et,
dans ces conditions, quels avaient pu être les résultats du contact entre les avant-postes de la civilisation grecque et ceux de
la civilisation chinoise.

Il avait paru logique d'admettre que le colossal nœud mon-

tagneux du Pamir, avec les monts Tian-Chan (Monts Célestes).
qui viennent s'y rattacher, et qui paraissent avoir été l'Imaüs
des anciens, avaient opposé à l'expansion des races venues de
l'Ouest, et surtout à la race grecque, déjà arrivée au terme de
son élan et suffisamment épuisée par la prodigieuse marche
d'Alexandre, un obstacle infranchissable, et qu'aucun écho de
l'épopée macédonienne n'avait passé au delà.

Il paraît n'en avoir rien été, grâce au relai qu'a fourni à la
race grecque son étape en Bactriane, où elle s'est maintenue
sans discontinuité pendant quatre siècles, et même où l'on peut
dire qu'elle a maintenu sa tradition pendant huit siècles à travers les submersions successives mais passagères des invasions
hunniques.

Sans entrer ici dans des considérations de géographie descrip-
tive ou d'orographie, pour expliquer en deux mots ce qu'est le
Pamir et pourquoi le fait de l'avoir ou non dépassé constitue
un fait capital au point de vue historique et ethnographique,
je dirai simplement que le Pamir, énorme masse montagneuse
située à l'angle nord-est du Plateau de l'Iran, et dont le point
culminant dépasse 8,000 mètres [1], est le lieu de confluence
de l'Himalaya, ou plus exactement du Karakoroum, des Monts
Célestes, du Paropamise ou Caucase indien, et de la falaise
orientale de l'Iran.

Ces quatre énormes systèmes de montagnes, qui se pro-
longent au loin à travers le continent asiatique, semblent y avoir
de tout temps imposé aux races humaines de formidables bar-
rières naturelles. En particulier, le secteur situé au Nord-Est,
compris entre l'Himalaya et les Monts Célestes, pouvait sembler
a priori avoir toujours été le domaine exclusif et inviolé de la
race jaune.

[1] La hauteur du Tagharma, ou Mouz-Tagh-Ata (en turc «Le père des montagnes neigeuses»), est évaluée à 8,180 mètres.

Il n'en a rien été, et des découvertes récentes paraissent prouver maintenant que les Grecs ou les héritiers des Grecs ont passé le Pamir et étendu leur domination sur les deux versants, comme l'avaient fait auparavant les Perses, au temps de Darius, et comme l'ont fait plus tard, au moyen âge, plusieurs conquérants de race turque.

Au point de vue chronologique, il est difficile de dire à partir de quelle date le royaume gréco-bactrien a étendu sa domination sur la région qui forme aujourd'hui le Turkestan chinois, c'est-à-dire sur le bassin du lac Lob-Nor et de son affluent le Tarim (l'OEchardès des Grecs).

Ce qui est certain, c'est que la majeure partie des monnaies gréco-scythes trouvées jusqu'à ce jour en Kachgarie et portant à leur revers des caractères en chinois archaïque sont à l'effigie du roi *Hermaeos* de Bactriane, ou peut-être à celle du roi moins ancien que l'on appelle quelquefois *Heræos*, et qui se nommait peut-être aussi *Hermaeos*, en admettant une erreur de lecture très plausible.

Le règne du premier est placé hypothétiquement à la fin du IIIe siècle avant notre ère ou au commencement du IIe siècle. Le règne du second serait du Ier siècle avant notre ère.

Son effigie est entourée de la légende ordinaire, en caractères aryens-pâlis.

Ces pièces sont en bronze; une seule est en argent parmi celles que l'on possède jusqu'à ce jour. D'autres monnaies bactriennes de même provenance, c'est-à-dire venant aussi des environs de Khotan, sont en or. Nous y reviendrons un peu plus loin.

Le principal élément historique que l'on possède jusqu'à ce jour, dans l'ordre numismatique, consiste dans les monnaies provenant des environs de Khotan et que vient de rapporter

M. Petrovsky. Elles sont actuellement déposées au Musée de l'Ermitage, et celles de la période qui nous occupe sont au nombre de vingt et une. Elles appartiennent à trois types.

Dix-sept de ces monnaies sont en bronze; elles portent à l'avers l'image d'un cheval, entourée d'une légende en caractères aryens-pâlis, semblables à ceux qui accompagnent les effigies des rois de Bactriane et de Sogdiane. Au revers, elles portent des caractères chinois anciens.

Ces derniers sont assez lisibles. Nous donnons les empreintes de quelques-unes de ces pièces. En les complétant les unes par les autres, on arrive facilement à la lecture moyenne à laquelle s'arrête en fin de compte M. de Markoff, qui les a examinées.

C'est :

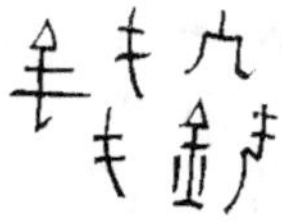

Fig. 1.

Sur quelques pièces nous relevons :

Fig. 2.

D'autres présentent les variantes :

Fig. 3. 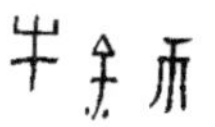   Fig. 4 [1].

[1] Ce type n° 4 peut d'ailleurs se ramener au type de la figure 2. La légende

Une seule pièce est en argent. Elle présente aussi d'un côté la figure d'un cheval, entourée d'une légende en caractères pâlis, et de l'autre une inscription chinoise qui paraît être la même, mais qui est en partie effacée et dans laquelle les caractères sont un peu déformés. Ainsi le signe 圥 est écrit 圥.

Enfin les trois dernières de ces monnaies sont en bronze et portent, d'un côté, la figure d'un chameau à deux bosses et, de l'autre, la même inscription.

La légende de l'avers, en caractères aryens, n'a pu être déchiffrée ni même transcrite d'une façon complète jusqu'à ce jour. Elle paraît être la même que celle des pièces, différentes, mais de la même région, où Terrien de la Couperie a lu[1] : *Marayasa rajadirajasa mahatasa Hermanayasa*, ce dernier mot se traduisant par *Hermaeos*.

M. Percy Gardner[2] a mentionné déjà quelques pièces de ce genre, mais sans en déchiffrer le revers. De même que M. Terrien de la Couperie, il a décrit ces pièces comme étant en fer. Quelques-unes de celles que nous avons eues sous les yeux, dans les récoltes de M. Petrovsky, paraissaient en effet fortement encroûtées d'une couche d'oxyde d'apparence ferrugineuse. Elles sont cependant en bronze.

Le caractère 半 peut se lire *Pan*, et le caractère 兩 *Kiu*. C'est du moins ce qu'a avancé, non sans quelque doute, Terrien de la Couperie.

Peut-être s'agirait-il de monnaies frappées par *Pan-Tchao*, le célèbre conquérant chinois qui faillit entraîner sur le monde

n'est sans doute qu'un fragment de la précédente. Seul le dernier signe 半 y est peut-être le plus complet. C'est pour ce motif que nous présentons cette variante.

[1] Cf. Terrien de la Couperie, *Catalogue of Chinese Coins from the VIIᵉ century B. C. to A. D. 621, including the Series of British Museum*, p. 393-394 : London, 1892.

[2] Cf. *Numismatic Chronicle*, new series, t. XIX. p. 276. *Coins from Kashgar* (Iron coins), by Percy Gardner.

romain l'invasion des Houng-Nou et autres Barbares de race
mongole, vaincus, puis dirigés par lui. Dans ce cas, elles remon-
teraient au IIᵉ siècle de notre ère.

Mais ce n'est là qu'une simple hypothèse, et le signe ⚹,
nettement marqué sur les pièces en question, n'a qu'une assez
lointaine ressemblance avec le signe qui, en chinois moderne,
traduit la syllabe *Pan*.

M. de Markoff, le savant conservateur du Musée numismatique de l'Ermitage à Saint-Pétersbourg, se propose de publier
prochainement une étude sur ces monnaies. Il le fera d'une
façon plus complète, plus précise et plus autorisée que nous
ne le saurions faire, et il y pourra joindre les fac-similés. Aussi
ne pousserons-nous pas plus loin le simple aperçu que nous
donnons aujourd'hui.

D'autres monnaies bactriennes en or viennent d'être également rapportées de Kachgarie par M. Petrovsky. Quatorze
d'entre elles forment un bracelet qui est actuellement à l'Ermitage, entre les mains de M. Kizeritzky. Elles sont à l'effigie de
Kanerkès (appelé aussi Kanishka) et portent au revers une
figure debout, ailée et drapée. Sur treize d'entre elles, le roi
est représenté en pied; sur une, il est en buste, avec l'inscription suivante, en caractères gréco-scythes :

ÞAONANOÞAOKANHPKNKOÞANO

ce qui se lit :

Chaonano chao Kanerki kochano

Au revers se trouve le mot ΑΘÞΟ (*Athcho*), ou d'autres fois
ΦΑΡΡΟ (*pharro*) et le signe symbolique ⚏.

Il s'agit, on le voit, du roi Kanerkès, de la dynastie des
Grands Kouchans, ou Yué-Tchi[1].

[1] Cunningham écrit *Yué-ti*.

L'inscription ci-dessus signifie :

« Kanerkès le Kouchan, roi des Rois ». Chaonano Chao étant le même titre que celui de Schahen Schah, porté encore aujourd'hui par les souverains de la Perse.

Le règne de ce prince paraît prendre place, d'après les divers documents, fort incertains, que l'on possède, entre les années 78 et 120 de notre ère, et M. Percy Gardner, non sans quelque incertitude, le fait régner de 87 à 106 après J.-C.

Quant à Hermæos, il a été le dernier roi de la première dynastie[1] de Bactriane, la dynastie purement grecque, celle à laquelle ont appartenu Straton, Ménandre, Apollodote, Antialcidas, etc.

On a de ce roi de nombreuses monnaies, provenant du Turkestan. Il y est représenté soit seul, soit avec Calliope, et l'inscription en est généralement grecque.

Son règne est placé au iiᵉ siècle avant J.-C. D'après l'aspect général de ces monnaies, nous les croirions volontiers d'une date postérieure.

Il existe d'ailleurs des monnaies encore plus récentes d'Hermæos : c'est celle où son nom est associé à celui de Kadphisès. Y a-t-il eu un second roi du même nom, ou bien y a-t-il là simplement une imitation barbare avec reproduction, à plusieurs siècles de distance, d'un type ou d'une légende, comme cela a été si fréquemment le cas en Asie centrale ? C'est ce qu'il est impossible de dire.

Les monnaies sont loin d'être les seuls documents historiques

[1] Nous employons ici d'une façon hypothétique le mot de dynastie pour désigner la série des rois bactriens de race grecque. Outre qu'on ne sait rien de précis sur leur filiation, le grand nombre des noms indiqués par les monnaies, la diversité des types et la brièveté de la période pendant laquelle tous se placent, rendent plausible l'hypothèse d'après laquelle ces souverains ne formeraient pas une dynastie, mais auraient été de simple chefs ou dynastes régnant simultanément sur des territoires peu étendus.

qui nous permettent d'entrevoir cette page nouvelle, encore si confuse, de l'histoire de l'humanité et de l'art. Les terres cuites sont très nombreuses et très variées dans ce sol formé de lœss, qui fournit partout une matière excellente pour la céramique.

Il serait trop long et inutile d'énumérer les très intéressants spécimens de céramique que l'on commence à posséder dans les musées, tant à Saint-Pétersbourg qu'à Paris, et qui ont été exhumés du sol du Turkestan chinois.

Une idée exacte en sera donnée par la publication très complète et détaillée, accompagnée de fac-similés précis comme peut les donner aujourd'hui la photographie, et que fera prochainement M. Kizeritzky, le savant conservateur de l'Ermitage, d'après les documents de M. Petrovsky et de M. Lutch. Le premier en a, dans ces dernières années, recueilli une cinquantaine, qui sont de premier ordre, et qui seront prochainement décrites. M. Lutch possède un certain nombre de spécimens très remarquables, qu'il a recueillis pendant les dix années qu'il a passées dans ces régions.

En deçà du Pamir, où un art presque identique florissait, les documents abondent dans certaines localités, notamment à Afrousiab près de Samarkande. Là, en 1895, M. Wesselovsky a exhumé des merveilles. La mission de MM. Chaffanjon et Mangini, la même année, a rapporté de nombreux spécimens, et nous-même, dans nos voyages successifs, en avons recueilli un grand nombre à diverses reprises. Dans la région transpamirienne, c'est la mission Dutreuil de Rhins qui a trouvé, puis rapporté en France, le principal groupe de spécimens de l'art céramique de la période antique.

Nous nous bornons à présenter, à l'appui du présent mémoire, la représentation de quelques-unes des terres cuites recueillies, comme celles de M. Petrovsky, aux environs de Kho-

tan, par la mission Dutreuil de Rhins, et qui sont actuellement déposées au Musée Guimet. Ces terres cuites sont tout
à fait semblables à quelques-unes de celles qu'a rapportées
M. Petrovsky.

Nous y joignons aussi, à titre comparatif, la reproduction de
quelques-unes des terres cuites recueillies par nous-même et
par d'autres en deçà de l'Imaüs, dans les environs de Samarkande et dans le Ferganah. Il y a identité évidente entre les
dates, les sujets et les procédés, avec plus de fantaisie et avec
une influence plus marquée du goût indien, ou même peut-être
du goût chinois, dans les pièces qui viennent du Turkestan
oriental.

Parmi les terres cuites de M. Petrovsky, qui seront publiées
prochainement par les soins de M. Kizeritzky et des archéologues russes, nous citerons une très remarquable figure de
femme, entièrement drapée et d'un mouvement charmant.
Elle est malheureusement décapitée, ce qui empêche d'en déterminer exactement le style et l'époque. Cependant, quoique
drapé à la grecque, ce corps est plus court et à formes moins
élancées que celui des figures grecques. Il se rapproche davantage des proportions des figures indoues ou même chinoises.
Nous avons eu l'occasion, dans ces dernières années, de voir
cinq ou six de ces figures de femmes, toutes faites de la même
argile, qui est d'un rouge blanchâtre. Une seule est actuellement à l'Ermitage.

Un des types les plus fréquents dans les pièces provenant
des fouilles de Khotan est un masque d'homme barbu, grima-
çant, et donnant l'impression de la force brutale poussée à
l'extrême. Il ressemble étonnamment à certains mascarons du
temps de la Renaissance. M. Kizeritzky affirme y reconnaître
Isdubar, le héros iranien déjà célébré dans les monuments de
l'ancienne Assyrie. Toutefois aucune inscription n'appuie parti-

culièrement cette interprétation. Nous y verrions plutôt une
sorte de Silène indien ou d'Hercule.

D'autres figures, mitrées ou coiffées comme les souverains
sassanides, et portant des barbes en pointe, sont évidemment
d'origine iranienne. On les trouve en grand nombre depuis la
Bactriane jusqu'au nord-ouest du Thibet, ainsi que des têtes
en terre cuite, imberbes, souvent du plus pur type grec. (Voir
celles de notre collection.)

Les documents se rapportant à la période bactrienne et
ayant en même temps un caractère bouddhique ou tout au
moins hindou sont très rares à l'ouest des monts Tian-Chan et
du Pamir, c'est-à-dire dans le Turkestan occidental. Cependant
ils ne manquent pas absolument.

Nous signalerons par exemple une tête en argile (ou plutôt
en une sorte de grès ou de ciment) très intéressante, et que
nous avons déterrée nous-même dans l'une des couches infé-
rieures d'Afrousiab, cette curieuse nécropole située près de
Samarkande et où se retrouvent pêle-mêle, noyés dans les
apports indistincts du loess, des vestiges de tous les temps et
de toutes les races. (Elle est aujourd'hui au Musée Guimet.)
On pourrait la croire faite sur les bords du Gange ou même
du Mé-Kong.

En 1891, dans la même localité, nous avons exhumé une
statuette de Bouddha accroupi, en bronze, profondément oxy-
dée, mais cependant bien reconnaissable, et mêlée aux débris
de lacrymatoires en verre antique des périodes bactrienne et
scytho-sassanide.

Les monnaies se rattachant aux idées bouddhiques sont très
rares, dans la même région, et on peut toujours supposer
qu'elles y ont été apportées à la suite des grandes invasions
mongoles. Aussi ne nous y arrêterons-nous pas.

En revanche, dans les vestiges bactriens de la région transpamirienne, les éléments bouddhiques sont nombreux, à côté
d'éléments grecs, et on y assiste au développement d'un art
très composite.

La glyptique, qui a été très développée dans le bassin du
Lob-Nor comme dans tous les pays où s'est fait sentir l'influence
de l'art sassanide, est assurément ce qu'il y a de plus curieux
et de plus caractéristique dans la série des documents récemment recueillis par M. Petrovsky. Son dernier envoi ne compte
pas moins de 240 pierres gravées, dont plusieurs sont de première importance. Un grand nombre d'entre elles portent des
inscriptions en pehlvi, d'autres en caractères gouptas. M. Kizeritzky en fera l'objet d'une publication complète.

Parmi ces pierres, il en est une notamment, une aventurine,
qui mesure environ 0 m. 03 de hauteur sur 0 m. 015 de largeur, et qui représente un buste de femme, à la poitrine nue,
aux longs cheveux non tressés, entourée d'une inscription
goupta, et qui est d'un grand art, participant à la fois des
styles grec, hindou et chinois. D'autres pièces représentant des
souverains à la barbe en pointe, portant la coiffure sassanide,
sont franchement semblables, par la forme comme par l'empreinte, aux pierres gravées iraniennes des premiers siècles.
Les légendes qui s'y trouvent sont en pehlvi.

D'autres enfin, généralement sans légendes, sont d'un pur
style grec, comme beaucoup de celles que l'on trouve encore
en Sogdiane et en Bactriane. (Il en existe plusieurs dans notre
collection.)

Dans la collection particulière de M. Lutch, il existe un fort
beau camée, provenant de Khotan, et représentant un homme
vu de profil, coiffé du chapeau macédonien, mais dont le faciès
est tout à fait mongol. Il ressemble extrêmement, comme type,

aux personnages représentés sur certaines monnaies antiques non bactriennes, que nous avons recueillies en très grand nombre dans certaines villes ruinées de la Sogdiane, notamment à Paï-Kent [1] et à Khodja-Oban [2], et dont un croquis provisoire a été publié par M. Drouin dans la *Revue numismatique*, d'après notre collection [3].

Entre les documents antiques provenant de Kachgarie, et que M. Petrovsky vient d'apporter à Saint-Pétersbourg, il faut mentionner au premier rang, parmi les plus intéressants, deux manuscrits sanscrits en caractères karochtis. Ils sont, avec celui que la mission Dutreuil de Rhins a découvert près de Khotan et qu'elle a fait parvenir en France, les plus anciens monuments que l'on possède de la littérature indienne. De même que ce manuscrit, ils sont écrits sur de l'écorce que l'on considère jusqu'à présent comme étant de l'écorce de bouleau. Il y aurait lieu d'examiner si c'est bien du bouleau, et si ce ne serait pas de l'écorce du *Ligustrina amurensis*, l'arbre sacré des lamaseries du Nord-Est [4].

Déjà M. Petrovsky avait, il y a quelques années, recueilli en Kachgarie et rapporté en Europe deux manuscrits sanscrits fort

[1] Paï-Kent, ville située à 3o kilomètres au sud-ouest de Boukhara, à 6 kilomètres au sud de la station actuelle de Yakkatout, sur le chemin de fer transcaspien.

[2] Khodja-Oban, restes d'une ville antique située dans le désert, à 4o kilomètres au nord de Boukhara, dans une région aujourd'hui stérile et tout à fait inexplorée par les archéologues. Cette localité, comme la précédente, nous a fourni, dans nos divers voyages, de très nombreux et précieux documents.

[3] Cf. Drouin, *Monnaies sassanides et autres provenant de l'Asie centrale* (*Revue numismatique*, Paris, 1897).

[4] Les écorces de ces deux arbres, bien qu'appartenant à des familles botaniques différentes, ont de nombreuses analogies. Toutes deux peuvent s'exfolier à peu près de la même façon, et toutes deux contiennent des lenticelles subéreuses réparties à peu près de la même façon, mais dont l'aspect quelque peu dissemblable pourrait toutefois servir à les distinguer.

anciens, dont les publications archéologiques russes ont parlé. Ces manuscrits, qui sont aujourd'hui à Saint-Pétersbourg, et que j'avais eu personnellement l'occasion de voir à Kachgar, entre les mains de M. Petrovsky, ont été présentés par lui, le 21 octobre 1891, à la Société d'archéologie de Russie; ils ont fait, en 1892, l'objet d'une savante et consciencieuse étude de M. d'Oldenbourg, qui a paru, en 1893, dans la publication de la section orientale de la Société archéologique, publication faite sous la direction du baron Rosen, et où des fac-similés de plusieurs pages en ont été insérés[1], avec la transcription et la traduction russe du texte sanscrit.

Mais ceux de M. Petrovsky, qu'il vient de donner à l'Université de Saint-Pétersbourg, sont de huit siècles plus anciens. Ils remontent à peu près au 1er siècle de notre ère[2].

Parmi les monuments anciens dont les ruines se rencontrent en Kachgarie, et qu'il faut peut-être rattacher à la même époque, je signalerai le très curieux édifice, qui paraît être une sorte de *columbarium* ou de monument funéraire collectif, qui se trouve à une quinzaine de kilomètres à l'est de Kachgar, et dont j'ai l'honneur de présenter une photographie à la sec-

---

[1] Cf. d'Oldenbourg, *Kachgarskaia roukopis N. F. Petrovskago*, «Manuscrits kachgariens de Nicolas Feodorovitch Petrovsky»; *Zapiski vostotchnago Otdeleniia Imp. Roussk. Arkheol. Obchtchestva*, «Mémoires de la section orientale de la Société imp. russe d'archéologie», publiés sous la direction du baron W. R. Rosen, t. VII, 1893. Cf. S. d'Oldenbourg, *Otrioki Kachgarskikh sanskritskikh roukopisei iz sobrania N. F. Petrovskago*, «Esquisse des manuscrits sanscrits de Kachgar appartenant à la Collection de M. N. F. Petrovsky», *ibid.*, t. VIII, 1893.

[2] D'après l'étude qui, depuis la présente communication, a été faite, par M. Sénart d'une part, du manuscrit de M. Petrovsky communiqué par M. d'Oldenbourg, et, d'autre part, du manuscrit de Dutreuil de Rhins, ces deux textes ne sont pas seulement contemporains et analogues, ce sont les deux moitiés d'un même manuscrit. Certaines lignes, rompues dans l'un, se continuent dans l'autre. (Note de l'auteur.)

tion. Cette photographie est de M. Lutch, qui a bien voulu me
la communiquer.

Cette ancienne construction est, comme presque toutes
celles de la région, formée uniquement de loess, ce qui en
rend l'attribution chronologique très difficile. Rien dans l'appa-
reil de la construction ne peut donner ici une date, et, d'autre
part, l'action atmosphérique transforme d'une manière singulièrement équivoque les monuments faits de cette matière,
ainsi que la surface du sol lui-même. La construction dont nous
parlons n'est pas sans analogie avec certaines sépultures palmy-
réniennes, et peut-être est-ce à une époque postérieure, c'est-
à-dire à celle des chrétiens nestoriens, qu'il convient de l'attribuer. Toute donnée précise manque jusqu'à présent à cet égard.
Aussi nous bornons-nous à la faire connaître.

Nous dirons seulement que nous avons vu, en 1890, trois
autres constructions du même genre, dont deux sur le versant
méridional des monts Tian-Chan, au nord de Kachgar, et une
autre à l'ouest de cette ville, au pied des derniers contreforts
orientaux du Pamir.

L'extension de la domination du royaume bactrien sur le
Turkestan chinois paraît avoir coïncidé à peu près avec l'époque
de l'avènement de la seconde série de rois, que l'on considère
hypothétiquement, jusqu'à ce jour, comme ayant constitué une
deuxième dynastie, celle des Sakas, succédant à la série des
rois purement grecs, commencée par Andragoras, et dont
Eucratidès et Euthydème Ier ont été les représentants les plus
connus. Déjà sous les Sakas, l'influence indienne est sensible
dans les monuments artistiques, pierres gravées et monnaies.

Peu à peu les inscriptions grecques s'altèrent, prennent l'apparence des caractères dits *gréco-scythes*, encore reconnaissables, puis les caractères karochtis viennent s'y mêler, enfin

l'alphabet pehlvi est franchement adopté. Au produit de ce mélange de l'art grec avec l'art pehlvi, voire même avec celui des Scythes ou des Touraniens, vient s'ajouter, à partir du commencement de l'ère chrétienne, un nouvel élément, probablement importé du Sud, ou bien dû à la conquête d'une partie de l'Inde par les souverains bactriens, celui de l'art indien. Il est nettement reconnaissable dans les monnaies, pour ne prendre que les exemples les plus connus, où l'on voit, à côté d'une inscription grecque, sous les règnes d'Azès et d'Azilisès, par exemple, le roi accroupi dans une attitude d'idole, ou le revers de la pièce occupé par un personnage symbolique aux contours onduleux et tout à fait indous. Un peu plus tard apparaissent, au revers des pièces, sous Kadphizès par exemple, des divinités à quatre bras, parentes de celles de l'Inde. Puis l'image du roi se montre en pied appuyée sur un bœuf zébu qui lui-même est de race indienne.

Cette influence indienne est plus marquée encore dans le bassin du Lob-Nor que dans la partie cispamirienne du royaume bactrien. Parmi les terres cuites recueillies soit par M. Petrovsky, soit par M. Lutch, soit par la mission Dutreuil de Rhins et Grenard, soit par moi-même, on trouve à côté de figurines équestres, de têtes de taureaux et de représentations d'animaux ayant un caractère iranien, d'autres figures qui se rapprochent des types indous ou même indo-chinois. Dans la collection de M. Lutch, dans celle de M. Petrovsky, on voit soit des figures drapées, à hanches proéminentes, à formes arrondies, d'un galbe entièrement indou, soit des figures monstrueuses et semi-grotesques ayant souvent le caractère érotique des idoles indiennes. On y voit fréquemment des figures représentant des singes, animaux qui jouent un si grand rôle dans l'épopée du Ramayana, dans les postures les plus diverses. L'esthétique grecque est complètement perdue de vue. En revanche, l'observation souvent très juste de la nature révèle la proximité des méthodes chinoises.

Quant à l'époque où cette domination a cessé, elle n'est pas moins indéterminée. Il nous semble probable qu'elle s'est prolongée au moins jusqu'à la chute du royaume de Bactriane occidentale.

La transformation indienne des monuments de la dernière période, parmi ceux que l'on trouve dans les fouilles de Kachgarie, et la continuité entre ces vestiges et ceux de la période précédente tend à le faire croire. Mais quand le royaume bactrien, considéré dans sa partie orientale, a-t-il lui-même pris fin? De quelle façon s'est faite la transition entre sa domination, dont on suit à peu près les traces jusqu'au IV° siècle de notre ère, et la période *goupta*, qui peut avoir duré jusqu'au VII° ou au VIII° siècle, c'est-à-dire jusqu'à l'arrivée des Arabes? C'est ce que l'on ignore presque absolument.

Les inscriptions laissées par les empereurs chinois de la dynastie des Tang pourraient faire supposer que de leur temps, c'est-à-dire au VI° siècle de notre ère, la conquête chinoise s'était étendue sur le bassin du Lob-Nor; la domination indo-scythe a dû y disparaître alors ou y avoir déjà disparu.

Peut-être même, dès le temps de la puissante dynastie des *Han*, au II° siècle, la partie transpamirienne du royaume bactrien avait-elle subi le joug de la Chine. Toutefois le royaume indo-scythe, dont le siège paraît avoir été à Khotan, peut s'être affranchi de la domination passagère des Chinois ou, sous la suzeraineté de la Chine, avoir conservé son autonomie.

On ne peut faire à ce sujet que de simples suppositions, dans l'état actuel de nos connaissances.

En présence de ces vestiges considérables et inattendus de la domination bactrienne dans la région transpamirienne, et du développement qu'y a pris l'art grec indianisé qui caractérise

la dernière période du royaume bactrien, on peut se demander
si ce n'est pas par Kachmir, ou par le Thibet, puis par le Turkestan chinois que l'art indien et les symboles bouddhistes ont
pénétré en Bactriane, ou bien si l'on doit conserver l'ancienne
hypothèse, d'après laquelle ils y seraient venus par le bassin
de l'Indus et le nord de l'Afghanistan. Peut-être les deux routes
ont elles été suivies concurremment. La communication de
l'Inde avec la Kachgarie par l'Afghanistan et la Bactriane,
quoique plus longue, est plus facile que la communication
directe par les cols de l'Himalaya et du Karakoroum, qui sont
presque inaccessibles.

Dans tous les cas, après la destruction de la partie occidentale du royaume bactrien par les Parthes, fait historique
dont on connaît approximativement la date, relativement très
ancienne, et qui n'aurait laissé à cet État grec qu'une vie assez
courte, la partie orientale du même empire, représentée non
pas seulement par le nord-ouest de l'Inde et par une partie de
l'Afghanistan, mais aussi par le Turkestan chinois, peut avoir
continué à subsister indépendante, et ses traditions gréco-
indiennes, influencées par l'imitation de l'art sassanide, c'est-
à-dire iranien, mais bien distinctes, ont trouvé, dans le bassin
du Lob-Nor, de nouveaux foyers, dont Khotan paraît jusqu'à
ce jour avoir été le principal. Tchertchen a pu en être un
autre.

Là, le contact avec la Chine a donné lieu à d'intéressantes
combinaisons dans l'art, les traditions, les mœurs et la religion. On ne les connaît pas encore. On se borne à les entrevoir. Mais il y a là une mine d'une richesse merveilleuse à
exploiter. Elle le sera, malgré les formidables obstacles phy-
siques que la nature oppose de toutes parts à l'accès de ce pays,
maintenant que les obstacles qu'y ajoutait en outre l'action des
hommes tendent de jour en jour à s'aplanir.

Peut-être, d'ailleurs, est-ce à Khotan qu'il faut chercher l'origine première du mot Cathay, nom sous lequel pendant le moyen âge on a cru, improprement peut-être, désigner l'Empire de la Chine, et qui plus tard a été effectivement appliqué par les Européens à la Chine proprement dite.

En résumé, on peut conclure que le grand nœud montagneux du Pamir, devant lequel se sont arrêtées si longtemps, à l'époque moderne, les deux dominations russe et anglaise, n'a pas été une barrière, dans l'antiquité, pour la domination grecque, pas plus qu'il ne l'a été pour Darius, et pas plus qu'il ne l'a été, à une époque moins reculée, pour les invasions touraniennes.

On peut même remarquer, en jetant les yeux sur une carte ethnographique de l'Asie, que la race touranienne ou turco-mongole s'est étendue tout autour de la grande saillie montagneuse qui occupe le centre de l'Asie, comme la civilisation romaine s'est étendue autour de la Méditerrannée. Il y a là deux phénomènes parallèles et en quelque sorte antipodes, qu'il est intéressant de comparer.

Si les grandes migrations de la race jaune, venues de l'Orient, ont franchi cet obstacle, d'autre part la dernière vague de la conquête grecque, qui a submergé l'Asie antérieure sous l'impulsion d'Alexandre, et qui y a laissé une forte empreinte, a eu encore l'élan nécessaire pour franchir aussi, en sens inverse, le Pamir, même après la mort du grand conquérant et pour s'avancer jusqu'à la colossale falaise derrière laquelle s'étendent, à une altitude de nouveau énorme, des déserts glacés et inhabitables, et qui forme le rebord occidental du plateau du Thibet.

La grande dépression du Lob-Nor, cette ancienne mer intérieure où coulent le fleuve Tarim et ses affluents, a été le champ

où les Occidentaux de l'antiquité ont pris contact, non plus
avec les représentants de la branche ouralienne de la race
jaune, les Huns, qui, eux, sont venus à maintes reprises sub-
merger l'Asie antérieure et même l'Europe, mais avec l'autre
branche, la plus civilisée et la plus étrangère à l'Occident, la
branche chinoise proprement dite.

ΦΥΣΙΟΛΟΓΟΣ

EN TRADUCTION GÉORGIENNE,

PAR

M. ALEXANDRE KHAKHANOF.

———

Jusqu'à présent, l'existence du *Physiologue* en langue géorgienne était inconnue dans la littérature. C'est seulement l'été dernier que je suis arrivé à découvrir cette œuvre dans le recueil manuscrit nommé *Chatberdi*. Ce recueil, pour la plus grande partie, a été transcrit par le moine Jean, au commencement du v⁰ siècle, dans le couvent de Chatberdi, en Géorgie. Le contenu du recueil est extrêmement varié. Il commence par le sermon de l'archevêque Grégoire de Nyssa, sur la création de l'homme. Le deuxième chapitre est consacré au discours d'Epiphane de Chypre sur les pierres, et le troisième contient le discours sur les animaux, prononcé par Basile, archevêque de Césarée.

Les matières de la partie occupée par le *Physiologue* sont disposées dans l'ordre suivant [1] :

1. Msunê (σαῦρα); 2. Lomi (λέων); 3. Antolopos (λύθιοψ αὔθολοψ); 4. Kwani dedalmamalni (λίθοι πυροβόλοι); 5. πρίων |κῆτος|; 6. Kalandros (χαλάνδριος); 7. Varkhvi (πελεκῖνος): 8. Boui (νυκτικόραξ); 9. Orbi (ἄετος); 10. Phenixi (Φοῖνιξ): 11. Ophophi (ἔποψ); 12. Kadjari (ὄναγρος); 13. Aspiti (ἔχιδνα); 14. Gveli (ὄφις); 15. Tchintchveli (μύρμηξ); 16. Sireni (Σιρῆνες); 17. Zgharbi (ἐχῖνος); 18. Meli (ἀλώπηξ); 19. Avazi

———

[1] Je donne les noms géorgiens en transcription latine et j'ajoute en parallèle les noms grecs correspondants.

(πάνθηρ): 20, Koui (ἀσπιδοχελώνη); 21. Kakabi (πέρδιξ);
22, Orbi (γύψ); 23, Lomtchintchveli (μυρμηκολέων); 24.
(γαλῆ); 25, Martor'ka (μονοκέρας); 26, —(κασ7όριον); 27.
Apthari (ὕαινα); 28, Korkodil (κροκόδειλος); 29. Ichnevmon
(ἰχνεύμων); 30.   δένδρον περιδέξιον; 31. Qorani (κωρώνη);
32. Gvriti (τρίγων); 33. Mertzkhali (χελίδων); 34. Iremi
(ἔλαφος).

Il résulte de cet inventaire que le *Physiologue* géorgien renferme 34 chapitres. Peut-être manque-t-il à mon énumération
quelques chapitres: c'est parce que, en divers endroits, des
pages entières sont jaunies et illisibles: par exemple, dans le
viie chapitre, il manque 35 lignes, dans le xive, 30 lignes. La
traduction est en langue ancienne, et cette langue diffère considérablement, et par la construction et par la composition
du lexique, de la langue contemporaine. D'après l'énumération
des chapitres, on pourrait facilement remarquer que quelques
noms d'animaux ne sont pas traduits et ont gardé les traces
qui rapprochent le *Physiologue* géorgien de l'original grec.

Le titre du *Physiologue* géorgien porte la marque d'une traduction littérale du grec : Φυσιολόγος — « Sakhis-metqueli ». Il
n'a pas de table des matières et il commence directement
ainsi : « Il y a (un animal) qui s'appelle lézard du soleil. . . »

Le chapitre ii . . . coïncide avec le grec de la bibliothèque
synodale à Moscou [1].

Chap. iii. Antolop. En grec, ce chapitre s'appelle λυθίοψ, et
seulement chez pseudo-Eustathe nous trouvons αὔθολοψ.

Les chapitres iv. v. vi. vii. viii, en géorgien, coïncident avec
le grec.

Chap. ix. — En comparant avec le texte grec, nous trou-

<hr>

[1] Édit. par M. Karneef dans la *Byzantinische Zeitschrift*.

vons de petites déviations en géorgien : ce dernier ajoute aux
mots « il exigera » . . . encore ceux de « sources pures ».

Les chapitres x, xi, xii et xiii coïncident avec le grec.

Le chapitre xiv est un peu illisible.

Chap. xv. — Dans l'interprétation des qualités des fourmis.
le texte géorgien coïncide avec le grec, tandis que la qualité
qui est décrite ici en deuxième place est mise en troisième
place dans le *Physiologue* éthiopien, arménien, latin et dans
quelques manuscrits grecs.

Les chapitres xvi, xvii, xviii coïncident avec le grec.

Les chapitres xix (Avazi) est un peu illisible.

Les chapitres xx, xxi et xxii coïncident avec le texte grec.

L'ordre des chapitres, dans la rédaction géorgienne, jusqu'au
xxiie compris. coïncide avec l'inventaire du *Physiologue* grec
de la Bibliothèque synodale à Moscou; mais, à partir du xxiiie chapitre, cette coïncidence dans l'ordre de la disposition des matières est détruite.

Le chapitre xxiii du *Physiologue* géorgien est consacré au
« lomtchintchveli » ($\mu\nu\rho\mu\eta\chi o\lambda\acute{e}\omega\nu$), qui occupe le xxiiie chapitre
dans le *Physiologue* grec. Ce récit est décrit dans le xxe chapitre
dans les copies du premier groupe, d'après M. Karneeff, c'est-
à-dire dans l'éthiopien, le latin, le slave, etc.; dans les copies du
deuxième groupe, dans le xxiie chapitre (arménien, syrien).

Le chapitre xxiv de la rédaction géorgienne contient le récit
de $\gamma\alpha\lambda\tilde{\eta}$. Dans le *Physiologue* grec, ce récit est donné dans le
chapitre xxxiv.

Chap. xxii. Μονοκέρας. Ce récit est décrit dans le *Physiologue* grec au xxxve chapitre, dans l'arménien au xxve.

Chap. xxvi. Κασ7όριον . . . Dans la copie de la Bibliothèque
synodale à Moscou, se trouve au xxiiie chapitre.

Chap. xxvii. « Aphthari » ($\mathring{v}\alpha\iota\nu\alpha$) . . . en slave n'existe pas,
en grec se trouve au chapitre xxiv.

Chap. XXVIII. — Dans le *Physiologue* grec de la Bibliothèque synodale, ce chapitre n'est pas conservé.

Le chapitre XXIX est conservé en géorgien passablement.

Au chapitre XXX en géorgien correspond le chapitre XXXIV en grec.

Les chapitres XXXI, XXXII, XXXIII coïncident avec le grec, mais l'ordre des chapitres en géorgien et en grec est interverti.

M. Karneef arrive, à la suite d'études comparatives de toutes les rédactions du *Physiologue*, à la conclusion, que toutes celles-ci remontent à une rédaction générale qui est conservée par excellence dans les textes orientaux. En jugeant par la rédaction relativement ancienne des textes orientaux, l'inventaire du *Physiologue* présente le cycle des récits strictement définis. Le *Physiologue*, dans la forme sous laquelle il est parvenu jusqu'à nos jours, présente avec chaque récit les applications symboliques correspondantes. Avec grande sûreté, on peut dire qu'Alexandrie est la patrie du *Physiologue*, et on peut supposer que l'époque de sa composition se place au IIe ou au IIIe siècle après J.-C.

Autant qu'il est possible de juger d'après la comparaison de la rédaction géorgienne, elle ne peut pas être en parenté proche avec le *Physiologue* arménien, car dans ce dernier se trouvent les animaux « non physiologiques », par exemple, le tigre, etc. On ne peut pas la faire remonter au *Physiologue* syrien, dans lequel nous trouvons les chapitres du chien, du coq, etc., qui manquent en géorgien. Enfin l'inventaire, l'ordre des chapitres, qui ne coïncident pas complètement avec les rédactions connues du *Physiologue* grec, désignent le *Physiologue* géorgien comme une rédaction indépendante, dont, à mon avis, il faut chercher le prototype dans la littérature grecque.

LES SUPERSTITIONS
DES JUIFS OTTOMANS,

PAR

M. DANON.

Si l'étude des usages et des superstitions d'un pays ou d'une
nation contribue à la connaissance de leur psychologie, je crois
que la présente collection aidera à faire comprendre un coin
du domaine intellectuel des Israélites d'Orient, et à éclairer
leur pensée intime d'autrefois. Dans ce cadre sont enchâssées
les reliques de la civilisation de nos aïeux, que j'ai eu la
curiosité de recueillir une à une de la bouche de nos grands-
parents. Il était déjà temps de le faire, au risque de voir ces fos-
siles se désagréger et disparaître peu à peu sous l'action dissol-
vante de la science. D'ailleurs, ils n'ont pas attendu les lumières
modernes pour fondre et se raviner : l'œuvre d'érosion sur ce
terrain date de loin.

Déjà le Talmud, en s'appuyant sur la défense biblique à
l'effet de ne point user d'augures ni de sortilèges (Lévitique XIX,
26 ; Deutéronome XVIII, 10), exprime ses méfiances à l'égard
des superstitions plus souvent qu'on ne le croit, non seulement
sous forme de paraphrases halachiques ou de digressions agga-
diques (Sanhedrin fol. 65 ; Bérachot 55ᵉ). comme il en a tant
l'habitude, mais surtout dans un chapitre spécial du Traité de
Chabbat (fol. 66-67), qu'il consacre en partie à ce sujet et qui
est devenu classique sous le nom de « Chapitre des Amorrhéens »
(פרק אמוראי).

S'inspirant de ce rationalisme talmudique, plusieurs rabbins, non seulement les philosophes tels que Saadia, Samuel ben Hofni et surtout Maïmonide, dont les attaques contre les préjugés (מורה נבוכים et יד החזקה) sont célèbres, mais aussi les piétistes exclusifs font de fréquentes réserves à ce sujet. Voici, en premier lieu, le *Livre des Pieux* (xii⁰ siècle) d'où je tire ce passage (n° 303) : «(Dire à quelqu'un :) Viens et récite le verset sur mon fils qui est obsédé par des frayeurs, ou bien vouloir mettre sur lui un livre ou des phylactères afin de le faire dormir, sont des choses défendues.» Puis je ne peux pas résister à la tentation d'en citer *in extenso* une très intéressante tirade qui reflète les superstitions juives de cette époque reculée dont une partie s'est transmise jusqu'à nos jours :

Car il n'y a point d'enchantement en Jacob, etc. (Nombres XXIII, 23); Notre Dieu a ordonné : Vous ne vous mêlerez point de deviner (Lévitique XIX, 26). Mais, malheureusement, il y a maintenant en Israël des devins qui pronostiquent les temps, en disant qu'il ne faut pas manger des œufs samedi soir, et que l'on ne doit pas prendre du feu à deux reprises quand il y a dans la maison un malade ou une accouchée, pendant les neuf jours des couches, et encore d'autres choses que la bouche ne peut pas proférer, en quoi ils transgressent la prescription de notre Roi. Il y a encore une autre divination importante : c'est que certaines personnes, en voyant toute droite la flamme d'un charbon ardent, disent : «Nous aurons un hôte»; et si vous éteignez le (feu) avec de l'eau, «l'hôte tombera dans l'eau». Il n'y a pas de plus grand présage que celui-là. Il est vrai et certain, puisque maintes gens en ont fait la preuve. Cependant c'est Satan qui les égare. Quand Satan voit que telle personne présage en disant : «L'hôte va tomber dans l'eau», il se dit : «Que j'aille faire tomber l'hôte dans l'eau, afin de tromper cette personne-là pour qu'elle fasse toujours usage de ce signe de divination». Malheur à ceux qui agissent ainsi, parce qu'il transgressent plusieurs défenses : Vous ne vous mêlerez point de deviner (Lévit., *ibid.*). Il ne se trouvera parmi vous aucun devin (Deutér. XVIII, 10); et vous ne marcherez point selon leurs lois (Lévit. XVIII, 3). Et, ce qui est plus, ils donnent un démenti à la Loi (qui dit) qu'il n'y a point d'enchantement en Jacob, etc. (Nombres, *ibid.*). Et ceux qui prétendent ne pas manger de la tête d'un animal quand ils ont mal à la tête, ou ne pas manger de ses intestins quand ils souffrent aux intestins, suivent les chemins des Amorrhéens. Résigne-toi plutôt en Dieu et il te guérira.

En Turquie, même les rabbins de la décadence, malgré leur rigorisme de plus en plus croissant, ou plutôt en vertu de ces principes rigoristes, combattent la pratique des guérisons fantastiques qui entraîne l'infraction de la Loi mosaïque. Tantôt, comme Judas Lirma, rabbin de Belgrade au xviie siècle, ils flétrissent ceux qui profanent les objets saints, sous prétexte de les utiliser pour de pareilles opérations (Hinuk-Beth-Jehuda, Consultation n° 71). Tantôt, comme Isaac Navaro, rabbin de Smyrne au xviiie siècle, en discutant le caractère licite ou illicite de la pratique superstitieuse appelée « Indulco », ils promettent en termes persuasifs la guérison divine à ceux qui s'en abstiennent (Pné Mebin II, fol. 231^b). Voici en quoi consiste cette pratique que l'on appelle chez nous, on va voir pourquoi, Indulco (= adoucissement) et qui dure, d'après la gravité de la maladie à guérir, tantôt neuf jours, ce qui est le Petit Indulco, et tantôt quarante jours, ce qui est le Grand Indulco.

Pendant ce temps, on enferme dans une maison la personne infirme, la femme stérile ou bien celle qui a le malheur de toujours perdre ses enfants d'une mort prématurée. On y fait chaque nuit, dans les quatre coins de la maison, des libations de miel et d'eau salée, et l'on dit, en s'adressant aux esprits : « Voici du miel pour *adoucir* votre bouche, et du sel comme symbole du pacte indissoluble que nous contractons avec vous ». On offre également aux génies malfaisants, que l'on croit présents dans la maison, une quantité d'orge ou de blé pour le besoin du ménage de ces esprits ou de leur bétail imaginaire. Enfin on casse des œufs dont on répand le contenu dans la maison, tout en proférant ces mots : « Voici, prenez une âme en échange d'une âme ».

Si c'est un Grand Indulco que l'on veut faire, ce qui est plus efficace pour la guérison d'une infirmité, les opérations précédentes sont insuffisantes. On brûle alors, dans la maison, de l'encens et des aromates, on allume quantité de bougies, et l'on dresse une table munie des meilleures friandises et de gâteaux destinés aux démons que l'on se fait un devoir d'inviter solennellement pour qu'ils viennent faire bombance. Séance tenante, les femmes présentes se prosternent et font des génuflexions en priant les esprits de guérir un tel fils d'un tel (si le patient est un homme) ou une telle fille d'une telle (si c'est une femme). Pendant ces jours-là, on se garde bien de prononcer dans cette maison le nom de Dieu et de manger du poisson. Les femmes enceintes devront se tenir à l'écart de ce foyer dangereux.

Aussi ne faut-il pas s'étonner que l'abus de cette pratique ait donné lieu, en 1852, à une véritable levée de boucliers de la part du corps rabbinique d'Alep, Abraham 'Antibi en tête, qui exprime avec une rare véhémence l'horreur qu'elle lui inspire, sentiments qui sont aussi partagés par Haïm Palagi, rabbin de Smyrne (Massa Haïm, *K*, n° 62).

L'ensemble de ces idées extravagantes et de ces pratiques bizarres d'antan, qui tendent de plus en plus à disparaître en Orient, représente, avons-nous dit, les débris des matériaux de transport charriés par le courant de l'histoire. Bien que ces alluvions d'époques diverses soient loin d'être superposées par ordre de dates, leur amalgame laisse reconnaître, plus ou moins distinctement, la provenance de quelques-uns de ses éléments constitutifs. Avec un peu d'attention, on va voir ici que la caque sent toujours le hareng.

Ainsi, en commençant *ab ovo*, on y discerne d'abord les vestiges des symboles de l'ancien Orient, non seulement dans les chiffres sacramentels 3, 7 et 9, que l'on va rencontrer souvent ici, non seulement dans l'importance attachée à certains animaux, végétaux et minéraux dont on va voir plus loin le bordereau et parmi lesquels figure l'œuf qui rappelle par ses fonctions le rôle qu'il joue dans la religion égyptienne[1], mais aussi par les égards que l'on a pour la couleuvre, par le respect dont on l'entoure et le nom honorifique de « Mère de la maison[2] » qu'on lui décerne, la considérant ainsi comme un génie secourable et propice, au même titre que les Téraphim des anciens Hébreux et les Pénates et les Lares chez les Romains. — De la mythologie hellénique s'est infiltrée ici la sirène, que l'on trouve aussi mentionnée dans mon *Recueil des romances judéo-espagnoles*, etc. [3].

Quant à l'influence biblique et talmudique, on la supposerait volontiers dans une collection de la nature de la nôtre. Cependant, ne voulant produire ici que de l'inédit, j'ai dû soigneusement écarter toutes les superstitions qui tirent leur origine du Talmud et du Schulhan-Arouch, comme il en existe tant chez nous. Pour la même raison, ont été aussi éliminées les formules de talismans et d'amulettes, qui sont issues des ouvrages cabalistiques. Exception est faite seulement en faveur de certains exorcismes en judéo-espagnol, en raison de leur piquante saveur de terroir, ainsi que pour certaines récitations qui sont inséparables des philtres que l'on administre en même temps.

Néanmoins, malgré la sobriété et le soin avec lesquels ce triage a été fait, quelques articles compris dans notre champ inexploré accusent plus ou moins clairement leur provenance judaïque. Certains breuvages font songer aux eaux amères que, selon la Bible, un mari jaloux administrait à son épouse soup-

[1] *Revue des religions*, VIIIᵉ année. nᵒ 1. juillet-août 1887.
[2] « Madre de casa. »
[3] *R.*. XIX. p. 34.

çonnée d'infidélité conjugale (Nombres, V). Quand on conseille
à une femme de s'abstenir de tout travail lucratif, en vue d'é-
pargner la misère à son mari, on se conforme sans doute à une
recommandation similaire du Talmud (Pesahim, fol. 50 b). Enfin
pour ne citer qu'un dernier exemple, la mère qui, pour ne
plus perdre ses enfants, met, au moment d'accoucher, une
pomme sur sa tête, obéit d'une manière inconsciente à l'idée
fondamentale d'un Midrasch, d'après lequel les femmes israélites en Égypte avant Moïse allaient accoucher sous les pom-
miers, pour soustraire le fruit de leurs entrailles aux persécu-
tions de l'infanticide Pharaon (Schémot-Rabba, ch. 1).

En descendant le courant des siècles, survient ici le christia-
nisme, soit pour imposer aux Israélites d'Orient la croyance
aux vertus mirifiques attribuées à ses lieux saints, soit aussi
pour voir l'une de ses madones[1] devenir, par opposition religieuse, l'objet d'une formule imprécatoire ou son dimanche
saint revêtu d'un caractère funeste.

Puis, enfin, c'est l'action de l'Islam qui s'y exerce soit par
la reconnaissance, dans certaines pratiques, de la sainteté du
vendredi, soit en préconisant la propriété miraculeuse de ses
lieux saints, soit aussi par l'introduction d'un mot arabe (عطش
« soif ») dans une incantation. On peut y rattacher enfin cette
particularité que possède un Maure de guérir un enfant baveux
en lui léchant la bouche.

Voici, d'ailleurs, une classification succincte des objets, lieux
et circonstances dont il va s'agir dans cette collection, et dans
laquelle je vais faire la synthèse de quelques idées et propriétés
qui se rattachent à chacun de ses articles :

I. LOCALITÉS.

1. *Bains.* — Les démons logent dans les bains. Aussi il est

____
[1] « Patrona de Caragach. »

défendu d'y battre personne. Le bain a de l'efficacité pour procurer du lait aux mamelles d'une femme, ou pour faire revenir le lait tari. Certains moyens qu'on emploie pour y attirer des clients.

2. *Cimetière*. — Les clefs du cimetière facilitent les couches
laborieuses. La rosée condensée sur les pierres tumulaires
guérit un enfant qui est sujet aux pâmoisons. Le sort d'un
malade *in extremis* se décide, pour la vie ou pour la mort, quand
on l'y fait coucher durant vingt-quatre heures.

3. *Four*. — Les mauvais esprits aiment habiter le four.
Défense de battre personne devant le four. Les mottes du four
entrent comme ingrédient dans l'électuaire propre à guérir un
enfant affecté de pâmoisons.

4. *Lieux saints*. — Sont doués de vertus médicales : le réservoir de la mosquée de Sultan Sélim, le puits de celle de
Sultan Bajazet et le marécage de Maracha à Andrinople.

5. *Puits*. — Un procédé pour en détruire le talisman. On
se garde de la hernie en ne buvant pas d'eau près d'un puits.
L'eau du pays fait retrouver le lait tari. Le puits guérit des
pâmoisons par les pierres que l'on y jette.

II. ANIMAUX.

6. *Âne*. — Manger la langue du baudet pour rétablir le
bon accord dans un ménage troublé par des querelles.

7. *Cerf*. — Le bois du cerf préserve du mauvais œil et des
atteintes de la sorcière.

8. *Chat*. — Il est hanté la nuit par les mauvais génies. Le
sang qui coule de sa queue entaillée éteint l'incendie.

9. *Cheval.* — Les crottins du cheval facilitent les couches laborieuses. Le fer à cheval guérit des atteintes de la sorcière. L'eau dont le cheval a bu dissipe le sommeil.

10. *Chien.* — On sacrifie un petit chien pour préserver une femme d'avorter. Le lait du chien facilite les couches laborieuses.

11. *Lion.* — Les excréments du lion rétablissent le bon accord dans un ménage agité.

12. *Souris.* — Manger le cœur d'une souris pour devenir prolifique, et sa patte pour se préserver des atteintes de la sorcière.

13. *Vache.* — La bouse de la vache guérit de la hernie et des accès de la mégère.

14. *Coq.* — Une femme qui mange un coq entier n'enfantera que des garçons. Avec son sang, on détruit le talisman d'un puits. Une plante (la rue) que le coq mange, dit-on, pour se préserver du venin du serpent quand il veut le combattre, est aussi un contre-poison utile à l'homme.

15. *Hirondelle.* — Une pierre que l'on prend du nid de l'hirondelle guérit de l'épilepsie.

16. *OEuf.* — Possède la propriété de rétablir la paix entre deux époux qui se chamaillent continuellement, et facilite les couches laborieuses.

17. *Poule.* — Symbolise la migraine dans une incantation spéciale. La bile de la poule facilite les couches pénibles. Donnez à manger de son foie à un bébé pour qu'il ne tarde pas à apprendre la parole.

18. *Poisson.* — Est ici parfois le symbole de la fécondité. Néanmoins, chose curieuse, on empêche une femme accouchée de manger du poisson, de peur, dit-on, qu'elle ne contracte la nature de la sirène qui n'enfante qu'une fois chaque 7 ans. Il faut s'en abstenir aussi pendant les immersions médicales dans le marécage de la Maracha. L'arête du poisson prémunit contre toute attaque de la sorcière.

III. VÉGÉTAUX.

19. *Ail.* — Précautionne du mauvais œil. Les démons s'en servent pour crever les yeux de l'homme. La queue de l'ail appartient aux génies. Il faut s'en abstenir pendant les jours d'immersion dans le marécage.

20. *Clou de girofle.* — Guérit un enfant pleurard.

21. *Mûrier noir.* — Fait retrouver le lait qui a tari.

22. *Noyer.* — Loge les démons.

23. *Oignon.* — Tantôt il est utile : il fait retrouver le lait tari. Tantôt il est nuisible : il faut s'en abstenir pendant les immersions dans le marécage.

24. *Olivier.* — Préserve de l'ophtalmie.

25. *Pommier.* — Prémunit contre la perte des enfants.

26. *Rue.* — Préserve surtout du mauvais œil, de la peste et de plusieurs autres maladies. Cette plante facilite aussi l'accouchement, guérit de l'épilepsie et sert comme antidote contre le venin du serpent.

27. *Saule.* — Guérit de la hernie.

IV. MINÉRAUX.

28. *Argent.* — Est un moyen de prévenir la mort d'un enfant en lui en faisant porter une pièce sur la tête. Il sert comme rançon d'un enfant dont les aînés sont morts prématurément.

29. *Diamant.* — Apaise le hoquet. Il préserve aussi de la peste.

30. *Fer.* — Fortifie par le seul contact. Il guérit des attaques de la sorcière.

31. *Pierres.* — Servent de talisman de sécurité dans le voyage à celui qui les porte. Jetées dans un puits, elles guérissent des pâmoisons. Elles délivrent également de l'épilepsie et servent, en général, comme une panacée.

32. *Rubis.* — Préserve de la peste et prévient l'avortement.

V. DIVERS.

33. *Aromates.* — Guérissent des accès de la sorcière et, en général, préservent du mauvais œil.

34. *Balai.* — Est un symbole de malheur pour les survivants, en cas de mort dans la famille, et pour le voyageur. Mais il porte bonheur quand on change de domicile.

35. *Ceinture.* — Est un symbole de la virginité. Elle préserve l'un des jumeaux de la mort à laquelle l'autre a succombé.

36. *Chemise.* — Longue, elle porte bonheur. Si elle est courte, elle porte malheur. Elle préserve de la mort un enfant cadet dont les aînés sont prématurément décédés, à condition qu'il ne la change jusqu'à ce qu'il grandisse. On ne doit point tailler de chemises un vendredi.

37. *Couteau.* — Fonctionne dans une opération destinée à faire marcher les bébés.

38. *Gomme adragante.* — Est une panacée.

39. *Le pain, la pâte, le levain.* — Portent bonheur. Ils servent comme moyens de divination.

40. *Serrure.* — Prévient l'avortement et préserve l'un des jumeaux de la mort à laquelle l'autre a succombé.

41. *Sucre.* — Est un moyen d'adoucir la mauvaise humeur des génies.

VI. JOURS.

42. *Dimanche.* — Fait mourir l'enfant aîné d'une mère qui se coupe les ongles ce jour-là.

43. *Jeudi.* — Un œuf pondu ce jour-là est un bon moyen pour faire disparaître la jalousie qu'un mari conçoit à l'égard de son épouse.

44. *Vendredi.* — Ne pas tailler ce jour-là des chemises. Tous les vendredis on se doit couper les ongles, si l'on veut se préserver de la peste. Les pratiques usitées pour faire marcher un bébé ne sont efficaces que quand on les fait un vendredi.

45. *Samedi.* — Est propice à une opération que l'on fait ce jour-là.

En dehors des ingrédients fantastiques dont il vient d'être question, il ne faut pas oublier l'eau, le vin, le lait et le miel qui leur servent souvent de liquides dilutifs et dont je me suis dispensé de résumer les emplois, à cause de leur caractère vulgaire et de leur mention fréquente dans mon Recueil.

C'est pour le même motif que nous n'avons pas cru nécessaire de consacrer un chapitre spécial aux superstitions du mauvais œil. Nous préférons les disséminer dans les chapitres suivants, dans lesquels seront résumés les résultats de notre étude. Disons en passant que le plus important de ces chapitres est celui qui parle de l'enfant. En voici enfin les titres :

I. Épousailles. — II. Mariés. — III. Grossesse. — IV. Stérilité. — V. Accouchée. — VI. Avortement. — VII. Enfant. — VIII. Perte des enfants. — IX. Allaitement. — X. Diverses infirmités et affections. — XI. Panacées. — XII. Accidents. — XIII. Voyage. — XIV. Querelles et mésintelligence. — XV. Augures et inaugurations. — XVI. Divers.

UNE SÉANCE DE DIVINATION

À PONDICHÉRY,

PAR

M. HENRI FROIDEVAUX,

DOCTEUR ÈS LETTRES.

Les *Mémoires* de Bellanger de Lespinay[1], qui sont demeurés jusqu'à ces dernières années oubliés dans la bibliothèque d'un château des environs de Vendôme, ne contiennent pas seulement des renseignements nouveaux et intéressants sur les débuts de certains établissements des Français dans l'Inde; au point de vue ethnologique aussi, on peut les lire avec fruit. Ils renferment en effet de nombreux détails sur les coutumes des peuples du Deccan à la fin du troisième quart du xvii° siècle, — détails déjà connus, il est vrai, — et ils fournissent sur certaines pratiques de divination alors en usage dans la péninsule des indications curieuses à plus d'un titre.

I

En l'année 1673, Bellanger de Lespinay était depuis plusieurs mois déjà installé à Pondichéry, où le gouverneur de Valegondapourou, Cercam Soudy, lui avait concédé un territoire, noyau de la future colonie française de Pondichéry[2]. Il

[1] *Mémoires de I.-I. Bellanger de Lespinay, Vendômois, sur son voyage aux Indes orientales*, Vendôme, typ. Charles Huet, 1895, xxvi-219 pages in-8°. (Extrait du *Bulletin de la Soc. archéol. du Vendômois*, 1893-1895.)

[2] Cf. sur ce point *Les débuts de l'occupation française à Pondichéry (1672-1674), d'après des documents nouveaux ou inédits* (R. *des Questions histor.*, janvier 1897, p. 184-198).

s'y trouvait seul (car François Martin ne l'y avait pas encore
rejoint), travaillant à réunir des munitions et des vivres qu'il
pût faire passer à son chef. M. de la Haye, assiégé dans la ville
voisine de San Thomé, — préoccupé de la tournure que pre-
naient les événements, — se demandant toujours si un secours
venu de France ne permettrait pas de rétablir dans l'Inde les
affaires du roi et de la Compagnie. Il avait si grand désir d'être
renseigné à cet égard, qu'il se décida à consulter des devins, des
sorciers habitant un village distant d'une demi-lieue de Pondichéry, et à se faire, selon sa propre expression, « espriter[1] ». Il
s'aboucha donc avec eux et fixa à trois jours de là (c'était le
temps qu'ils lui avaient demandé pour se préparer à lui rendre
raison de ce qu'il voulait savoir) la cérémonie.

Les trois jours passez, raconte Bellanger de Lespinay[2], ils ne man-
quèrent de venir et me dirent qu'il leur falloit un petit garçon, ou une
petite fille qui fust pucelle. Ils en cerchèrent une et, pour ne pas manquer,
la prirent fort jeune et me dirent que leur affaire se devoit faire la nuict
et dans quelque lieu escarté. Pour cet effect, ils choisirent un pagode
ruiné, dans le fond duquel ils firent apporter une table et un tapis, deux
vaisseaux de cuivre fort larges et fort clairs, du ris, de l'encens et un
reschault. Quand ils furent prests, ils m'envoyèrent demander si je sou-
haitois venir; j'y feus avec un vallet et un gentil nommé Madena pour
m'expliquer ce qu'ils me diroient, car Cattel[3] ne voulut y venir à cause du
peché qu'il aurait creu commettre. Sitost que je feus entré, ils me dirent
de quitter mon espée, ce que je ne voulus point faire. Ils m'asseurèrent
que je ne verrois pas tout ce qui se passeroit sans cela et que, pour voir
quelque chose, il ne falloit point estre armé, ce que je ne voulus point
leur accorder et vis ce néantmoins ce que je vais rapporter.

Sur la table qui estoit proche la muraille, il y avoit un de ces bassins
graissé d'huile composée, qui estoit fort noire et reluisante. La petite fille
estoit devant led. bassin, les yeux fort attachez à regarder. Derrière elle,

[1] *Mémoires de L.-A. Bellanger de Lespinay*, p. 206.
[2] *Ibid.*, p. 206-208.
[3] L'interprète de Bellanger de Lespinay se nommait Antonio Cattel.

il y avoit deux de ces devins qui regardoient et attendoient le temps pour voir ce qui devoit paroistre. A deux pas de là estoit un vieillard qui marmottoit assez bas et, de temps [en temps], jettoit des poignéez de ris dans l'air et sur le plancher, et ensuitte encensoit. Cela me fit demander au gentil Madena ce que signifioient ces manières d'agir et de marmotter incessamment; il me respondit qu'il prioit leur Dieu de nous monstrer les choses qui arriveroient dans le bassin et que, s'il cessoit de prier, qu'il le batteroit. A la vérité, cela me fit de la peine de rester là davantage, mais comme j'y estois venu à dessein de voir quelque chose, je voulus attandr[e]. Dans ce temps, l'enfant qui regardoit m'advertit de regarder, et que un vaisseau qui avoit une flamme passoit. Je regardé sur ce bassin; je ne vis rien. Peu de temps après, je veis passer un de nos vaisseaux sur lequel estoit Monsr Baron, directeur g[é]n[ér]al, qui, venant de Suratte, estoit à la coste de Malabar. Un moment après, je vis le mesme vaisseau mouiller devant Bombaye, ville à la mesme coste, app[artenan]t aux Anglois. On voyoit les Anglois sur la coste, qui attandoient la chalouppe françoise venir à terre, et ce qu'il y a de plus surprenant est que je cognoissois de nos gents sur le vaisseau. Toutes ces sortes de choses ne se voyoient que peu de temps et comme autant [d']objets que l'on passe devant les yeux, car si vous aviez regardé d'un aultre costé, vous n'auriez pas veu la suitte de tout. Je leur demanday si ils pouvoient me faire voir des vaisseaux qui venoient de France, car c'estoit là mon principal but et ma plus grande curiosité; ils me dirent qu'il n'y en avoit point d'aultre que celuy que je voyois, et le temps, par la suitte, me fit cognoistre qu'ils dirent vray.

Je leur demanday s'ils ne pouvoient me faire voir nostre place assiégée; ils me dirent que je le [1] verrois dans un moment, et dans ce mesme temps il encensa, jetta une poignée de ris et dist quelq. parolles assez bas, et vis au mesme temps San Thomé, Monsr le vice-roy [2] sur le bastion de l'attaque, et la pluspart de la garnison que je connoissois et distinguois de visage. Véritablem^t je fus surpris, et me contentay d'avoir veu cela, sans souhaitter en voir davantage, et sans la honte, je serois sorty dès le commencem^t.

Comment Bellanger de Lespinay a-t-il vu, ou plutôt cru

[1] *Sic* dans le manuscrit.
[2] M. de la Haye.

voir les choses dont il parle, ce n'est pas la question qu'il convient d'élucider ici. Il convient simplement de remarquer que ce long passage de ses *Mémoires* fait assez bien connaître une pratique curieuse de divination. Cette pratique était en usage sur toute la côte, car Bellanger de Lespinay raconte un peu plus loin qu'à San Thomé même, il y avait cinq ou six Indiens agissant comme ceux auxquels il avait eu lui-même recours[1]. Mais ni M. de la Haye, ni M. Baron, le sage directeur de la Compagnie des Indes orientales, ne voulurent les consulter; ils leur firent même défense de continuer leurs pratiques et réprimandèrent Bellanger de Lespinay pour avoir agi comme il l'avait fait[2].

Ce dernier n'avait fort heureusement, dans la conjoncture, pris conseil que de lui-même, et voilà comment nous possédons un très curieux récit qui, pour être dû à un timide, à un timoré, n'en est pas moins fort intéressant, car il renseigne sur de singulières pratiques, sur lesquelles personne n'a depuis lors, à notre connaissance, appelé l'attention.

II

Ces pratiques existent-elles ailleurs?

Consulté à ce sujet, M. de Rochas, un maître en ces matières, a bien voulu déclarer qu'il ne connaissait rien d'exactement semblable. Mais il en rapproche à très juste titre certaines coutumes des Grecs[3], qui s'hypnotisaient en fixant un point

---

[1] «Quand il [Baron] fut arrivé à St Thomé, ... il demanda à des Indiens qui estoient dans la place s'ils sçavoient cette science. Ils luy dirent qu'il y en avoit cinq ou six dans la ville qui luy feroient voir tout ce qu'il souhaiteroit, ce qu'il ne voulut, et leur deffendit de le jamais faire.» (*Mémoires de Bellanger*, p. 209.)

[2] *Ibid.*, p. 209.

[3] Voir le travail de M. de Rochas sur *Les forces non définies* (*Mémoires de la Soc. des sciences et lettres de Loir-et-Cher*, t. XI, 2e part., p. 641).

brillant sur la surface d'une source, ou encore sur celle d'un miroir, comme à Patrae, près d'Egira, en Achaïe. « On attache à une cordelette mince, dit Pausanias en parlant de cet oracle, un miroir circulaire, et on le fait descendre en équilibre sur la source, de façon à ce qu'il n'y enfonce pas par la tranche, mais que l'eau affleure seulement le contour. Après avoir invoqué la déesse [Gaea] et brûlé des parfums, on regarde dans le miroir, et on y aperçoit le malade, soit vivant, soit mort[1]. »

Dans ses *Prolégomènes de l'Histoire universelle*[2], Ibn Khaldoun a écrit quelques lignes qui peuvent être, à meilleur titre encore que le passage de Pausanias cité plus haut, rapprochées du texte de Bellanger de Lespinay. « Ceux qui, dit-il, regardent les corps diaphanes, tels que les miroirs, les cuvettes remplies d'eau et les liquides... appartiennent... à la catégorie des devins. Fixant leur regard sur un objet à superficie unie, ils le considèrent avec attention jusqu'à ce qu'ils y aperçoivent la chose qu'ils veulent annoncer. Quelques personnes croient que l'image aperçue de cette manière se dessine sur la surface du miroir ; mais elles se trompent. Le devin regarde fixement cette surface jusqu'à ce qu'elle disparaisse et qu'un rideau semblable à un brouillard s'interpose entre lui et le miroir. Sur ce rideau se dessinent les choses qu'il désire apercevoir, et cela lui permet de donner des indications, soit affirmatives, soit négatives, sur ce que l'on désire savoir. Il raconte alors les perceptions telles qu'il les reçoit. Les devins, pendant qu'ils sont dans cet état, n'aperçoivent pas ce qui se voit réellement dans le miroir ; c'est un autre mode de perception qui naît chez eux et qui s'opère, non pas au moyen de la vue, mais de l'âme. »

---

[1] Nous empruntons la traduction de M. Bouché-Leclercq (*Hist. de la Divination dans l'antiquité*, II. p. 255), pour ce texte de Pausanias (VII. 21. 12).

[2] *Notices et extraits des manuscrits*, t. XIX, 1862, p. 221, 225, 226) cité par M. de Rochas, *loc. cit.*, p. 642-644).

Ainsi quelque chose d'assez semblable à ce qu'a raconté Bellanger de Lespinay existait au moyen âge chez les Arabes; à en croire un texte, malheureusement trop laconique, récemment exhumé des Archives coloniales[1], une pratique du même genre aurait existé, au xviiᵉ siècle, chez les nègres esclaves des Antilles françaises. Un arrêt du Conseil supérieur de Saint-Christophe, daté du 23 novembre 1686, parle de nègres sorciers qui ont communication avec le démon et arrivent «à représenter dans un bassin plein d'eau telle ou telle personne». Aucun autre texte, malheureusement, n'est plus explicite et ne confirme ce document.

Il n'en résulte pas moins de ces différents textes, malgré leur regrettable laconisme, qu'il y a là une curieuse pratique de sorcellerie. Cette pratique existe-t-elle encore dans l'Inde, soit sur la côte de Coromandel, soit ailleurs? Existe-t-elle en Indo-Chine? Ce sont des questions auxquelles aucun document, à ma connaissance, ne permet actuellement de répondre; puisse la lecture du récit de Bellanger de Lespinay appeler sur ce point l'attention de quelque orientaliste, le pousser à rechercher et l'amener à découvrir quelques nouvelles indications sur le sujet!

[1] Arch. Ministère des colonies, coll. Moreau de Saint-Méry, F 53. Ce texte est cité par M. Peytraud dans sa thèse sur *L'esclavage aux Antilles françaises avant 1789*, p. 187.

L'ÂGE DE PIERRE EN PALESTINE,

PAR

LE P. GERMER-DURAND

DES AUGUSTINS DE L'ASSOMPTION À JÉRUSALEM.

La première question posée par la commission d'ethnographie et folklore est celle-ci : « Nouvelles découvertes relatives à l'existence d'un âge de pierre en Asie ». La Syrie est la province nommée la première.

Je m'attendais à entendre traiter le sujet dans cette enceinte et à recueillir les renseignements apportés ici par des voix plus autorisées que la mienne en ces matières. Puisque personne n'a apporté de réponse, je vous demande la permission de vous signaler quelques découvertes faites récemment en Palestine. Les traces de l'âge de pierre y sont si abondantes qu'il y a lieu de s'étonner qu'on n'en ait pas encore fait une étude méthodique. Quelques voyageurs avaient remarqué non loin de Jérusalem, à Beth-Saour au sud, à El-Bireh au nord, des haches ou des couteaux de pierre, mais ils ne s'étaient pas rendu compte que ces deux points font partie d'un vaste ensemble de gisements qui se succèdent à de faibles distances dans toute la région.

Il n'est pas nécessaire de s'éloigner de la Ville Sainte pour trouver en abondance les traces de cette antique industrie. La plaine qui s'étend au sud de Jérusalem, dans laquelle est située la gare du chemin de fer de Jaffa, est remplie de silex taillé. C'est donc aux portes de la ville.

Entrons dans quelques détails sur ce gisement. C'est un plateau légèrement incliné à l'ouest, que la tradition désigne sous le nom de plaine des *Rephaïm :* les Arabes l'appellent tout simplement : la plaine, *el Beka'a.*

Les limites en sont un peu vagues; cependant on peut indiquer des points de repère. Au nord, le chemin qui passe entre la léproserie allemande et la colonie du temple. A l'est, le mont dit, en arabe, *Djebel-Abou-Thor,* le couvent des Clarisses et le chemin de Beth-Saour. Au sud, le gisement proprement dit ne dépasse guère les sept amoncellements de pierres appelés, en arabe, *Es Seba roudjoum.* A l'ouest, il s'étend jusqu'au pied de la colline de Deir-Katamon, au sommet de laquelle s'élève le couvent grec de ce nom.

C'est une surface de deux kilomètres environ de long sur un de large. Diverses routes la traversent en diagonale, en particulier l'ancienne voie romaine de Bettir que suit en partie la voie ferrée, puis l'ancien et le nouveau chemin de Bethléem.

Le sol est formé d'une couche de limon dont l'épaisseur varie entre un et deux mètres. Au-dessous du limon, il y a une couche peu profonde de gravier et au fond la roche calcaire, comme on peut le voir sur divers points où l'on creuse en ce moment des citernes. Les silex taillés sont mêlés au limon dans toute son épaisseur. Ils sont mis à nu par le ruissellement des eaux de pluie, soit à la surface, soit dans les parties ravinées. Ils sont du reste mêlés à des silex informes, avec lesquels on est tenté, à première vue, de les confondre.

Un ruisseau traverse le gisement de l'est à l'ouest. Il prend naissance près d'une maison en ruines, que la carte anglaise appelle *Kasr-esh-Sheikh.* Ce ruisseau, formé par l'eau des pluies, s'est creusé à travers le limon un lit sinueux qui descend jusqu'aux graviers et par places jusqu'au rocher. C'est là surtout que se rencontrent les plus grosses pièces de silex taillé, les haches et les percuteurs. Ces pièces étaient si abondantes, qu'on en a employé un grand nombre pour charger les chemins, et,

encore en ces temps derniers, le ballast du chemin de fer en
a absorbé beaucoup. A la partie méridionale du gisement se
trouvent sept tumulus, ou plutôt sept tas de pierres, dont la
situation et le nombre ont donné à penser aux chercheurs.
Placés au milieu de cette belle plaine des Rephaïm, célèbre
par la victoire de David sur les Philistins, on s'est demandé
s'ils n'avaient pas une signification religieuse. Leur nombre de
sept, leur disposition, qui rappelle celle des principales étoiles
de la grande Ourse, tout cela prêtait aux hypothèses. Il n'y
avait qu'un moyen d'éclaircir ce mystère, c'était de les sonder
pour savoir ce qu'ils contenaient. Les travaux du chemin de
fer, sans pénétrer jusqu'au cœur de ces galgals, les ont entamés
assez profondément pour montrer que c'était un ensemble
d'anciens fours, probablement des fours à brique, postérieurs
de beaucoup à l'époque dont nous parlons.

Les principaux spécimens recueillis dans cette plaine se rapportent au type le plus ancien de l'industrie du silex : le type
chelléen, comme on peut le voir par la première photographie
jointe à cette note. Les marteaux ou percuteurs et les *nuclei*
y sont nombreux et prouvent que c'était un atelier.

En continuant à descendre dans la direction du sud et en
inclinant un peu vers l'est, on rencontre, à 6 kilomètres environ de Jérusalem, le village de Sour-Baher, autour duquel
se creusent de profondes vallées. Les alentours de ce village
sont riches également en instruments de silex, mais d'un type
plus soigné : le type de Solutré. La seconde photographie en
donne l'idée exacte.

Sour-Baher est sur le chemin de Beit-Saour où furent
trouvés, il y a quelques années, des couteaux de silex, dont
M. de Saulcy a fait don au Musée du Louvre. C'est donc bien
une série de stations préhistoriques, dont on peut constater
l'existence dans la direction du sud.

Si nous allons maintenant vers le nord, à peu près à la même distance des murs de la ville, nous rencontrons, à la naissance de la vallée du Cédron, les mêmes types chelléens que dans la plaine des Rephaïm, moins nombreux, mais d'un travail identique. Puis, en continuant à marcher vers le nord, nous trouvons, aux environs de Chafat, les traces d'un atelier caractérisé par des percuteurs et des *nuclei*.

Après deux heures de marche, toujours dans la même direction, nous atteignons un mamelon isolé dont la pente méridionale est couverte de ruines informes, et au sommet duquel coule une source assez abondante. Ce mamelon est appelé en arabe Tell-en-Nasbeh. Près de la source, le sol est jonché de débris de silex, parmi lesquels nous avons recueilli des pièces semblables à celles de Sour-Baher, du type solutréen (voir la troisième photographie).

A Tell-en-Nasbeh, nous ne sommes plus qu'à un quart d'heure d'El-Bireh, dont le gisement avait déjà été signalé par M. l'abbé Richard et d'autres géologues. Ce gisement, très riche en éclats, en lamelles et en ébauches de couteaux, contient aussi des haches du type de Chelles. Il s'étend à l'ouest jusqu'à Ramallah, sur un espace de deux kilomètres environ.

C'est donc sur une ligne de cinq ou six lieues depuis Beit-Saour jusqu'à El-Bireh, en passant par Jérusalem, une série de six stations très voisines les unes des autres. Et ce n'est pas un fait isolé.

L'industrie du silex se rencontre aussi sur les dunes des côtes de la Méditerranée, aux environs de Jaffa. Là le travail se rapporte plutôt à l'époque néolithique. Il en est de même au mont Carmel.

Aux environs du lac de Tibériade, depuis Loubieh jusqu'aux pentes abruptes qui entourent le lac, la plaine est également riche en silex taillés.

Et si l'on passe le Jourdain, à certains endroits, il n'y a en quelque sorte qu'à se baisser pour recueillir les débris préhistoriques.

Le pays de Galaad, les environs de Salt et d'Arak-el-Emir, la vallée d'Hesban, la plaine de Madaba et toute la lisière du désert, depuis Ziza et M'chatta jusqu'à Ledjoun, Kérak, Chobak et Petra, sont semés de haches, de grattoirs, de pointes de lance ou de flèche.

Je n'ai qu'une photographie à vous montrer, représentant des couteaux trouvés près de Salt, au pays de Galaad. Mais toutes les régions que je viens d'énumérer, je les ai parcourues à pied, et j'y ai recueilli moi-même un grand nombre de spécimens qui forment une collection unique de 2,000 silex taillés, tous recueillis en Palestine ou dans l'Arabie Pétrée.

Il m'a semblé, Messieurs, que ces faits méritaient d'être signalés à l'attention des savants qui poursuivent avec tant d'ardeur l'étude de l'archéologie préhistorique.

HACHES EN SILEX DU TYPE DE CHELLES

GISEMENT DE LA BEKAA, PRÈS DE JÉRUSALEM

Dimensions des grandes 0ᵐ12 × 08, des petites 0ᵐ10 × 06

Phototypie Berthaud, Paris.

SILEX TAILLÉS DU TYPE DE SOLUTRÉ

GISEMENT DE SOUR-BAHER AU SUD DE JÉRUSALEM

Longueur moyenne 0ᵐ08

SILEX TAILLÉS DU TYPE DE SOLUTRÉ

GISEMENT DE TELL-EN-NASBÉH AU N. DE JÉRUSALEM

Longueur moyenne 0ᵐ18

COUTEAUX ET SCIES EN SILEX

TROUVÉS AUX ENVIRONS DE SALT, AU PAYS DE GALAAD

TABLE DES MATIÈRES.